美国管理协会的定义：管理是通过他人的努力来达到目标。

归纳起来，管理有如下几层含义。

（1）强调作业过程，认为管理是计划、组织、领导、控制的过程。

（2）强调管理的核心环节，认为管理就是决策。

（3）强调对人的管理，认为管理就是通过其他人把事办好。

（4）强调管理者个人作用，认为管理就是领导。

（5）强调管理的本质，认为管理就是协调。

关于管理的定义，本书倾向于认为管理的目的是达成目标，是通过各种方法和手段管人、理事的过程。

小李说："那怎样才能把大学生活管理好呢？我们现在太迷惑了。"

"首先，你们要明白大学生活与中学的不同。大学是高等教育的殿堂，是寻求知识的场所。大学更加自由、更加多元、更加社会化，需要学生们积极主动地学习知识、研究学问，进而培养自己分析问题、解决问题的能力。在大学里，虽然有老师的引导、授课，但就学生学习进步而言，主要还是要靠自己去探寻、去钻研、去拼搏。我国古谚云：'师傅领进门，修行在个人。'说的就是这个意思。所以，上大学不是单纯的学习，更重要的是要学会自我管理。德国哲学家雅斯贝尔斯在谈及大学观念时，明确地强调了这一点。他说：'大学应始终贯穿这一思想观念，即大学生应是独立自主、把握自己命运的人。他们有选择地去听课、聆听不同的看法、事实和建议，为的是自己将来去检验和决定。真正的大学生能主动地替自己订下学习目标、善于开动脑筋，并且知道工作意味着什么……这是一种精神上的升华，每一个人都可以感受到自己被召唤成为最伟大的人。'由此看来，大学是一个全新的环境。步入这个环境的大学生，理当树立一个全新的意识，即独立自主、自己规划自己的大学生活，再也不能依赖于'事事有人管'的环境，要将'有人管'转换为'自己管'。就大学生而言，确实急需转变观念，尽快适应大学生活。"

小关和小李频频点头："什么是管理我们明白了，但日常生活中应该管理什么呢？"

"在日常生活中，你们首先要管理好自己的钱财和物品，做自己的财务主管和CEO；其次要管理好自己的人际关系，建立更广阔的人脉圈；最后要管理好时间。你们目前的困惑主要是因为缺乏时间管理。"说完，薛老师将目光投向小关。

薛老师对小关说："小关，你要有明确的方向。如果没有明确的方向，那么时间是无法管理的。刚才你提到不知道学什么，其实要学的东西很多！英语、计算机、专业课、从业资格证考试，这些对高职学生都非常重要。此外，你还可以扩展自己的兴趣爱好，如阅读、健身等。"

紧接着，薛老师的目光又转向了小李，说："小李，你首先必须要有一个明确的、详细的个人计划，也就是说，你必须要把每年、每学期、每月、每天、每小时要做的事情都列出来。计划要根据目标制订，要有针对性。其次做事要有技巧，把事情分出轻重缓急，有主有次，按照一定规律去依次完成。确定优先次序，要从最重要的事情开始做起，重要、紧急的事马上做；然后是做重要而不紧急的事；紧急但不重要的事，

要学会放弃，能放就放；对于不重要也不紧急的事，尽量不要去做。在所要做的事情中，要先做最有价值的。"

"这回我们明白了。那如果是一名企业的管理者，应该管理哪些方面呢?"小李问道。

1.1.2 管理的对象

管理的对象主要包括人、财、物、信息、技术资源、时间、关系资源和社会信用。

1. 人

这里所指的人，是指被管理的生产人员、技术人员以及下属管理人员，这是管理的重中之重。高效能的管理应该使人尽其才、才尽其用，用人所长。对人的管理绝大部分取决于管理者在多人程度上调动了相关人员的积极性、主动性和能动性。管理者越是能调动被管理者的积极性、主动性和能动性，被管理者也就越愿意接受管理。凤凰卫视创办人刘长乐曾说过，找来优秀的人并让他们快乐是凤凰卫视成功的秘诀。

2. 财

财是指一个组织在一定时期内所掌握和支配的物质资料的价值表现。财最具有吸引力，也最容易出问题。因此，管理者要按经济规律对资金进行有效管理，以保证管理计划的完成。

财商小测试

财商是你处理金钱的综合能力，包括储蓄、投资、消费等各个方面。它直接影响着你未来的生活品质，决定着你是否能快速致富。想知道你的财商到底有多高吗？让我们做一个财商小测试吧！

此测试题为计分式，答案是根据每道题选项的分数值累加得到的，请大家统计好自己的分数：选A得4分；选B得3分；选C得2分；选D得1分。

1. 发下一笔奖金，你会如何犒劳自己？（　　　）

    A. 请自己大吃一顿

    B. 买前段时间想买的贵重物品

    C. 还是存着好了

    D. 除了犒劳自己，也给父母或伴侣买些东西

2. 你会经常借钱给别人吗？（　　　）

    A. 要看借给什么人，做什么用，才考虑要不要借

    B. 只要自己有钱，这方面还是很大方的

C. 除非是拒绝不了，不然很少会借

D. 不好意思拒绝，所以别人问，基本都会借

3. 你赞成采用分期付款的方式买车吗？（　　）

　　A. 会先考虑自己的承受能力，再决定买什么样的车，分多少期

　　B. 赞成，只要是自己喜欢的，就会这么做

　　C. 压力太大了，相比起来我还是愿意先存钱后买车

　　D. 尽量先找父母赞助，剩余的再考虑分期

4. 你常去商店买换季打折的物品吗？（　　）

　　A. 要看什么东西，若日常用品就会（如被子、凉席等），有潮流趋势的衣物等就不会

　　B. 不常去，基本都是想买什么就买什么，不会考虑那么多

　　C. 虽然我很喜欢买换季打折的物品，但也会根据自己的经济实力做选择

　　D. 是的，我常常会买很多换季打折的物品，这样做省钱

5. 你看到想要的东西，会想方设法得到吗？（　　）

　　A. 肯定会去努力，实在得不到，再用其他东西代替

　　B. 是的，想尽办法都要得到

　　C. 心里肯定迫切想要得到，并会去试试，但实在得不到也就算了

　　D. 得之我幸，不得我命，不太强求

6. 你会在公共场合捡起五毛钱吗？（　　）

　　A. 是自己掉的就捡，别人掉的不会捡

　　B. 五毛钱有什么好捡的

　　C. 若无人望向这边就捡

　　D. 捡起来，然后问周围的人是谁掉的

7. 你经常会买福利彩票或体育彩票吗？（　　）

　　A. 宁愿买刮刮乐，投注彩票太不靠谱，基本不会去买

　　B. 要么不买，一买就会买得比较多

　　C. 偶尔买来玩玩，但不奢望中大奖

　　D. 经常买，但每次只是花几块钱，当作给自己一个发财的希望

8. 到退休年龄时，你还会不会想继续工作或赚钱？（　　）

　　A. 应该会，毕竟得到的位置不易，退休了什么都不是了，会有些不习惯

　　B. 当然会想赚钱，但赚钱的方式不一定是继续上班

　　C. 看经济状况吧，如果到退休年龄时家庭状况还不错，就不工作了

　　D. 当然会想彻底退休，享受清闲的老年生活

9. 如果可以得到一笔一千万元的巨款，你会如何领取？（　　）

　　A. 根据实际需要先领一半，剩余再做考虑

　　B. 一次性领取一千万元

　　C. 按每年领，并设定多少年领完

　　D. 按每个月领，并设定多少个月领完

10. 你想要住的地方是？（　　）
    A. 郊外的别墅
    B. 市中心的豪华大楼
    C. 设施、配置齐全，交通也比较便利的高档小区
    D. 田园式的住宅

> **结论：**
>
> （1）得分在 30~40 分，财商指数为 95%。
>
> 你头脑聪明，只要有时间就能学会实用的赚钱技能，一旦时机成熟就能令人刮目相看。而且，你花钱的态度一向都是为了让自己开心，为了提升生活品位。也因为这种驱动力，你会迫使自己不断去赚钱。其实吃、穿也是能进行投资的，你完全可以凭借自己的魄力和品位进行一些能升值的消费。
>
> （2）得分在 25~29 分，财商指数为 65%。
>
> 你敢于冒险的性格有利于快速达到赚钱目标，但还要学会控制风险，这样财富才能稳步增长。而且，你还要尽量避免因为冲动消费而导致资产赤字。建议你做好每周预算，尽量让自己理性花销，以免到手的钱转眼就没了。
>
> （3）得分在 20~24 分，财商指数为 40%。
>
> 你是一个很保守的人，专注于自己所从事的工作，赚钱目标也总是客观而容易实现的，但最好能在理财上再多一点闯劲和激情。若觉得理财麻烦，对股票提不起太大兴趣，又嫌定期储蓄利率太低，建议你请值得信赖的人帮你理财，这样更有利于积累财富。
>
> （4）得分在 10~19 分，财商指数为 20%。
>
> 你是一个标准的乐观主义者，懂得分享与包容，虽然能理智地选择自己能力范围内的赚钱方法和盈利目标，但还是缺乏行动力。赚钱对于你来说，太容易停留在思考的阶段。若能付出行动，试着去正式做一些投资，尝试一些新事物，相信绝对能增加你的理财效率。
>
> 资料来源：http://mt.sohu.com/20150126/n408073793.shtml

3. 物

这里的物是指设备、材料、仪器、能源等。"巧妇难为无米之炊"，没有物质保障，目标就难以实现，因此，管理要做到物尽其用，即充分利用一切物质资源，以保障目标顺利达成。

4. 信息

企业的信息资源由企业内部和外部与企业经营有关的情报资料构成。在企业的资源结构中，信息起着支持和参照作用，正所谓"知己知彼，百战不殆"。

5. 技术资源

技术资源包括形成产品的直接技术和间接技术，以及生产工艺技术、设备维修技术、财务管理技术、生产经营的管理技能。除此之外，技术资源还包括市场活动的技能、信息收集和分析技术、市场营销方法、策划技能，以及谈判推销技能等市场发展的技术。技术资源是影响企业业务成果的重要因素，决定着企业的生死存亡，必须高度重视。

6. 时间

时间表现为速度和效率。人们常说"时间就是效率，时间就是金钱"，一个高效能的管理系统必须考虑如何充分利用时间，在有限的时间内做更多的事。

五大时间窃贼

（1）拖拖拉拉。拖延症总是表现在各种小事上，但日积月累，便会大大影响个人发展。拖延症目前已成为很多人的困扰。

（2）在网络上耗费时间。不知道上网干什么，所以在网上闲逛。

（3）偶发延误。总有些突发事件打乱你原先制定好的计划。

（4）找东西。调查显示，85%以上的人每年都要把6周时间浪费在寻找乱放的东西上面，这意味着他们每年要损失10%的时间。

（5）消极情绪。消极情绪使人失去干劲、工作效率下降。

7. 关系资源

关系资源是指企业因为与客户、政府、社区、金融机构等个人或组织之间良好的关系而获得了可以利用的存在于企业外部的资源。其中，管理者应该特别重视客户关系资源。如果企业与客户能通过长期良好的合作建立起相互间的忠诚，那么客户就会成为企业经营中获取强大竞争优势的一项重要资源。

8. 社会信用

社会信用管理是指企业为获得他人提供的信用或授予他人信用而进行的管理活动，是对企业信用交易活动的全过程和企业诚信经营行为的全方位管理，其主要目的是为企业发展信用交易和获取信用资源服务。

"一个企业要管这么多事啊？"薛老师的话让小李十分惊讶。

"是啊，企业的领导，不但要管理自己，还要管理公司、同事、上司、下属、供应商、客户、商品、设备、环境、耗材等。所以，你们现在就要树立管理意识，除了我前面说的处理好人际关系，妥善管理好自己的钱物，充分利用时间，提高学习效率，掌握更多的信息、技术、技能，建立自己的人脉关系网外，更重要的是做个诚信的人。"

听了老师的话，小关和小李纷纷表示赞同，但他们还是向薛老师提出了疑问："诚信有那么重要吗？"为此，薛老师又给他们讲了一个故事。

管理故事

美女留学生逃票毁了自己的前程

十二年前，有一个小女孩刚毕业就去了法国，开始半工半读的留学生活。渐渐地，她发现当地公共交通系统的售票处是自助的，也就是你想到哪个地方，根据目的地自行买票，车站几乎都是开放式的，不设检票口，也没有检票员，甚至连随机性的抽查都非常少。

她发现了这个管理上的"漏洞"，或者说以她的思维方式来看是漏洞。凭着自己的聪明劲，她精确地估算了这样一个概率：逃票且被查到的比例约为万分之三。

她为自己的这个发现而沾沾自喜，从此以后，她便经常逃票上车。她还找到了一个宽慰自己的理由：自己还是穷学生嘛，能省一点是一点。

四年过去了，名牌大学的金字招牌和优秀的学业成绩让她充满信心。她开始频频进入巴黎一些跨国公司的大门，踌躇满志地推销自己。

但这些公司都是先热情有加，数日之后却婉言相拒。一次次的失败，让她非常愤怒。她认为一定是这些公司有种族歧视的倾向，排斥外国人。

最后一次，她冲进某公司人力资源部经理的办公室，要求经理对于不录用她给出一个合理的解释。然而，结果却是她始料不及的。

"女士，我们并不是歧视你，相反，我们很重视你。你一来求职的时候，我们对你的教育背景和学术水平都很感兴趣，老实说，从工作能力上看，你就是我们要找的人。"

"那为什么不收天下英才为贵公司所用？"

"因为我们查了你的信用记录，发现你有三次乘公交车逃票被处罚的记录。"

"我不否认这个。但为了这点小事，你们就放弃一个多次在学报上发表过论文的人才？"

"小事？我们并不认为这是小事。我们注意到，第一次逃票是在你来我们国家后的第一个星期，检查人员相信了你的解释，因为你说自己还不熟悉自助售票系统，只是让你补了票。但在这之后，你又有两次逃票。"

"那时我刚好口袋里没有零钱。"

"不，不，女士。我不同意你这种解释，你在怀疑我的智商吗？我相信在被查获前，你可能有数百次逃票的经历。"

"那也不至于不雇用我吧？干吗那么认真？以后改还不行吗？"

> "不,不,女士。此事证明了两点:第一,你不尊重规则,你善于发现规则中的漏洞并恶意使用;第二,你不值得信任,而我们公司的许多工作是必须依靠信任才能完成的。如果你负责了某个地区的市场开发,公司将赋予你许多职权。为了节约成本,我们没有办法设置复杂的监督机构,正如我们的公共交通系统一样。所以我们没有办法雇用你,可以确切地说,在这个国家甚至整个欧盟,你可能都找不到雇用你的公司。"
>
> 直到此时,她才如梦方醒,懊悔难当。
>
> 然而,真正让她产生一语惊心之感的,却是对方最后提到的一句话:道德常常能弥补智慧的缺陷,然而,智慧却永远填补不了道德的空白。
>
> 资料来源:http://www.xixik.com/content/86abfadb2eec24a9

"可惜了,聪明反被聪明误,她要是早点学习管理学就好了。"小关感叹道。

"那么,我们有哪些手段和方法可以用来进行管理呢?"小李问。

1.1.3 管理的基本职能

管理具有五大基本职能,即计划、决策、组织、领导和控制。

1. 计划

计划是管理者为实现组织目标对工作所进行的预先筹划,包括组织目标的选择和确立,实现组织目标方法的确定和抉择,计划原则的确立,计划的编制,以及计划的实施。它是管理的首要职能,事情要想做好,无论如何都不能缺少计划,正所谓"凡事预则立,不预则废"。

2. 决策

决策是为实现组织目标,根据客观条件,通过调查和研究,借助一定的方法和手段,从两个以上的可行方案中选择一个合理方案的分析判断过程。决策的过程包括确定目标和标准、设计备选方案、分析备选方案、选择备选方案、实施决策方案、监控和评估结果等步骤。

3. 组织

组织是管理者为实现组织目标而进行资源分配的过程,包括人员分工、构建部门、确定层次等级和协调等活动。合理有效的组织,对于发挥集体力量、合理配置资源、提高劳动生产率具有重要的作用。

4. 领导

领导是管理者依据组织所赋予的影响力去指挥、命令、引导和激励下属，进行有效沟通和协调，从而有效实现组织目标的行为。它是管理过程中最常见、最关键的职能，也是最具有艺术性的职能。领导的行为决定其领导力。

5. 控制

控制是监视各项活动以保证其按计划进行，发现偏差，采取纠正措施的过程。

管理的上述职能相互关联、不可分割，且存在逻辑上的顺序关系。一般来说是先制订计划，明确目标；然后通过组织分配资源，通过领导激励员工；最后通过控制纠正偏差、实现目标。

"没太懂。计划、决策、组织、领导、控制是管理的五项职能，学好了这些就可以很好地进行管理吗？"小关挠了挠头，用期待的眼神望着薛老师。

"没有那么简单呀！无论管理一家企业还是管理日常生活，都应该遵循管理原则，建立科学的管理制度，这样才能减少成本、提高效率、减少不必要的损失。但这还远远不够，还要发挥艺术性，充分运用人格魅力、聪明才智和创新精神进行管理。两者缺一不可，少了前者必然导致管理的随意性，甚至独裁与腐败；没了后者，管理就会死板、教条、缺乏灵活性。"

1.1.4 管理的属性

管理是科学与艺术的结合，即管理既具有科学性，又具有艺术性。

管理的科学性体现在它有一套能够反映客观规律的分析问题、解决问题的理论和方法。承认管理的科学性，人们可以发现、探索、总结管理的规律，并用以指导实践，规范管理行为，提高管理成效。不承认管理的科学性，不按管理规律办事，就会放纵管理行为，必然受到惩罚，导致管理失败。管理的科学性强调其客观规律性。

管理的艺术性体现在管理者能面对千变万化的管理对象，因人、因事、因时、因地，灵活多变地、创造性地运用各种管理理论和方法解决实际问题。管理的艺术性强调其灵活性和创造性。

缺乏理论指导的灵活，会失去方向，是盲目的。在实践中，我们必须尊重规律，在此基础上发挥主观能动性，这样才能更好地实现目标。

"好深奥啊！"经薛老师一番讲解，小关似乎有些明白了，但表情却告诉薛老师他仍有疑惑。

"没事，罗马不是一日建成的，我们也不可能在短时间内就学会管理，以后还有许

多机会慢慢体会。"薛老师看着小关和小李,微笑着说。

"谢谢老师,我们一定会认真学习的。"小关和小李一同说道。

"今天老师要送你们几句话,我们常常说性格决定命运,其实这话前面还有三句,完整的说法是:思想组成你的语言;语言导致你的行动;行动养成你的习惯;性格决定你的命运。希望你们在大学生活中学好管理,并学以致用。下面我推荐一些关于管理的网上资源和经典管理著作,你们可以利用业余时间好好学习一下。"薛老师说道。

关于管理的网上资源和经典管理著作

1. 微信公众号

21 财经

吴晓波频道

中国企业家杂志

中国经营报

世界经理人

财新网

2. 管理学相关参考网站

(1) 经济观察网,http://www.eeo.com.cn/

(2) 证券时报网,http://www.stcn.com/

(3) 中财网,http://www.cfi.net.cn/

(4) 新浪财经,https://finance.sina.com.cn/

3. 管理学相关译著

(1) 斯蒂芬·P. 罗宾斯,玛丽·库尔特. 管理学 [M]. 刘刚,程熙镕,梁晗,等译. 13 版. 北京:中国人民大学出版社,2017.

(2) 斯蒂芬·P. 罗宾斯,蒂莫西·A. 贾奇. 组织行为学 [M]. 孙健敏,李原,黄小勇,译. 14 版. 北京:中国人民大学出版社,2012.

(3) 菲利普·科特勒,凯文·莱恩·凯勒. 营销管理 [M]. 王永贵,何佳讯,陈荣,

于洪彦，译.13版.上海：上海人民出版社，2009.

（4）加里·德斯勒.人力资源管理[M].刘昕，译.14版.北京：中国人民大学出版社，2017.

（5）彼得·德鲁克.卓有成效的个人管理[M].杨剑，译.北京：机械工业出版社，2014.

（6）华伦·本尼斯.成为领导者[M].姜文波，译.北京：中国人民大学出版社，2008.

管理后记

写给刚刚进入大学校园的新生们

你们的心中，大学也许像是个充满幻想的谜，你也许渴望谜底惊艳美丽，也许期待谜底自由无限，也许期待谜底充满激情与挑战……的确，它充满了无限可能，但是唯一可以确定的是：这个谜底最后究竟是什么取决于你自己。

进入大学后，你会尝试很多的第一次和最后一次。放下高考的重担，第一次开始去追逐自己的理想、兴趣；你不再单纯地学习书本上的理论知识，第一次有机会去亲身实践；这是你第一次不再由父母安排生活和学习中的一切，有足够的自由来处理遇到的各类问题，支配属于自己的时间；这可能是你最后一次可以将大段时间用于学习的人生阶段；也可能是最后一次可以拥有较高的可塑性、集中精力充实自我的成长历程；这也许是你最后一次能在相对宽容的环境中学习处世之道。

大学是人生中最重要的阶段，大家应该认真地把握每一个"第一次"，让它们成为未来人生道路的基石；也要珍惜每一个"最后一次"，不要让自己在不远的将来追悔莫及。但是请大家记住一点：踏入大学，你的精彩刚刚开始！

走进一个新的环境，面对新的老师和同学，开始一种不同于以往的学习形式，很多大学新生在初入大学时会出现诸多的不适。下面给大家一些小建议，帮助大家能快速融入大学生活。

1. 树立明确的目标

目标这个词我们经常谈，在大学里这个词最为重要但也最容易被大家忽视，也最容易使大家感到困惑。大学阶段，大家一定要尽快树立起明确的目标，有了目标才有前进的动力。在制订目标时，建议大家的目标要明确具体、可实现且有时限。

2. 培养自学、自修的能力

相比于以往的学习生活，大学更强调学生的自学、自修能力。建议大家首先从入学一开始就树立自学、自修的意识；其次应该充分利用学校里的人才资源，从各种渠道吸收知识和方法，多向老师、学长、同学请教交流；充分利用图书馆和互联网，获取更多的学习资源，不断培养独立分析和解决问题的能力。

3. 学好基础知识

建议大家一定要扎实学好数学、英语、计算机、互联网使用等基础知识，这对专业课的学习乃至日后个人的发展都非常重要。

4. 多给自己一些实践的机会

建议大家利用课余时间多多参加一些实践活动，到知名企业参观学习、实习或是做兼职，在实践中历练自己。

5. 多结交良师益友

大学里，良师和益友是宝贵的财富。建议大家多多结交一些良师益友。在专业研究上，在个人的职业生涯规划上，在个人品性的不断完善上，他们都会给你很多的指导和帮助，可以让你少走很多弯路。

6. 提升个人的综合素质

在大学里，建议大家通过参加活动、比赛，加入学生会、社团等多种形式不断提升个人的综合素质，包括沟通能力、表达能力、团队合作能力、分析和解决问题的能力、抗压能力等。

7. 调整心态

有的同学初入大学会因为多种原因出现不适应心理，表现出迷茫、焦虑的状态，有的同学因第一次远离家乡异地求学而出现想家情绪，有的同学不能很快融入集体而显得孤僻，有的同学不能适应相对自由的学习方式而出现困惑……所以快速融入大学生活要做的第一件事情是尽快调整好自己的心态，多与辅导员老师、同学沟通交流，阅读一些心理调整方面的书籍，尽快适应大学生活。

8. 重视新生见面会

班级新生见面会上，同学们的自我介绍要用心听，记住每位同学的模样和名字，这是一种礼貌和尊重。利用新生见面会，快速认识自己的同学，让其成为融入集体的第一步。

9. 积极参加校园活动

校园活动是大学一道最亮丽的风景线。建议大家积极参加各种类型的校园活动，如歌唱比赛、舞蹈大赛、主持人大赛、演讲比赛、社团活动等。在活动中与其他同学多交流，这是你快速进入大学生活角色的一个极好方式。

10. 书籍是人类最好的朋友

大学生活的每一天，大家都不要忘记从精彩的书籍中去扩展知识面，去汲取养分，去沉淀自己。除了自己感兴趣的书籍外，哲学类、文史类、励志类、职业素质类以及

一些国内外经典名著,建议大家尽可能多地涉猎!

  大学就是一个舞台,而你们每个人都是这个舞台上的一名演员,表演什么、如何表演取决于你自己。在这个舞台上,你也许会收获鲜花、掌声,也可能收获泪水、失败等。但无论如何,毕业后这个舞台都会留给你一段刻骨铭心的记忆,或精彩、或平淡、或充实、或虚度,或自豪、或懊悔。我们一起约定吧,让那个刻骨铭心的记忆是精彩的、充实的、自豪的!唯愿你们度过美好难忘的大学时光!

  资料来源:http://www.lz13.cn/daxueshenglizhi/45753.html

管理名言

  要管理,人们就需要依据一些原则,也就是说,需要依据一些被接受、被论证过的道理。法规代表了某个时期的这些道理的总和。

——亨利·法约尔

  对每个领导者来讲,指挥的目的是根据企业的利益,使他单位里的所有的人做出最好的贡献。

——亨利·法约尔

  决策是管理的心脏,管理是由一系列决策组成的,管理就是决策。

——赫伯特·西蒙

问题1.2

为什么要学管理

手机的烦恼

曾有一部叫《手机》的电影深入人心。它讲述了事业如日中天的电视主持人严守一因为手机给他的生活带来快乐、爱情的同时,也使他的婚姻陷入了很大的危机。最近,小关同学也因为手机而烦恼。小关上大学以来,一直使用的是爸爸以前用的旧手机,无论是性能还是外观都跟不上时代潮流了。看看别人的手机,再看看自己的手机,小关总是莫名其妙地感到自卑。更重要的是,学校的日常管理,同学之间相互沟通,还有与辅导员老师的联系,都离不开手机,所以小关特别想买一部好手机。最近苹果又出了新机型,听别人说性能特别好,可是小关了解家里的状况,供自己上学已是不易,父母绝不会花七八千元给自己买新手机。

小关把自己的烦恼告诉了小李,没想到小李也正在因为此事而烦恼。小李的手机虽然比小关的好些,但也想换个新手机。因为小李发现班上很多人用的都是苹果手机,有个女生还刚刚贷款买了个iPhone 11。看着别人的新手机,小李的心总是痒痒的。

"我的手机发微信都卡,实在不想用了。"小关无奈地摆摆手,一副很委屈的样子。

"我也是,现在都不敢把手机拿出来,怕别人笑话。"小李耸耸肩。

他们二人又一次来到了薛老师的办公室。薛老师还是像上次一样,不紧不慢地给他们讲了一个故事。

管理故事

三 个 和 尚

从前有座山,山上有座小庙,庙里有个小和尚。小和尚每天挑水、念经、敲木鱼,给观音菩萨案桌上的净水瓶添水,夜里不让老鼠来偷东西,生活过得安稳自在。不久后,来了个高和尚。高和尚一到庙里,就把半缸水喝光了。小和尚叫他去挑水,高和尚心想一个人去挑水太吃亏,便要小和尚和他一起去抬水。两个人只能抬一只

> 水桶,而且水桶必须放在扁担中央,两人才心安理得。这样总算还有水喝。后来,又来了个胖和尚。胖和尚也想喝水,但缸里没水。小和尚和高和尚叫他自己去挑,胖和尚挑来一担水,立刻独自喝光了。从此谁也不挑水,三个和尚就都没水喝了。大家各念各的经,各敲各的木鱼,观音菩萨面前的净水瓶也没人添水,花草枯萎了。夜里老鼠出来偷东西,谁也不管。结果老鼠猖獗,打翻烛台,燃起大火。三个和尚这才一起奋力救火。大火扑灭了,他们也觉醒了。从此三个和尚齐心协力,水自然就更多了。

"老师,这个故事我小时候就知道,但看不出来与手机有什么关系啊?"小李迫不及待地问。

薛老师笑着说:"怎么没关系呀?你想啊,故事中三个和尚都想喝到水吧,这就像你们都想要一部新手机一样。在管理学中,这被称作有限资源。想获取有限资源的途径很多,故事中的第一个小和尚,每天通过自己的辛勤劳动挑水喝,过得悠闲自得。高和尚到来时,两个和尚虽然有摩擦,但通过相互合作也能喝到水。后来又来了个胖和尚,三个人相互依赖、相互推诿、斤斤计较、唯恐自己吃亏,不但没了水喝,还使寺庙着了火。"

"但我还是没明白具体怎样才能解决手机问题啊?我问了好多同学,他们都是分期付款,可我觉得利息太高,自己又没有收入,还不起啊!"小关着急地问。

"别急,听我慢慢说……"

1.2.1 管理学与全球化、一体化

管理学是适应现代社会化大生产的需要而产生的,它研究的是如何在现有条件下通过合理地组织和配置人、财、物等因素来提高生产力水平。管理学不仅告诉人们怎么正确地做事,而且告诉人们如何做正确的事。管理学是系统研究管理活动的基本规律和一般方法的科学。

当今时代,全球化、一体化已体现在经济生活的方方面面,越来越多的企业从事着全球化经营,并通过对人力、物力、财力等要素的有效规划、组织、协调、指挥和控制,谋取全球范围内的竞争优势。即使是只在国内经营的企业,也需要面对国际企业的竞争,其管理者也必须从全球视角来评估环境、分析对手、招聘与配置人员、获取与配置资源等。

企业只有做好管理,建立起良好的管理层级,才能更好地协作,才能实现经济效益最大化,才能稳固市场地位,才能避免在激烈的市场竞争中被淘汰。资源和其他方面的基础对一个国家的繁荣具有很大影响,但并非是决定性的。如果不能科学合理地

进行治理,也不会有繁荣富强的国家。企业也一样,资源多不一定能发展好,但如果没有科学的管理,则肯定不能发展好。个人的自我管理也非常重要,决定着个人的生存和发展。

由此可见,管理学是一门十分重要的学科。我们不仅要学习管理学,而且要学好管理学。只有这样,才能为我们今后从容应对全球化、一体化和更好地融入社会奠定基础。

1.2.2　解决有限资源与无限欲望之间矛盾的途径

自人类诞生以来,一直受到有限资源与无限欲望之间矛盾的困扰,从原始社会如何索取必要的食物以满足人类生存的需要,到奴隶社会如何获得更多的土地、财富和奴隶以满足奴隶主们奢侈的生活,一直到现在人类如何合理配置有限的资源以保持人类与自然的和谐发展。企业亦是如此。任何一家企业的最终目标都是在有限的市场资源中追求经济利益的最大化。管理学为我们提供了解决有限资源与无限欲望之间矛盾的途径,它将有限的资源进行合理的分配或最优的组合,来实现利益最大化。具体来说,解决有限资源与无限欲望之间矛盾的途径有以下五条。

1. 生产

生产力的提高,劳动分工和协作的精细化,生产技术的创新,促进了专业化水平和社会化程度的提高,使有限资源生产效益最大化,不断满足人们日益增长的物质和文化需求。

2. 组织

通过将不同行业、不同专业、不同分工的各种人员合理地组织起来,将各种数量、质量、种类的物质资源合理配置,企业可以不断发展壮大,从而获取更多的资源。

3. 道德

追求经济效益和生产效率无可厚非,但必须符合国家法律规定,符合道德要求。企业中的企业文化和规章制度的设计,实际上是对欲望的道德约束,包括对内和对外两个部分。对内,企业是一个欲望的综合体,管理者要管理好自己的欲望,帮助员工管理好各自的欲望,如树立节约观念等。对外,企业要管理好客户的欲望。

4. 贸易

贸易是资源的交换,代表着舍弃。由于不同企业所拥有的资本、要素不同,所以为了得到更高的经济效益和资源配置的最大化,要素在企业间的流动和进行有效的劳动分工就变得很有必要,这就是贸易的本质。从古代美丽而神秘的丝绸之路到现在的"一带一路",都充分体现了贸易的价值。

5. 战争

马克思曾说过，战争的深刻根源在于对抗性的经济利益冲突。在人类历史上，很多战争都起源于掠夺资源。在现代市场经济条件下，企业间的商业战争与春秋战国时群雄争霸的情形有许多类似之处，竞争空前激烈，联合、兼并、改组成为司空见惯的现象，每天都有许多企业崛起，也有许多企业倒闭。为了自身的生存和发展，各家企业都在致力于扩张实力、应对危机。

薛老师微笑着说："按照管理理论，老师帮你们想出了解决手机问题的几个途径。一是靠'生产'，你们可以利用业余时间做兼职，用挣来的钱买手机。二是靠'贸易'，你们可以卖掉自己不用的物品，用换来的钱买手机。你们可以通过网络，如闲鱼网等免费的旧物交易网站发布物品信息，进行交易。三是靠'组织'，节省花销，用省下来的钱买手机，或是向父母、亲戚筹集资金购买。四是靠'战争'，通过努力学习，使自己拔得头筹，以优异的成绩获得奖学金。五是靠'道德'，也就是形成良好的消费观念，暂时放下买新手机的过度欲望。"

大学生省钱的好方法

（1）养成记账的习惯。每天记账，一是可以找出多花销的原因；二是检查是否超支。

（2）买二手货。校园里可供利用的二手资源很多，如二手学习资源，价格基本都是原价的一半。

（3）学会讨价还价。在中国的商业文化中，讨价还价是天经地义的事情，学会讨价还价有助于买到物超所值的商品。

（4）尽量避免刷卡消费。刷卡会产生更多不必要的消费。使用现金付款，金额往往不是整数，会经历一个将百元、十元、一元等不同票面钞票加总计算的过程。而刷卡根本没有这个过程，只需"动用眼睛去看数字"，容易造成盲目消费。

握着香蕉的猴子

抓猴人有一套特别的方法。他们首先预备一个箱子，箱子顶部开个孔，孔的大小刚好能让猴子把手伸进去。箱子里放着美味的香蕉，一旦猴子伸手去抓香蕉，就必须握起拳头。但是，握起的拳头没法从孔中挣脱出来。此时猴子有两个选择：要么放下香蕉，伸出手来；要么一直握着香蕉，困在那里。

猜猜实际的情况会怎样？对了，猴子会一直握着香蕉站在那里。

> 有时候，我们就像那只猴子，紧紧抓住自己想要的东西，以至于无法前进，还自我安慰地找借口："我做不到，因为……"其实，蒙蔽你的不过是那一串香蕉而已。

听完薛老师的话，小关和小李都陷入了沉思中。薛老师的话是他们之前从未想过的，他们不得不承认，自己活了二十年，从来没有对一件事这样仔细分析过。

"从来没想过，买个手机还有这么多道理，管理学真是高深莫测呀！"小李打破了沉默。

"嗯，我决定好好想想手机问题了。谢谢您！薛老师，我今天真是受益匪浅，感觉一下子长大了不少。"小关也向薛老师投去了感谢的目光。

"希望你们在今后的大学生活中能够运用管理思想，培养高尚的品德，修学储能，学会思考，克服浮躁，全面理性地认识大学生活、认识自己，明确自己的角色和现实任务，脚踏实地，提高自己，切不可好高骛远、眼高手低。"薛老师语重心长地说道。

管理链接

谁是世界上最富有的人

谁是世界上最富有的人？根据福布斯富豪榜，截至 2020 年 5 月 9 日，杰夫·贝佐斯以 1299 亿美元的财富位居世界首富第一名。表 1-1 显示的是排名前 10 位的世界富豪。

表1-1　福布斯实时富豪榜（前10位）

排　名	名　字	财富/亿美元	财　富　来　源	国家/地区
1	 杰夫·贝佐斯	1299	亚马逊	美国
2	比尔·盖茨	1130	微软	美国

续表

排　名	名　字	财富/亿美元	财富来源	国家/地区
3	伯纳德·阿诺特	1096	路易·威登	法国
4	沃伦·巴菲特	894	伯克希尔·哈撒韦公司	美国
5	马克·扎克伯格	789	脸书	美国
6	阿曼西奥·奥特加	784	Zara	西班牙
7	拉里·埃里森	688	甲骨文	美国
8	拉里·佩奇	675	谷歌	美国

续表

排 名	名 字	财富/亿美元	财富来源	国家/地区
9	史蒂夫·鲍尔默	663	微软	美国
10	卡洛斯·斯利姆·埃卢	657	美洲电信	墨西哥

资料来源：https://www.phb123.com/renwu/fuhao/shishi.html

管理后记

盘点大学生赚钱之路

第一步：刚上大学，没有社会经验和经济基础时，你可以选择一些不需要本钱的工作，例如做家教、餐厅服务员、假期促销员、传单发放员等兼职工作。当然，你也可以发挥专业特长来赚钱。如果你是中文专业学生，或是具有文学天赋，有独到的见解，就可以在网上写小说、评论文等，这样做可以赚取一定的稿费。如果你是软件高手，就可以在各个平台上面接项目，赚取不菲的金钱。对于一些外语水平较高的在校大学生，外语翻译的兼职是非常不错的赚钱途径。你可以从各大招聘网站寻找一些兼职翻译的工作，包括资料翻译或者外派的会展翻译等。想要做好这类翻译，拿到相对较高的翻译费用，平时在学习中不仅要努力学习专业知识，如口语、听力、写作等，还要在翻译前了解公司所在行业信息，对一些专业术语要有正确的理解和掌握。如果你口才好，或是营销管理专业学生，可以试试做兼职的促销员，许多大企业、大商场和超市都有需要。

第二步：有了以上的实践，相信你已经是校园赚钱达人了，是时候成为自己的老板了。以前做家教的你，完全可以拉几个人入伙，开一个正儿八经的辅导班。经过促销锻炼的同学，建议去做校园代理，例如培训代理、驾校代理，以及各种培训机构的代理。这种方式成本低，利润高，花费时间少。当然，你也可以有更好的选择，例如在网上开店。当下很多大学生通过网上开店，已经淘到了人生的第一笔"金子"。利用

之前积累的资金，可以建立一个学校内的微店或者淘宝店，销售一些大学生喜欢的食品、日用品、化妆品、计算机外设等商品，依靠朋友圈的力量和个人的人脉把它们推广出去，并提供送货上门之类的服务。当然，在不同的阶段可以售卖不同的商品。新生开学季，卖一些新生的必需品，如电话卡、海绵床垫、洗漱用品、简易学习桌等；英语考试前期，卖耳麦；情人节卖花和巧克力，圣诞节卖苹果和橙子。总之，作为学生，学校是你的资源地，学生就是购买力，你要时时观察学生所需，这样才能抓住商机。

分享与讨论

1. 用管理学知识能够解决生活中的哪些困扰？
2. 在热播剧《庆余年》中，主人公范闲从小跟随奶奶生活在海边小城澹州，穿越后他饱尝人间冷暖并坚守对正义、良善的坚持，历经家族、江湖、庙堂的种种考验与锤炼，书写了光彩的人生传奇。结合所学的管理学知识，想一想为什么穿越剧的主人公总能在他穿越过去的那个时代叱咤风云、脱颖而出呢？

第2部分　管 理 者

学习主题

- 管理者的概念
- 管理者的分类和技能
- 管理角色理论
- 管理者的素养

学习收获

- 能够描述管理者的特征
- 了解管理者类型，掌握管理者应具备的技能
- 运用管理思维，努力将自己培养成为卓有成效的管理者

问题2.1	谁是管理者
问题2.2	管理者有哪些角色
问题2.3	卓有成效的管理者应该怎样修炼

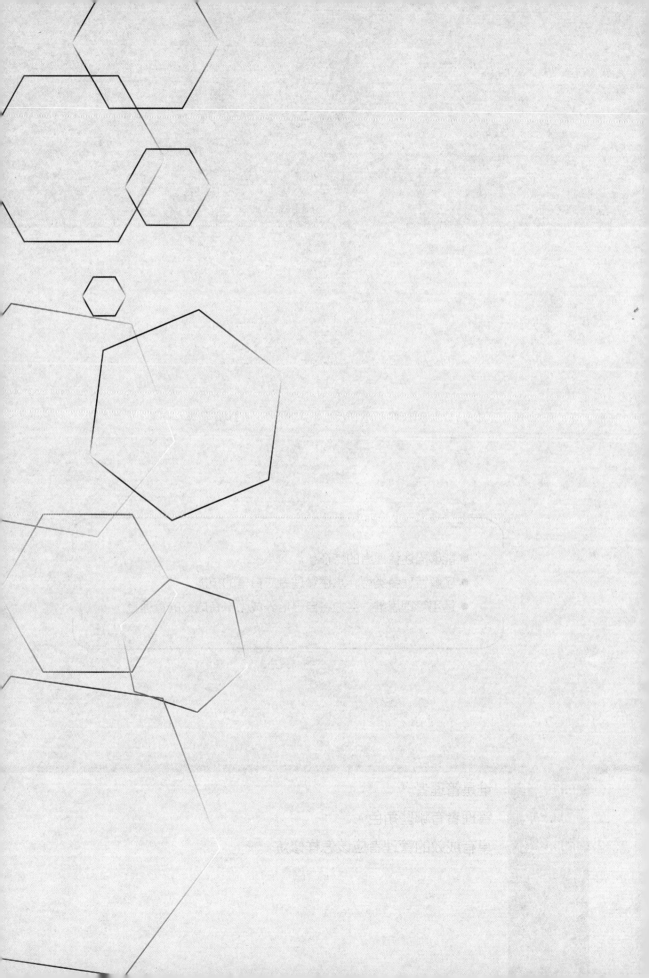

问题2.1

谁是管理者

我想当学生干部

嗡嗡嗡，小关刚下课，走到教室门口就听到手机震动的铃声。小关接听电话后说："喂，小李啊，什么事？"

"中午我请你吃饭呀？"电话那边传来小李熟悉的声音。

"今天太阳是从哪边出来的？你那么忙怎么想起请我吃饭来了？听说你在学校广播站混得不错，我走在校园里经常可以听到你播出的节目呢！"

"唉，哪有你说的那么好，这不正想和你好好聊聊，你赶紧来第一食堂吧！"

"以为你请我吃大餐呢？好吧，我马上到。"

不一会儿，小关和小李已经打好饭菜。

刚坐下来，小李就问道："你说，做学生干部在大学里重要吗？"

"这个我可不知道，反正我也不想做，看着他们挺累的，不过我看你倒挺适合，善于交际，人缘又好。"

"其实我挺想当学生干部的，但是矛盾啊，听说要占用很多学习时间，我本来学习基础就不好，要是当了学生干部，学习怕是更不行了。"

"没事，薛老师不是教咱们时间管理了吗？你好好计划一下，时间就有了。再说，不是有好多学生干部的学习成绩都非常好吗？反正我相信，你行的。"

"还有就是不知道自己能不能干好，怕辜负了老师和同学的期望。"

"你是怕干不好被撤职，没面子吧！"小关哈哈大笑道。

"还是不是朋友了？人家那么焦虑，你却笑话我。"

"开玩笑嘛，我觉得没什么可担心的。再说不是有薛老师吗，她可以帮助你呀！"

"对，下午陪我去找薛老师吧！"

"为什么又是我？唉，真拿你没办法。"小关无奈，只好答应了小李。

下午，他俩来到薛老师办公室。薛老师热情地招呼他们，亲切地问道："你们有什么事情吗？"

小关瞧了瞧小李，又拉了拉他的衣角，示意他说话。

"老师，我……我想……当学生干部。"小李半天才说出自己的想法。

"好想法呀，学生干部是协助学校和老师做学生管理工作的优秀学生群体，这是好事啊！"

"我们小李要是当上学生干部就是管理者了！"小关插话道，语气中充满了羡慕。

"我？管理者，我连什么是管理者都不知道呢，薛老师，您能给我讲讲吗？"

2.1.1　管理者的含义

管理者是参与和帮助他人工作的人。管理者通过其地位、知识和能力，为组织作贡献，对组织负责任，是能够实质性地影响组织经营及达成成果的人。组织中存在着管理者和非管理者。管理者拥有组织的制度权力，并以这些权力为基础对他人的活动行使管理职能。管理者并不从事具体的业务。非管理者即操作者，是直接从事某项工作或任务，不具有监督其他人工作的职责的组织成员。在现代管理实践中，更多的企业家强调管理者的责任而不是权力。华为公司的创始人任正非就说过："为了完成组织目标而奋斗，以组织目标的完成为责任，缩短实现组织目标的时间，节约实现组织目标的资源，就是一个管理者的职业素养与成就。"

"我还真有一点不懂呢，像您和咱们学校的校长都是管理者，两者有什么区别呢？"小李问薛老师。

"当然有区别，区别就在层次上。我属于基层管理者，而校长在学校里属于高层管理者。下面我给你们详细讲解一下吧。"

2.1.2　管理者的分类

按照不同的标准，可以对管理者进行不同的分类。

1. 按管理层次划分

按管理层次划分，管理者可分为高层管理者、中层管理者、基层管理者。

高层管理者位于金字塔的顶峰，是企业中的佼佼者，是组织的中坚力量，是具有战略眼光、战略规划能力和及时总结改进工作能力的人。这些人常常能高瞻远瞩，预测未来，引领时代潮流。董事长、首席执行官、总裁、总经理都是企业的高层管理者。

认识 C 家族成员

CEO（chief executive officer）是首席执行官。
COO（chief operating officer）是首席运营官。
CFO（chief financial officer）是首席财务官。
CMO（chief marketing officer）是首席市场官。

如果将公司的 CEO 比作当家人，那么 COO 无疑是大管家。COO 需要将 CEO 做出的决策付诸实施，协助 CEO 制订公司的业务发展计划，并对公司的经营绩效进行考核。CFO 是掌握着企业财务信息和现金资源的灵魂人物，是一个穿插在金融市场操作和公司内部财务管理之间的角色。CMO 是企业中负责市场（营销）工作的高级管理人员，是公司市场（营销）战略的制定者。

中层管理者处于企业组织架构中的中层位置，负责上情下达、下情上传，在决策层与执行层中间起着承上启下的桥梁作用。对高层管理者而言，中层管理者是服从者、执行者、协助者；对基层管理者而言，中层管理者则是计划者、指挥者、监督者和激励者。

基层管理者处在管理最底层，负责实际操作，给下属分派任务，并监督和管理下属工作。

2. 按管理范围与职责领域划分

按管理范围与职责领域划分，管理者可分为综合管理者和职能管理者。

综合管理者也称全面管理者，上至公司总裁，下到部门主管、车间主任。综合管理者的管理内容包括采购、生产、销售、人事、财务等多项内容。

职能管理者是就企业某一职能进行专项管理的人员。一般来说，企业的职能包括生产、营销、人事、财务等。

3. 按职权关系的性质划分

按职权关系的性质划分，管理者可分为直线管理者和参谋人员。

从企业的最高层经过若干中间层，一直延伸到最基层，形成一种管理层级链，管理层级链中每一环节的管理人员都有指挥下级工作的职责和权力，同时，除最高层外又都必须接受上级管理人员的指挥，这样的管理者被称为直线管理者。例如在小型餐饮店中，老板是服务员和厨师的直线管理者。

参谋人员简称参谋，是同层次的直线管理者的助手。为弥补直线管理者专业知识的不足，参谋人员负责为直线管理者提供服务和协助。参谋人员的主要任务是提供某些专门服务，进行某些专项研究，提供某些对策建议。例如企业中的秘书、助理、顾问，军队中的参谋等，都是参谋人员。

"那管理者应该具有哪些技能呢？我还是担心自己做不好。"小李接着问薛老师。

2.1.3 管理者的技能

总体来说，管理者的技能可分为技术技能、人际技能和概念技能。

1. 技术技能

技术技能（technical skills）是指管理者掌握与运用某一专业领域知识、技术和方法的能力。例如，人力资源管理者应该熟悉人力资源管理制度，掌握招聘、薪酬设计和绩效考核的方法。由于基层管理者大多从事训练下属人员或回答下属人员有关具体问题的工作，所以技术技能对于基层管理者尤为重要。

2. 人际技能

人际技能（human skills）是指管理者处理人际关系的能力，即理解、激励他人并与他人共事的能力，主要包括领导能力、影响能力和协调能力。人际技能要求管理者了解他人的信念、思考方式、感情、个性及态度，因此，人际技能是各层次的管理者都必须具备的能力。

3. 概念技能

概念技能（conceptual skills）是指管理者对复杂情况进行抽象和概念化的能力。运用这种技能，管理者必须能将组织看作一个整体，理解各部分之间的关系，想象组织如何适应它所处的环境。对于高层管理者来说，概念技能尤为重要。

概念技能的实质是综合分析的能力，这种技能越到高层越需要。技术技能是低层管理者，特别是偏向具体业务的管理者比较需要的。人际技能无论对高层管理者，还是对中层和基层管理者都同样需要。

"看来做个管理者还真不容易，得懂这么多。"小李说道。

"所以呀，你一定要好好学习，不要认为做了学生干部，就比其他同学优越了，就可以不努力了。一个好的学生干部，学习成绩必须优秀，这样不仅能在同学中树立威信，还能为以后走向社会从事管理工作打下基础。"薛老师语重心长地说道。

"这个您放心，我一定不会让您失望的。"小李保证道。

走进学生会

学生会是学校中的组织机构之一，是学生自己的群众性组织，是学校联系学生的桥梁和纽带，是每个学校不可缺少的部门。学生会是提倡自我服务、自我管理、自我学习的学生组织，是为学校学生和老师提供无偿服务的部门，负责引导同学努力做到身体好、学习好、工作好，德、智、体、美、劳全面发展，成为有社会主义觉悟的、有科学文化知识的、身心健康的人。

学生会主要由秘书部、宣传部、学习部、体育部、生活部、文娱部、外联部等组成，各部门的设置及职能有所不同（见图2-1）。

图2-1 学生会的基本组织结构

秘书部是学生会主席团下负责协助主席团进行决策工作，调查了解和监督学生会各职能部门、各院系学生分会工作落实情况的一个部门，主要负责学生会活动经费的管理、学生会档案整理、学生会会议的记录、内部制度和日常事务的管理等。

宣传部既是学生会的"喉舌部门"，又是学生会的"门面"，是展示学校风采的窗口和平台。宣传部主要通过各种海报、喷绘设计，不断探寻更有创意的宣传方式，为学校设计出更多更新颖的宣传品，为活动打响知名度，扩大影响力，增加同学对学校的了解。

学习部主管学风建设和学术活动，以提高同学们的学习意识、营造校园学习氛围为目的，开展各种同学喜闻乐见的活动，筹办学术讲座，了解和反馈广大同学在学习方面的意见和要求，在师生之间搭起一座桥梁，促进师生相互交流。

体育部主要负责组织各项有益学生身心的体育活动，协助组织好学校经典品牌活动，增强创新意识和实践能力，给大学生一个展现热情活力和青春魅力的舞台。

生活部负责规划和实施有关学生生活的服务工作，定期组织校级学生宿舍卫生检查；了解学校膳食、宿舍等后勤工作动态，畅通同学们关于公寓建设的反馈渠道；组织参加各种义务服务活动，培养大学生为人民服务的思想，加强学生的精神文明建设；负责收集广大同学在学习、生活方面遇到的各种问题，及时向有关部门反映情况，并配合有关部门及时解决问题；给同学们创造一个良好的学习空间和生活环境，保障各部门工作顺利进行。

文娱部负责完成学校下派的各项文艺任务，如院系之间的互动联谊活动、院系内

部的联欢娱乐活动、班与班之间的小型联谊活动等。

外联部是学生会的重要部门，是联系社会与学校的桥梁纽带，是学校对外联络的重要窗口。外联部负责对外展示本校学生的良好精神风貌，努力提高学生会在社会上的知名度，为学生会各项活动筹集资金，为学生会活动的顺利开展提供保障。

问题 2.2

管理者有哪些角色

多 面 手

周末,薛老师上街购物,来到当地最大的一家超市,正准备取购物车时,突然看到一个熟悉的身影。

"这不是小李吗?你在做什么呀?怎么不进去呢?"薛老师感到十分纳闷。

"啊薛老师,我……那个……我先走了,您先忙着。"小李吞吞吐吐,像是做了什么见不得人的事,转身要走。

"你急什么呀?有事啊?"

"没,没什么事,其实我想……"

"想陪老师买东西吧?"薛老师狡黠地说。

"好吧!"小李勉强答应了,看起来却心事重重的样子。

买完东西后,薛老师把小李拉到一家咖啡厅,想和他好好聊聊。

环境真是心情的调味剂。听着舒缓的音乐,闻着浓郁沁人的咖啡香气,小李慢慢地没那么拘谨了,开口说道:"老师啊,我现在被选到外联部了。"

"那你主要做什么呢?"

"我先向您介绍一下外联部吧!我们外联部的主要职责就是在学生会其他各部门举办活动之前帮忙筹集活动经费和物品,主要就是到外面的一些商店或企业拉赞助,筹集活动经费。这不,下个月是学校的文化月,部长让我出来看看能不能拉点赞助。这家超市是咱这规模最大的超市,我想看看它们能不能给咱学校文化月提供点赞助,但又不好意思进去,不知怎么开口。"

"你有没有想想自己为什么不好意思进去?"

"可能是我自己的性格比较害羞吧!"

薛老师一边慢慢地品着咖啡,一边款款道来:"不全是。拉赞助可分为四个阶段,分别是策划、交涉、落实、反馈。首先,策划的目标要明确,要能说服对方,使对方与你建立合作关系。如何说服?这是问题的关键。我认为,整个说服过程是建立在双方意愿基础上的,即在分析双方利弊后提出一个使双方受益的合作方案。策划之前你要思考以下这些问题:对方需要什么?我方优势何在,如何发挥?分析双方合作的基

础，提出有利于双赢的合作方案，即策划书。在寻找合作伙伴的过程中，要特别考虑我方优势与对方的契合点。学校活动具有宣传方面的优势，各院系也各有特点，比如计算机系找电脑商，体育系找体育器材专营商，音乐系、外语系因女生多，可以找美容美发、时装化妆等商家，这样成功率会高些。此外，还要根据活动本身的特色寻找赞助商，例如普通话大赛可与书店合作，这比歌舞晚会找书店合作更让人觉得对口，当然也更容易说服对方。校园策划书一般有几个组成部分，包括活动简介、活动安排、宣传方式、宣传效益、经费预算等。至于如何写策划书，我认为好比是写作文，能阐明想法、行之成文即可，没有一个固定的万能的模式。我建议写策划书时这样思考：我的目标是说服对方与我合作，那么应该准备哪些素材？素材应该如何组织？一切都要围绕着怎样才能最有力地说服对方展开，因为衡量一份策划书的最终标准是能否实现说服对方的预期目标。第二个阶段是交涉……"

聚精会神地听着薛老师侃侃而谈，小李心生敬佩，自言自语道："老师可真是了不起，学识渊博，简直是百事通、多面手，说起什么来都头头是道。"

"所以啊，没有什么不好意思的，展现你个人才干的时候到了。你们前任部长现在不是做得很好吗，都有自己的广告公司了。"

"嗯嗯，我知道了，不过……"小李犹豫了一下，"老师，刚才我不敢进去，还有一个原因。自从我到外联部，部长一会儿让我做宣传册，一会儿让我拉赞助，一会儿又让我和其他部门联系，好像什么都得做，我现在都迷茫了。原以为学生会就是学生的管理者，管管学生，谁知道要做这些多不相干的事。"

"哈哈，管理者要做些什么？他们应该怎样做？为什么这样做？这些不仅是你感到困惑的问题，也是众多管理学家研究的问题。管理学家明茨伯格还在攻读博士的时候，就带着秒表去记录管理者真正在做什么。他花了一周的时间，对 5 位来自大型咨询公司、医院、高科技公司、学校和日用消费品制造商的 CEO 进行观察和研究，发现这些 CEO 也总是被这样或那样的事务和人物所牵绊，无暇顾及长远的目标或计划。"

"原来不只是我有这样的困惑啊！"

"是啊，在此基础上，明茨伯格提出了管理角色理论。"

"不愧是教管理的老师，什么都能和管理学钩，那您给我讲讲他的研究成果呗！"

2.2.1 管理者角色的决定因素

管理者应扮演什么角色，履行什么职能，取决于其所处的管理层级。在一个组织中，管理者一般分为高层管理者、中层管理者和基层管理者 3 个层级。每个层级的管理者所扮演的角色各不相同，履行的职责也有较大区别。

高层管理者是组织的舵手，无论是首席执行官、总经理，还是厂（场）长、厅（局）长、

院（校）长等，尽管头衔不同，但他们都侧重于宏观管理，较多关注的是计划和组织职能，主要任务是确定组织的发展战略。

基层管理者的称呼也有多种，如车间主任、班组长、科长等。基层管理者注重的是领导和控制职能。

中层管理者，如区域经理、项目负责人、分院院长（系主任）等，他们的职能介于高层管理者和基层管理之间，既要管理、指挥下级的工作，也要参加一定的业务工作。

2.2.2 管理者的角色

管理者角色是指组织中管理者所需要做的一系列特定的工作。不同组织所采用的管理方式不同，设立的组织角色也不同。20世纪60年代，美国学者亨利·明茨伯格（Henry Mintzberg）经过实证研究，具体分析了管理者的日常管理工作，提出了有效管理者所需扮演的10种角色，并将10种角色分为人际角色、信息角色和决策角色3类（见表2-1）。

表2-1　有效管理者所需扮演的10种角色

角 色	描 述	特 征 活 动
人 际 角 色		
1. 挂名首脑	象征性首脑，必须履行许多法律性和社会性的例行义务，也称代表人	负责迎接来访者、签署法律文件，如英国女王、日本天皇等
2. 领导者	居于某一领导职位，拥有一定领导职权，承担一定领导责任，实施一定领导职能的人	负责激励、率领、指挥、协调、监督、教育下属
3. 联络者	负责组织内部和外界个人或机构之间联络和协调的角色	负责参加外部的各种会议，参加各种公共活动和社会事业
信 息 角 色		
4. 监听者	寻求和获取各种特定信息，以便透彻地了解组织与环境	负责为企业收集信息，以便改进产品和服务，是企业的神经中枢
5. 传播者	将从外部人员和下级那里获取的信息传递给组织的其他成员	负责举行信息交流会，用各种方式转达信息
6. 发言人	向外界发布组织的计划、政策、行动、结果等	负责召开董事会，向媒体发布信息
决 策 角 色		
7. 企业家	寻求组织和环境中的机会，制订改进方案，以发起变革，监督这些方案的策划	负责制订组织战略，检查会议决策执行情况，开发新项目
8. 混乱驾驭者	当组织面临重点的、意外的混乱时，负责采取纠正行动	负责组织应对混乱和危机的战略制订和检查会议
9. 资源分配者	分配组织的各种资源——制订和批准有关的组织决策	负责调度、授权、开展预算活动，安排下级的工作
10. 谈判者	在主要的谈判中作为组织代表	参与工会的合同谈判

"那明茨伯格所列举的10种角色的关系是怎样的呢?是每个管理者只担任其中一种角色吗?"小李不解地问。

"不是,这10种角色是一个整体,它们是互相联系、密不可分的。在任何情况下,人际角色、信息角色和决策角色都是无法割裂开来的。从组织的角度看,管理者是全面负责人,但事实上他又要承担一系列专业化工作,既是专家又是通才。学生干部也是如此,不仅要有所专长,还必须是多面手。如果生活是艺术,那么学生干部就是创造艺术的多面手。他们会创造,懂生活,有才华,更有激情。他们在学校忙碌地工作着,在平凡的学生干部岗位上谱写着青春赞歌。"

"您说得太好了。"薛老师被这突兀的打断吓了一跳,看到小李竟激动不已地拍起手来了。

"老师,我一定踏踏实实做人,认认真真做事,多学知识多学本领,做个优秀的学生干部!"

管理故事

明茨伯格:批判并年轻着

管维立

有管理学大师之誉的明茨伯格厌恶大师头衔,主张管理从根本上"无科学可言",批判自上而下的英雄式领导和规划型战略,并对当今的MBA教育嗤之以鼻。

明茨伯格是当今世界上广为人知的企业管理专家,在管理理论界被尊为一个学派的"掌门",堪与法约尔、泰勒、韦伯、梅奥、西蒙、德鲁克等名家比肩。2005年11月彼得·德鲁克(Peter Drucker)去世后,有人评说道:当今管理学的大师级人物只有明茨伯格硕果仅存了。尽管明茨伯格本人不喜欢被人称作大师,但他在管理界的地位确实称得上是大师。

明茨伯格于1972年年初完成其传世名著《管理工作的性质》。他通过现场观察记录,发现高层管理人员工作节奏快,负荷大,加班加点,一心多用,八方周旋,时间被切割成以分秒计的碎片,根本无法静下心来思考战略问题。他们扮演着多种角色:指挥协调、分配资源、任免下级、对外发言、谈判应酬,还要不时充当抢险队长。由于这一研究成果,明茨伯格创立了所谓的"经理角色学派"。当然,学派的桂冠系他人所加,所贴标签未见得高明(其他学派亦然)。今天回过头去看,就连对管理者角色的研究本身,明茨伯格当年的总结也未必周详精当。

四十多年来,明茨伯格始终站在管理理论和实践的发展前沿,在组织理论、组织结构、组织变革、战略管理以及管理本质和管理教育改革等方面进行了大量开拓性研究,建树颇丰。

明茨伯格富有批判精神,锋芒所向,尖锐、透彻、张扬,不留余地,充满朝气。他批判将管理归结为纯科学的观点,主张管理从根本上"无科学可言"。管理当中

有科学的成分,但管理不是一门科学,甚至连应用科学都说不上。管理是一种实践,一个过程。在管理的三个维度——科学、艺术、手艺中,明茨伯格最强调的是手艺。从事管理必须在实际环境里摸索、体验、感受、经历,如此获取的真知既难以事先灌输,也难以事后复制,又难以传授、移植,更不能归纳为统一的标准答案或工业化流程。运用之妙,存乎一心。

明茨伯格批判自上而下的英雄式领导和规划型战略。他认为,神化高高在上的CEO,制造耶稣式的个人英雄,靠高层炮制出完备的战略然后力挽狂澜或无往不胜,编织这种故事极其危险,可能走向邪教。他主张参与式的领导和动态型的战略管理。领导人的重要性体现在让组织中的别人变得重要。企业战略应当在高层与基层、企业与环境的反复碰撞之中生成,并应随时调整,适应变化。而构成企业的,不仅有组织结构图上静态的方块和直线,还有无数的"集合""链条""枢纽""网络",它们交叉、互动、聚散、流变,生生不息地持续运行着,其基本动力则来源于人。他不赞成使用"人力资源"一词:人就是人,不要把人单纯看作服务于企业需要的资源、要素、工具。

明茨伯格批判当今商学院的MBA教育是"用错误的方式教育错误的人",批判按照专业职能分门别类地传授管理知识导致脱离实际,认为管理者不可能在课堂里大批培养。他尖刻地揶揄道,MBA们应当在前额烙印骷髅图海盗标记,旁书"本人不适合从事管理工作"。他倡导并且试验了一种被称为"国际实践管理教育"(IMPM)的在职研修学位课程,招收优秀公司派出的参与者,到不同国家的商学院学习,通过反思、交流、互鉴培养五种"心态":管理自我的反思心态,管理关系的合作心态,管理组织的分析心态,管理环境的尘世心态,管理变革的行动心态。

然而,明茨伯格的批判并非无懈可击。直接从实践中获取真知固然好,但耗时长,弯路多,命中率低。管理教育和培训无论怎样重新设计或改进,总是不同于实践本身,"脱离"实践是不可避免的。知识的分门别类标志着进步,分别研习而后予以综合,并无不妥。当然,MBA教育确实问题多多。明茨伯格的警告至少可以让我们明白:有了MBA学位,也别太拿它当回事。

资料来源:http://finance.sina.com.cn/roll/20060518/1632698520.shtml

管理案例

甜美的音乐

马丁吉他公司成立于1833年,位于宾夕法尼亚州,被公认为世界上最好的乐器制造商之一。就像施坦威的大钢琴、劳斯莱斯的轿车、布菲的单簧管一样,马丁吉他每把价格超过10000美元,是你能买到的最好的吉他之一。这家家族式企业历经艰难岁月,已经延续了六代,目前的首席执行官是克里斯·马丁四世。他秉承了吉他的制作手艺,遍访公司在全世界的经销商,为它们举办培训讲座。很少有哪家

公司像马丁吉他一样有这么持久的声誉,那么,公司成功的关键是什么呢?

一个重要原因是公司的管理和杰出的领导技能,它使组织成员始终关注像质量这样的重要问题。马丁吉他公司自创办起做任何事都非常重视质量。即使近年来在产品设计、分销系统以及制造方法方面发生了很大变化,公司仍始终坚持对质量的承诺。公司在坚守优质音乐标准和满足特定顾客需求方面的坚定性,渗透到公司从上到下的每一个角落。不仅如此,公司在质量管理中长期坚持生态保护政策。因为制作吉他需要用到天然木材,公司非常审慎和负责地使用这些传统的天然材料,并鼓励引入可再生的替代木材品种。基于对顾客的研究,马丁吉他公司向市场推出了采用表面有缺陷的天然木材制作的高档吉他,然而,这在其他厂家看来几乎是无法接受的。马丁吉他公司使新老传统有机整合在一起。虽然设备和工具逐年更新,但雇员始终坚守着高标准的优质音乐原则。所制作的吉他要符合这些严格的标准,要求雇员极为专注和耐心。

家庭成员弗兰克·亨利·马丁在1904年出版的公司产品目录的前言里向潜在的顾客解释道:"怎么制作具有如此绝妙声音的吉他并不是一个秘密。它需要细心和耐心。细心是指要仔细选择材料,巧妙安排各种部件,关注每一个使演奏者感到惬意的细节。所谓耐心,是指做任何一件事不要怕花时间。优质的吉他是不能用劣质产品的价格造出来的。但是谁会因为买了一把价格不菲的优质吉他而后悔呢?"

虽然100年过去了,但这些话仍然是公司理念的表述。虽然公司深深地植根于过去的优良传统,现任首席执行官马丁四世却毫不迟疑地推动公司朝新的方向发展。例如,在20世纪90年代末,他做出了一个大胆的决策,开始在低端市场上销售每件价格低于800美元的吉他。低端市场在整个吉他产业的销售额中占65%。公司DXM型吉他是1998年引入市场的,虽然这款产品无论外观、品位和感觉都不及公司的高档产品,但顾客认为它比其他同类价格的绝大多数吉他产品的音色都要好。马丁为他的决策解释道:"如果马丁公司只是崇拜它的过去而不尝试任何新事物的话,那恐怕就不会有值得崇拜的马丁公司了。"马丁公司现任首席执行官马丁四世的管理表现出色,公司销售收入持续增长,在2000年接近6亿美元;位于宾夕法尼亚州的制造设施得到扩展,新的吉他品种不断推出。雇员们描述他的管理风格是友好的、事必躬亲的,但又是严格的和直截了当的。虽然马丁吉他公司不断将其触角伸向新的领域,但却从未放松过对尽其所能制作顶尖产品的承诺。在马丁四世的管理下,这种承诺决不会动摇。

问题:
1. 根据管理者的三大技能理论,分析哪种管理技能对马丁四世最重要。
2. 根据明茨伯格的管理者角色理论,说明马丁四世所扮演的角色。

案例分析:
1. 从案例中可知,马丁是首席执行官,属于高层管理者。作为高层管理者,概

念技能对马丁四世最主要。他必须制订指导性计划和公司发展愿景。除此之外,马丁四世还必须具备一定的人际技能,以便能将公司的指导性计划和发展愿景与中层、基层管理者以及操作者进行沟通,取得他们的支持,从而带来组织的成功。马丁四世需要最少的是技术技能,他应该会雇用有必备技术技能的员工去制造质量卓越的吉他。不过,雇用能满足组织宗旨和计划的员工是一项困难的工作,因此这种技能必须来自马丁四世。

2. 当马丁四世访问马丁公司世界范围的经销商时,他在扮演挂名首脑、领导者、传播者和监听者的角色。当马丁四世代表公司环世界访问时,他在扮演挂名首脑;当马丁四世访问经销商,并向他们展示坚定的、值得追随的领导风采时,他在扮演领导者;当马丁四世将公司总部的信息传递给各个经销商,并提供给它们最新的公司信息时,他在扮演传播者;当马丁四世访问各个经销商时,由于他能汇集各个经销商的信息给公司总部,以便改进产品和服务,因此他在扮演监听者。

当马丁四世评估新型吉他的有效性时,他在扮演企业家和混乱驾驭者的角色。作为企业家,马丁四世站在技术前沿,寻求公司的发展机会,带领公司达到新的水平。马丁四世在评估新型吉他的有效性时,他要在多种设计方案间进行比较,选择最终方案是否与新型吉他相匹配,这时他在扮演混乱驾驭者。

当马丁四世让员工坚守公司的长期原则时,他在扮演领导者、谈判者和资源分配者的角色。马丁公司的长期原则是公司过去、现在乃至将来发展的关键因素。马丁四世作为领导者,他重申并让员工始终聚焦于该目标上。他还可以运用这些原则处理各种冲突和资源配置,这时他在扮演谈判者和资源分配者。

问题2.3

卓有成效的管理者应该怎样修炼

忙 与 盲

小关最近很失落，原因主要是小李。让我们来听听他们的对话吧。
小关："今天速8首映，晚上去看吧？"
小李："今天恐怕不行，8点要开会。"
……
小关："国庆节放假咱们出去玩吧？"
小李："下次吧，国庆节要做专题活动，没时间出去呀。"
……
小关："最近忙什么呢，今天出去吗？"
小李："哎呀，我晚点给你打过去行吗？现在要审新闻稿。"
……
小关："喂，已经半夜了，你怎么还在敲计算机？"
小李："你在电话里都听见了？我写完这份策划方案就睡啦！"
……
小关："我听说最近商场运动品牌在打折，我们一起去买吧？"
小李："下周再去吧，今天部门例会。"
……

看了小关和小李的对话，大家就知道问题出在哪里了。小李加入学生会后，太忙，忽略了小关。小关的生日到了，他满怀希望地想和小李好好玩玩，可是电话里小李又是各种忙。

小关："说好了，晚上我过生日你必须到！"
小李："对不起，今天团日活动公开赛不去不行，忙完这几天我给你补过！"
小关："什么？你在逗我吗？你一天天地在忙些什么？算了，我以后不找你了！"小关挂断电话，无情的愤怒仿佛要把屏幕压碎。接下来的几天，两人形同陌路。

这天，小关在校园里看到薛老师，忙上前打招呼。

"老师，今天没课呀？"

"下午才有，小李呢？你们怎么没在一起。"

"谁知道呢？人家是干部，是大忙人。"

薛老师一听就知道不对劲了，抿着嘴笑道："怎么吵架了？跟老师说说。"

小关一听，不觉脸上一红，忙掩饰道："没有，没有……"可是紧皱的双眉却已经出卖了他的小心思。

薛老师看他不想说，也没有继续问下去。

下午，小关和小李两个人齐刷刷地站在薛老师的办公室，像一对等待受训的小学生，彼此谁也不理谁。薛老师看着心里想笑，却故作严肃地说："是这样，最近咱们校团委有个校园感人故事的活动，每个班推荐一些身边感人的故事，形成文字和图片。我想让你俩做这件事，小李你人脉广，你去班级挖掘一下素材。小关你文笔好，负责写成文字稿，再拍一些照片。"

"我不想跟他合作。"小关首先表达了自己的态度。

小李使劲拽了拽小关的衣角，尽力阻止小关的话语。可是，以小关的倔强性格哪肯顺从，他把最近发生的事一一告诉了薛老师。

"我知道自己错了，但感觉自己有好多事要做，却怎么也做不完，感觉又忙乱又盲目，从而忽略了好朋友的感受。"小李很委屈地说。

"其实，我也理解你，但千不该万不该，连我的生日你也置之不理。"

"好了，小关你也不要生气了，小李也有他的苦衷。"薛老师忙插话道。

"小李啊，工作再忙也要问候朋友几句。当你持续一段时间忙碌时，应该停下来考虑一下，是否有什么工作是可以委派或授权给你的团队成员的？你是否因为做了一些可以由他人完成的低价值工作，而占用了原本可以休息或做高价值工作的时间？"

"我知道了，老师，那如何做一名优秀的管理者呢？"

"我给你们讲几个小故事，以便你们更好地理解如何做一名优秀的管理者。"

管理故事

绝不伤害女人和孩童

1994年的一部影片《这个杀手不太冷》已经成为好莱坞的经典之作，主人公冷血杀手莱昂成为家喻户晓的经典人物。莱昂从一个痴情少年变成冷酷杀手，起因正是自己深爱的情人被杀。莱昂杀掉了凶手，由此也变成一名凶手。但杀手并不都是我们想象的那样残忍嗜血。莱昂善良温柔守规则，对人有情有义。莱昂对于马蒂尔达发自内心地爱护，甚至不惜牺牲自己的生命让马蒂尔达好好活下去的故事情节，

感动了银幕前的无数观众。绝不伤害女人和孩童，始终是莱昂职业操守的底线。作为一个硬汉的莱昂，认为小孩和女人属于弱者，手无缚鸡之力，自然不能作为杀害对象。而片中的另一个角色史丹菲尔无疑是深度偏执狂、狂躁症患者。他不允许别人违背自己的意思，嗜血成性，歇斯底里，灵魂深处有蔑视和毁灭一切的倾向。作为一名警官，史丹菲尔不但不恪尽职守，反而和他的搭档们联合起来杀人、贩毒，无恶不作，与莱昂形成了鲜明的对比。

　　这并不是电影中的虚构情节。事实上，世界上最大的黑社会组织黑手党也奉行着这样的原则。《教父》是流行文化中有关黑手党的最具影响力的影片，片中的考利昂家族就是现实生活中一些黑手党家族的艺术缩影。黑手党组织内部权力结构异常严密，纪律森严。凭着这一点，这个社会毒瘤得以长期存在。在严格的杀手纪律中，最为著名的是黑手党的"七戒"帮规，包括：

　　守口如瓶（keep one's mouth shut as that of a jar）；
　　组织高于个人（organization is higher than individual）；
　　不得违抗上级命令（not disobey orders）；
　　不得叛变自首（no surrender）；
　　对家人保密（family secret）；
　　不得擅自搞绑票活动（not to engage in kidnapping activities without authorization）；
　　兄弟之间严禁斗殴（no fighting between brothers）。

"连杀手都有自己的做人做事准则，真是不可思议。"

"是啊，凡事都要按规矩办，对待任何事物都不应该违背常理。管理者尤为如此。做管理者应按规则办事，要有做人做事的标准。刘强东曾说过：'按规则办事才能成为伟大企业。'"

管理故事

牛顿的五个小故事

故事一： 牛顿爱猫，家里养了两只猫，一只体型大一点，另一只小一点。家人叫他在门上给猫开个进出的通道。牛顿就在门上开了一大一小并排两个洞。邻居们见了好生奇怪，问牛顿为什么要开两个洞。牛顿回答说："大猫走大洞，小猫走小洞。"

故事二： 牛顿工作常常废寝忘食。有一天他从早晨起就计算一个问题，中午饭都忘了吃。当他感到肚子饿时，已暮色苍茫。他步出书房时正好吹来一阵清风，他感到异常清新，突然想道："我不是去吃饭吗，怎么走到庭院中来了？"于是他立即回头，又走进了书房。当他看到桌上摊开的算稿时，又把吃饭的事忘得一干二净，

立即又伏案紧张地计算起来。

故事三：有一次，牛顿在向一位姑娘求婚时思想又开了小差，他脑海里只剩下了无穷量的二项式定理。他抓住姑娘的手指，错误地把它当成通烟斗的通条，硬往烟斗里塞，疼得姑娘大叫，离他而去。

故事四：有一次，给牛顿做饭的老太太有事要出去，就把鸡蛋放在桌子上，说："先生！我出去买东西，请您自己煮个鸡蛋吃吧，水已经在烧了！"正在聚精会神计算的牛顿，头也不抬地"嗯"了一声。老太太回来以后问牛顿煮了鸡蛋没有，牛顿头也没抬地说："煮了！"老太太掀开锅盖一看，惊呆了：锅里居然煮了一块怀表，鸡蛋却还在原地放着。原来牛顿忙于计算，胡乱把怀表扔进了锅里。

故事五：有一次，牛顿的一位朋友来看他，在实验室外面等了好久，肚子饿了就独自把桌上的烤鸡吃了，不辞而别。过了好长时间，牛顿的实验告一段落，他才觉出肚子咕咕在叫，赶快跑出来吃鸡。他看到盘子里啃剩下的鸡骨头，居然对助手说："哈哈，我还以为自己没吃饭哩，原来已经吃过了呀！"还有一回，一个好朋友请牛顿吃饭，一边吃饭一边议论科学问题。饭吃到一半的时候，牛顿站起来说："对了，还有好酒呢，我去取来咱们一起喝。"说完就向实验室跑去，一去就不回来了。朋友追过去一看，牛顿又摆弄上他的实验了。原来，牛顿在取酒的路上忽然想出了一个新的实验方法，居然将取酒的事忘得一干二净了。

"哈哈，牛顿真是有趣，大猫走大洞，小猫走小洞，太逗了。"

"在常人眼中，这些看似是笑话，却说明牛顿做事专注，这种精神值得我们学习。专注就是思想高度集中，专注就是全神贯注、专心致志。一个专注的管理者，往往能够把自己的时间、精力和智慧凝聚到一起，把学习、工作的效率提到最高，把事做到最好。"

"你们男生，一定听过柒牌男装吧？"

"嗯，国内很知名的牌子，东西挺贵。"

"柒牌男装从1979年创立，到2015年获得省政府质量奖，其成功就是源于专注。柒牌男装的创始人洪肇奕曾说：'我们36年来只做了一件事，就是专注男装。'"

"哇，看来专注真的很重要呢！"

管理故事

彼得原理——管理者贵有自知之明

彼得原理是美国学者劳伦斯·彼得在对组织中人员晋升的相关现象研究后得出的一个结论：在各种组织中，由于习惯于对在某个等级上称职的人员进行晋升提拔，因而雇员总是趋向于被晋升到其不称职的地位。彼得原理有时也被称为"向上爬"理论。这种现象在现实生活中无处不在：一名称职的教授被提升为大学校长后无法

胜任，一名优秀的运动员被提升为主管体育的官员后无所作为。对一个组织而言，一旦相当部分人员被推到其不称职的级别，就会造成组织的人浮于事、效率低下，导致平庸者出人头地、发展停滞。将一名职工晋升到一个无法很好发挥才能的岗位，不仅不是对本人的奖励，反而会使他无法很好发挥才能，也会给组织带来损失。

"自知，就是要知道自己、了解自己。'人贵有自知之明'，把人的自知称为'贵'，可见人是多么不容易自知；把自知称为'明'，又可见自知是一个人智慧的体现。"

"可是老师，在现实生活中，人往往喜爱听好话、奉承话，不自知的人听到好话、奉承话，便会信以为真，飘飘然，觉得自己好伟大，我身边的很多学生干部都有这样的浮躁心理。"

"因此，作为管理者，要真正了解自我，就必须换一个角度看自己。首先，要'察己'，客观地审视自己，跳出自我，观照自身。如同照镜子，不但看正面，也要看反面；不但要看到自身的优点，更要觉察到自身的缺点，包括对自己的学识能力、人格品质等进行自我评判，切忌孤芳自赏、妄自尊大。其次，要不断完善自我，有则改之，无则加勉。要知道天外有天，人外有人；尺有所短，寸有所长。"

管理故事

从模仿到创造

明末画家陈洪绶从小学绘画就不恪守死规则。有一次，他到杭州府学去拓印李公麟所绘的七十二贤人石刻，关起门来临摹了十几天，把石刻全部画下来请别人看，并问："画得怎么样？"那人说："画得很像了。"他听了很高兴，又临摹了十多天，再拿去给别人看，又问："画得怎么样？"别人回答说："不像了。"他却更加高兴。这是因为经过多次临摹，他已经改变了传统的画法：把圆的变成了方的，把整的画成了散的，所以人们辨认不出来了。

"陈洪绶学画经历了两个互相联系的阶段：第一阶段是模仿；第二阶段是创造。没有继承便没有发展。为了继承前代宝贵经验，模仿是很必要的。但第二阶段更重要，如果仅停止在模仿阶段而不前进，模仿得再好也是没有出息的。很多人辛苦学习一生，成绩却十分平庸，其原因正在于只会模仿，而缺乏创造。"

"今天真是听了好多好多的故事呢！"

"是啊，说了挺多，希望你们冰释前嫌，共同努力，好好完成我交给你们的任务。"

"是，保证完成任务。"小关和小李异口同声地回答。

2.3.1 管理者的基本素质

管理者的基本素质是指管理者必须具备的基本要求和条件。基本素质不是对管理者的特有要求，但基本素质的高低决定了管理者的整体素质，影响着管理者其他素质的发展和提升。因此，所有管理者都应该具备基本素质。一般来说，管理者的基本素质包括以下4个方面。

1. 道德伦理素质

（1）正确的世界观和价值观。只有树立正确的世界观和价值观，管理者才能在大是大非问题的抉择、取舍上保持清醒的头脑，不迷失方向。

（2）高尚的道德情操和修养。道德是为了建立良好的社会伦理秩序而形成的行为规范。孔子曾教导弟子颜渊说："非礼勿视，非礼勿听，非礼勿言，非礼勿动。"这里的"非礼"就是指不符合社会伦理的道德规范。道德风险是最大的风险，因此，选拔领导干部必须把德放在首位，首先考虑人品问题。

（3）良好的职业道德和信誉。职业道德是道德的一部分，是对管理者提出的职业要求。管理者如果没有职业道德和信誉，不但会毁了个人的前途，而且对组织也会造成不同程度的侵蚀。

2. 心理人格素质

（1）宽广的胸怀。任何一名管理者的决策和做法，都不可能得到所有人的拥护和认可。对来自各方面的不同声音，管理者要抱以"有则改之，无则加勉"的态度，而不能怀恨有不同声音的人，甚至给他们"穿小鞋"。

（2）开放的心态。管理者要与时俱进，积极了解新事物，勇敢地接纳新事物，做到吐故纳新，既要克服故步自封，又要不安于现状，这样才能不断实现自我突破和发展，才能使组织受益。

（3）坚韧的毅力和意志力。人们常说"前途是光明的，道路是曲折的"，每个人都会遇到挫折和失败，管理者也是如此。任何一个组织都存在不同程度的多种风险，管理者必须对此有清醒的认识，并且还要有坚韧的毅力，能积极采取措施解决问题。

（4）个人的自我控制力。在生活中，每一名管理者都可能遇到各种各样的诱惑，如权力和金钱等，这些诱惑可能使管理者违反道德、违反法律。在诱惑面前，管理者必须要有一定的自我控制能力，否则就会给国家、社会和组织造成不可估量的损失。

3. 基础知识素质

（1）扎实的基础知识。扎实的基础知识主要是指自然科学和人文社会科学知识，包括天文、地理、生物、化学、政治、历史、心理、语言等。纵观历史上的成功人士，他们都具有良好的自然科学和人文社会科学知识。没有扎实的基础知识，管理者难以

承担好重大决策、协调和管理工作。

（2）完善的知识结构。管理者不同于技术人员，他们往往要面临复杂的形势和综合性问题。这就要求管理者具备较高的综合素质和跨学科的决策能力。如果管理者某方面知识有重大缺失，将无法胜任管理工作。

4. 健康的身心

（1）健康的身体。作为管理者应具有健康的体魄，没有健康的身体就无法正常工作，即便有再高的智慧，再多的知识，再好的人品，都无法转化为工作成效。国内媒体对企业管理人员的调查发现，企业管理人员的亚健康现象十分普遍。当前，健康问题已引起了企业的高度重视，已经纳入选拔管理者的标准。

（2）健康的心理。管理者不仅要有健康的身体，还要有健康的心理。随着生活节奏的加快和工作压力的增大，一些人特别是组织管理人员长期处于高压工作状态，不少管理人员还患有不同程度的心理疾病，严重影响了工作，威胁着个人的生命安全。

2.3.2 管理者的专业素质

专业素质是指管理者实施管理行动和活动必备的素质，是管理者履行职责的基本要求。一个优秀的管理者，应在以下 3 个方面拥有突出优势。

1. 热衷于管理

专注和热情是对每一个希望走向成功的管理人员的重要要求。管理者只有具有这种精神和态度，才能全身心地投入管理工作中，才能尽情地发挥其潜力，贡献其聪明才智，从而带动和感染员工。只有这样，组织才会充满生机和活力；否则，组织就会前景堪忧。

2. 管理知识

管理者的工作行为主要是管理，所以，作为一名合格的管理者，必须具有扎实的管理知识。由于管理是一门综合性的学科，所以管理者必须掌握多方面的知识，包括计划、组织、协调、控制、激励、管理等职能性管理知识，营销、采购、研发、服务、生产、质量、财务、人力资源、信息化建设等业务知识，以及心理学、生理学、统计学、会计学等其他相关学科知识。

3. 管理技能

管理技能是指管理者为达到组织的管理目标，根据组织所处的环境、组织自身的情况所采用的各种管理方法、工具和技巧。管理技能的内容非常广泛，包括计划管理、沟通协调、激励、企业文化、团队管理、领导、创新、危机处理等。

2.3.3 管理者的特质素质

管理者的特质素质是在管理实践中形成的具有个体性优势的素质。它来源于不同的生活、工作背景、工作经历和个体差异性。特质素质是区别不同管理者的重要标志。只有"人无我有，人有我新"，管理者才能高人一筹。

个人的力量终归是有限的，管理者不仅要通过学习修炼使自己具有与众不同的特质，还要善于组建有特质的团队，凝聚更多的智慧和力量，形成优势互补的团队。

基层管理者必备的品质

1. 过硬的业务能力和素质

基层管理者既是管理者，又肩负着具体的工作和事务。所以，过硬的业务能力和素质是基层管理者在组织中"让人心服口服"的前提。同时，企业的各种业务培训一般也是通过基层管理者进行的，所以，业务能力和素质对基层管理者非常重要。

（1）具备与管理工作相适应的专业技能和理论知识。

（2）熟悉自己专业范围的工作内容、程序、方法、技巧，具备熟练运用本专业工具的才能。

（3）精通业务，具有科学决策、组织、协调和沟通能力。

2. 优良的品德素质

（1）以集体利益为重，坚持真理，实事求是。

（2）具有宽广的胸怀。

（3）具有公正用权的意识。

（4）具有求真务实的作风。

（5）具有理智的感情。

3. 相适应的文化素质

随着全民文化教育的提高，员工文化水平普遍较高，加之新技术、新设备不断涌现，办公手段日益现代化，管理者必须具备较强的观察能力、思维能力、应变能力、分析判断能力、决策运筹能力、计划组织能力、协调控制能力、总结汇报能力以及创新能力等。而这些能力的提高，必须以丰富的文化素质作为基础。

（1）有一定的政治理论知识。

（2）精通本行业领域的专业知识。

（3）有广博的相关学科知识。

4. 有强烈的事业心和责任感

事业心和责任感是干好一切工作的首要条件，也是做好一名合格管理者的重要思想基础。有了这一点，管理者就会努力学习，提高各方面的本领；就会严格要求自己，处处以身作则；就会尽职尽责地工作。事业心和责任感在管理者素质中具有极其重要的地位和作用。

（1）有热爱公司、热爱团队、热爱岗位、建功立业的思想。

（2）有以公司为家、一心扑到工作上的职责意识。

（3）有严肃认真的态度、一丝不苟的精神。

（4）有埋头苦干、奋力拼搏的工作热情。

5. 有对员工的正确态度和深厚感情

对员工的态度和感情问题，历来是管理工作的核心问题之一。以正确的态度对待员工，做到"以情带班，以理服人"，是新时期管理工作的一个本性问题。对员工的态度与感情是密切联系在一起的，端正态度是产生感情的前提和基础，深厚的感情是态度端正的具体体现。对基层管理者而言，必须具有以下几颗"心"。

（1）尊重的"心"。管理者必须尊重自己组织中的每个员工。

（2）关心的"心"。基层管理者直接接触的是一线员工，必须时刻关心员工的疾苦和心声，显示出自己的仁爱之心。

（3）体恤的"心"。基层管理者应该在员工出现个人问题时体恤他们，同时学会换位思考。

（4）赏识的"心"。赏识是最好的激励，可以激发员工的工作热情。

（5）分享的"心"。分享是最好的学习态度，也是最好的管理方式。

（6）授权的"心"。授权既是管理者的职责所在，也是高效管理的必备条件。管理者只有把应授出的权力授予员工，员工才会愿意对工作负责、把工作做好。基层管理者必须在授权上多加用心，把授权工作做好，让授权成为解放自我、管好员工的法宝。授权的"心"还表现为管理者有勇气举贤，能够容忍下属超越自己。

（7）服务的"心"。所谓服务，就是把员工当成自己的客户。

6. 有良好的自身形象且以身作则

良好的形象是管理者素质的综合反映和具体体现。员工接受管理者的教育和管理，不仅要听其言，更要观其行。要增强管理的权威性和说服力，基层管理者就必须以身作则，树立良好形象。

（1）对工作尽心尽力，认真负责，勤勤恳恳，兢兢业业，有强烈的工作责任心和集体荣誉感，时时刻刻以集体的荣誉和利益为重，才能使部属产生尊敬和钦佩感，激发部属的集体荣誉感和责任感。

（2）遵纪守法、严于律己的形象。

（3）身先士卒、勇挑重担的形象。要求员工做到的，自己首先要做到。

（4）公道正派的形象。管理者必须坚持原则，不分亲疏，一视同仁。

（5）顾全大局、维护团结的形象。建立和谐的内部关系，维护团结，是管理者的重要职能。

7. 有胜任本职工作的管理能力

管理能力是最重要的管理素质，其内容非常广泛，是新时期基层管理工作发展的需要。

（1）运用管理规章制度的能力。

（2）发现问题和解决问题的能力。管理者要善于发现问题，勤于分析问题，正确解决问题。

（3）严格管理与说服教育相结合的能力。管理者既要能坚持严格管理，又要能坚持说服教育，并善于把这两方面有机结合起来。

8. 团队建设能力

基层管理者除了要有过硬的业务能力，还必须具备团队建设能力。一个业绩优秀的人，如果只注重个人业绩而忽视团队，充其量只是一个业务精英。只有带领团队成员发挥出巨大的效能和作用，才能真正成为一名优秀的管理者。

（1）充满激情。激情不仅可以感染组织中的每个人，还可以激发每名成员的战斗力，让员工对远景充满信心和希望。一个没有激情的管理者是无法组建一个有激情的团队的。

（2）善于激励。在遇到难题时，管理者必须激励团队成员迎难而上，想方设法解决难题。此外，激励还能让能力不足、信心不强的人快速成长。

（3）善于组合。团队中必然有各种性格特点的人，基层管理者要善于发现不同成员的优缺点，将个人优势进行组合，使团队发挥出最大效能。

9. 与上司相处的能力

授命于基层管理者的是上司，因而保持与上司良好的沟通是获得进一步提升的关键。有很多基层管理者可以赢得下属的尊重，业务能力也非常优秀，却无法获得进一步提升，满足自己的更大追求，其原因往往是忽视了与上司的沟通。

（1）让上司知道你每天都在干什么。

（2）征询上司的意见，获得上司的支持。

资料来源：https://jingyan.baidu.com/article/92255446eb2c45851648f401.html

管理后记

谁是校园里最忙碌的人

对于这个问题，不同的人有不同的回答，但其中肯定有一个回答是学生干部。

学生干部肩负着学习和管理学生的双重责任。他们时常奔走于各个办公室，手机24小时开机；电话一响，接起来必定是有事情要做；看到来电显示有未接来电，立马要给办公室或老师回电话；手机备忘录里总是满满地记着要做的各种事情。

网上有一个描述学生干部忙碌生活的帖子，其中写道：

宿舍舍友在玩游戏，你不可以，因为你太忙；

宿舍舍友在看电影，你不可以，因为你太忙；
宿舍舍友睡觉，你不可以；
宿舍舍友逛街，你不可以；
同学在享受爱情，你同样也不可以；
因为有很多关于学生会或社团的事情，还等着你自己去做。
好不容易做完了事情，
还得忙着看书忙作业。
同学在轻松享受着校园生活，
而你却在忙忙碌碌。
功课得靠自己开夜车来弥补。
有时候，忙碌让自己忘记了吃饭，
面包、火腿肠、方便面都是家常必备，
早餐、午餐、晚餐一顿吃。

要想当好学生干部，履行好学生干部的工作职责，充分发挥好学生干部的作用，顺利开展各项工作，必须要正确处理好以下两个关系。

1. 学生与干部的关系

顾名思义，学生干部既是学生，又是干部，两者不可分割。在角色定位上，学生干部首先应是学生，其次才是干部。学生干部既是教育者，又是受教育者，具有双重身份。如何准确进行自我角色定位，是学生干部必须解决好的一个基本问题。学生干部的本质身份是学生，学生是其最主要的社会角色。"学生，学生，以学为生"，学生的首要任务是学习，最重要的任务也是学习。作为学生，学生干部要与普通学生一样，以学为主，认真完成好各项学习任务，自觉遵守学校各项规章制度，积极参加各项学生活动，主动融入普通学生中去，不能脱离学生集体。作为干部，学生干部又与普通学生不同，要对自己高标准严要求，以自己在思想、学习、生活、工作等方面的示范与带动作用影响其他学生，在老师与学生之间发挥好桥梁与纽带作用，身先士卒，做学生的公仆，为学生服务，努力做他们学习上的领头人、工作上的带头人、生活上的贴心人。学生干部要时刻保持谦和心态，不要老把干部挂嘴上，不能搞特权、谋私利，更不能一心追求职位大小和权力多少。

2. 学习与工作的关系

学习与工作是相辅相成的，两者既统一又矛盾。其一，学习与工作是统一的，两者互为作用。学习知识可以为锻炼能力、更好地开展工作打下良好的基础，而工作则使学生干部得到为人处事的锻炼机会，可以培养学生干部的能力（如领导能力、组织能力和协调能力），更好地促进学生干部的学习。其二，学习与工作又是矛盾的。作为学生干部，不可能像一般同学那样把全部精力或主要精力都用于学习，经常要耗费比一般同学更多的时间和精力在工作上（包括召开和参加各种会议与活动），经常会影响到课余学习时间，有时甚至还要占用正常的学习时间。可以说，学习与工作的矛盾是

每名学生干部都会面临的一个普遍性问题。在实际生活中，一些学生干部在工作时投入精力过多，严重影响了学习；也有的学生干部埋头学习，对工作考虑很少，干得一塌糊涂。这些都对学生干部个人成长和发展产生了不利影响。那么，怎样才能既圆满地完成学习任务，又尽职尽责地做好学生干部工作，让学习与工作并驾齐驱、相得益彰呢？

首先，要把学习放在首位。作为一名学生，在校的主要任务就是学习。学习是学生的天职，学生不学习就如工人不做工、农民不种田一样失职。学生干部不好学，就不可能是好的学生干部。对学生干部来说，工作始终处于第二位，不能认为当了学生干部后工作比学习更重要，也不能因为工作忙而放松自己对学习的高标准要求，更不能因为工作而耽误学习。如果学生干部的学习成绩不好，即使工作能力再强，在同学中也很难树立起威信。学生干部的主要任务是学习而不是工作，必须始终把学习放在第一位，要把当学生干部的压力变成动力来促进自己的学习，始终保持良好的学习态度，坚持严谨、勤奋、求实、创新的学习作风。学生干部的模范作用，不仅体现在活动上的带头，更应体现在学习上当好榜样，应该是学习的佼佼者，这样才能提高自己在学生中的威信。

其次，要科学地安排时间。工作与学习的矛盾集中体现在时间的支配上，解决的最好办法就是科学地安排时间。我国著名数学家华罗庚曾深有感触地说："成功的人无一不是利用时间的能手。"学生干部的工作要花费一定的精力与时间，但只要珍惜时间的价值，并且科学地安排时间，那么时间总是有的。一是合理分配工作和学习时间，尽可能把工作安排在课余及休息时间，不随意挤占学习时间；若因紧急工作而挤占了学习时间，要及时补上。二是该学习就学习，该工作就工作。在学习的时候认真学，尽量不去考虑工作上的事情，做到心无旁骛，努力提高学习效率；在工作的时候专心工作，不考虑学习。这样才能做到"鱼与熊掌兼得"。三是学会摸准自己的生物钟，充分利用最佳时间创造良好的效果。在精力最好的时候，要尽量安排学习，以最短的时间获得较大的效益；在精力低潮的时候，可以安排一些事务性的工作。四是平时既不浪费时间，又善于"挤"时间，像鲁迅先生那样"把别人喝咖啡的时间"用来学习和工作。

最后，要提高工作效率。一个人的工作能力，绝对不是用工作时间的长短来衡量的，最重要的就是效率，即要争取在有限的时间内做好工作或完成任务，提高单位时间的效率。所以，提高工作效率很重要。效率越高的人，时间安排上越主动。因此，学生干部在工作中必须讲求效率。一是做好工作计划。工作计划一定要周密、细致。在考虑工作计划时，一定要尽可能地将各种有利因素、不利因素都考虑到，将工作安排得井井有条。二是区分工作的主次和轻重缓急。要想做好工作，一定要分清主次，分清楚哪项工作先做、哪项工作后做，抓住关键问题，解决主要矛盾。三是培养雷厉风行的作风。不要拖拉，学会用最短的时间完成工作，养成今日能完成的工作决不放到明天的习惯，从而保证有更多的时间用于学习。四是充分依靠集体的力量。俗话说"众人拾柴火焰高"，要尽量发挥其他干部或周围同学的作用，集中集体的智慧，把工作尽量分解，以减轻自身的工作负担。

资料来源：http://www.5ykj.com/Article/jxlwqtlw/147558.htm

分享与讨论

1. 你认为管理者应具备的最重要的素质是什么？
2. 英国人讲"一个人做生意，两个人开银行，三个人搞殖民地"，中国人讲"一个和尚挑水吃，两个和尚抬水吃，三个和尚没水吃"，两者是否都体现了管理者的重要性，侧重点有什么不同？

第3部分　管理学发展史

学习主题

- 产业革命前的管理思想
- 产业革命时期的管理思想
- 古典管理理论
- 行为科学理论
- 管理理论创新

学习收获

- 开拓思维，拓展知识，加深对管理学的认识
- 增强对管理学的整体性和系统性的把握
- 为管理实践提供宝贵经验和理论指导，提高解决管理问题的能力
- 了解管理理论流派的主要观点，增强文化自信心和认同感

问题3.1	产业革命前有哪些管理思想
问题3.2	产业革命时期有哪些管理思想
问题3.3	什么是古典管理理论
问题3.4	什么是行为科学理论

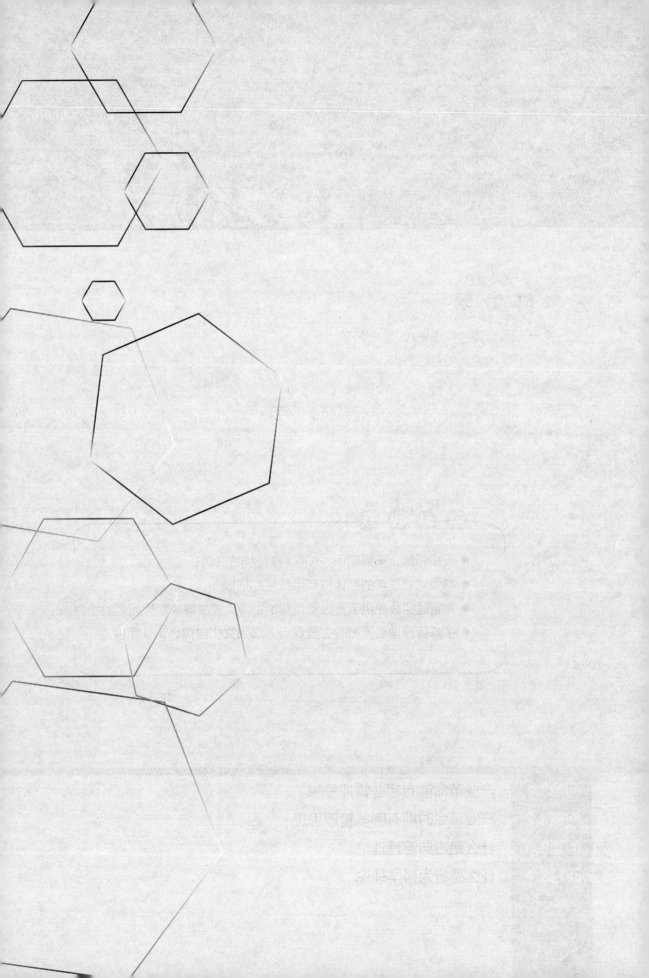

问题3.1

产业革命前有哪些管理思想

志 同 道 合

初秋的北方,已经有了寒意。冰冷的露水,伴着薄薄的晨雾散在整个校园中。这样的清晨,同学们大多还在甜美的梦香中,可小关却已经在微凉的晨风中开始晨读了。校园里那幅"校文化月古诗文朗诵比赛"的海报深深地印入小关的脑海。小关是个文艺青年,爱好古典文学、诗歌散文,在高中曾当过语文课代表。这次比赛激起了他的热情,本来他就习惯早起,现在更加勤奋了。每天天刚亮,他就急匆匆地找个僻静的地方练习。下周要比赛了,求胜的心理使他无法专心做其他的事,上课走神、溜号,甚至有时还睡觉。薛老师看到小关的这种上课状态,不知缘由,就给小关发了条微信,让他下课后找下自己。

"最近有什么心事吗?"薛老师关切地问,她知道小关平时学习很努力,一定是有什么事影响了他的心情。

"老师,对不起,我知道自己最近没好好上课,但是我有很重要的事,真的。"

"哦,什么事啊,能跟我说说吗?"

小关把他参加比赛的事告诉了薛老师。

"好啊,这很好啊。老师对古典文学、历史也十分感兴趣。"

"是吗?我也是。"

于是他们像一对志同道合的老朋友一样交谈起来。

"既然你对古典文化这么感兴趣,那老师给你讲讲古代的一些管理思想。"

人类的管理实践活动历史悠久,纵观管理思想的形成与发展过程,大致可分为以下5个阶段(见图3-1)。

管理学基础

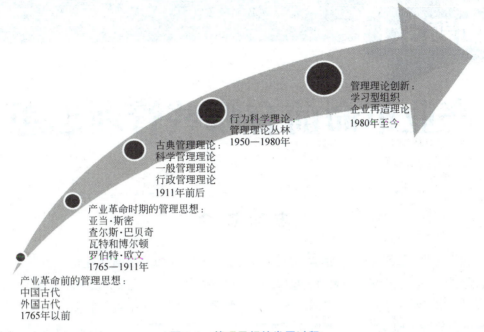

图 3-1　管理思想的发展过程

3.1.1　中国古代管理思想

中国古代管理思想经历了一个逐步发展、不断丰富的历史过程。在历史的长河中，它集诸子百家之智慧，集各方思想之精华，日渐丰富，成为博大精深的宝库，是指导管理活动实践的知识遗产。中国古代管理思想尽管已经很久远，但是透过历史的尘埃，我们仍能发现它的思想光辉没有随着历史的推进而泯灭。恰恰相反，它能够从历史走向今天，为当代管理活动提供思想动力、智慧源泉、知识需求。其中著名的代表作品见图 3-2。

《周礼》
《周礼》是儒家经典，十三经之一，世传为周公旦所著，不仅显示了相当成熟的政治思想，而且有着驾驭百官的管理技巧和管理府库财物的措施，严密细致，相互制约，体现了高超的运筹智慧

《孙子兵法》
《孙子兵法》是中国最古老、最杰出的兵家盛典，它的基本原则和思想，如环境对企业的影响，将人才培养放在首位的思想，已经渗透到了军事之外的生活、经济、企业等领域，并在企业发展、商业竞争等各个活动中得到了广泛的重视和应用

图 3-2　体现中国古代管理思想的代表性著作

《墨子》
《墨子》体现了高超的管理工作方法。企业要想长寿，必须重视与重用人才。此外，书中还提及管理沟通、劳动分工、节约成本、员工激励等诸多管理理论

《管子》
《管子》是一部熔各家管理思想于一炉的古代国家管理学巨著。《管子》的治国方略、为政理念博大精深，管理思想俯拾皆是，如"十年树木，百年树人""仓廪实则知礼节，衣食足则知荣辱""以人为本""上下不知，令乃不行"等

《史记·货殖列传》
《史记·货殖列传》着重讲述了致富的方式和方法，明确提出了社会经济发展的动力，认为求富求利是人们从事务项社会活动的心理动力来源，蕴含着司马迁的创新经营思想

《道德经》
《道德经》中的思想表明，企业的发展要符合规律，企业的任何经营决策都要顺应客观规律，按规律进行经营管理，这就要求企业的管理者和决策者要审时度势，把握企业发展的大方向

《尚书·尧典》
《尚书·尧典》有"中华文明第一典"之称，其中蕴含着中华文明在很多意义上的源头，既是思想哲理、精神信仰的源头，又是生存结构、政统的源头。它展示了中国古代乃至人类历史上最为动人、美好的生存境界

《吕氏春秋》
《吕氏春秋》是中国历史上第一部有组织、按计划编写的文集，上应天时，中察人情，下观地利，以道家思想为基调，坚持无为而治的行为准则，形成了一套完整的国家治理学说

《论语》
《论语》涉及哲学、政治、经济、教育、文化等诸多方面，内容丰富，不仅是儒家最经典的传世之作，也包括如何用人、如何开拓事业、如何提高领导力、如何经营企业、如何应对竞争等管理者必须考虑的基本问题

《太平经国之书》
《太平经国之书》中提出了会计原则和会计监督制，使会计和出纳有效分离，对现代企业会计管理有着深远的影响

图 3-2（续）

中国古代有关认真读书、勤奋学习的名言名句

（1）敏而好学，不耻下问。——孔子
（2）业精于勤，荒于嬉；行成于思，毁于随。——韩愈
（3）学而不思则罔，思而不学则殆。——孔子
（4）知之者不如好之者，好之者不如乐之者。——孔子
（5）三人行，必有我师焉。择其善者而从之，其不善者而改之。——孔子
（6）兴于诗，立于礼，成于乐。——孔子
（7）不积跬步，无以至千里；不积小流，无以成江河。——荀子
（8）读书破万卷，下笔如有神。——杜甫
（9）读书有三到，谓心到、眼到、口到。——朱熹
（10）立身以立学为先，立学以读书为本。——欧阳修
（11）读万卷书，行万里路。 董其昌
（12）黑发不知勤学早，白发方悔读书迟。——颜真卿
（13）书卷多情似故人，晨昏忧乐每相亲。——于谦
（14）书犹药也，善读之可以医愚。——刘向
（15）发奋识遍天下字，立志读尽人间书。——苏轼
（16）立志宜思真品格，读书须尽苦功夫。——阮元
（17）熟读唐诗三百首，不会作诗也会吟。——孙洙
（18）书到用时方恨少，事非经过不知难。——陆游
（19）问渠那得清如许，为有源头活水来。——朱熹
（20）旧书不厌百回读，熟读深思子自知。——苏轼
（21）书痴者文必工，艺痴者技必良。——蒲松龄
（22）读书百遍，其义自见。——陈寿
（23）奇文共欣赏，疑义相与析。——陶渊明
（24）为学之道，莫先于穷理；穷理之要，必在于读书。——朱熹
（25）读书之法，在循序而渐进，熟读而精思。——朱熹
（26）吾生也有涯，而知也无涯。——庄子
（27）非学无以广才，非志无以成学。——诸葛亮
（28）玉不琢，不成器；人不学，不知道。——《礼记·学记》

"薛老师，我真没想到咱们先辈的思想这么深刻，真让人佩服啊！我还想了解更多。"两人聊得越来越投机……

归纳起来，中国古代的管理思想主要包括以下 9 个方面。

1. 顺 "道"

中国历史上的 "道" 有多种含义。老子《道德经》中说："人法地，地法天，天法道，道法自然。"在中国古代，属于主观范畴的 "道" 是指治国的理论，属于客观范畴的 "道" 是指客观规律，又称为 "则" "常"。这里所说的 "道" 是后者，指管理要顺应客观规律。"顺道"，或者 "守常" "守则" "循轨"，是中国传统管理活动的重要指导思想。

2. 重人

"重人" 是中国传统管理的一大要素，包括两个方面：一是重人心向背；二是重人才归离。要夺取天下，治好国家，办成事业，人是第一位，因此我国历来讲究得人之道、用人之道。人在管理资源中占首席之位。古人将管理者分为四种：太上，不知有之；其次，亲而誉之；其次，畏之；其次，侮之。意思是说：最好的管理者，群众感觉不到他的存在，管理者只控制关键环节，具体工作则让下属自由发挥；次一等的管理者，和群众打成一片，关系和谐，通过亲身的参与形成凝聚力，达成管理目标，群众亲近他、称赞他；再次一等的管理者，不能杜绝问题发生，但出了问题能找到责任人，赏罚分明，大家都畏惧他；最次的管理者，下属根本不听，或阳奉阴违，不但没有威信，甚至有群众侮辱他。

3. 人和

"以和为贵" 是中国文化的思想精华，也是一家企业生生不息的动力。对于整个企业管理层而言，应该努力创造一种既和谐相处又不失监督、既相互协作又公平竞争的良好环境。企业内部的和谐应该是在内控机制完备的前提下，部门之间、员工之间密切合作，是包含能力、业绩公平竞争的融洽共处，而不是员工之间相互排挤、倾轧，更不是员工之间相互纵容、包庇。这样的和谐既能形成强大的凝聚力，又有助于造就人人力争上游的健康风气。

4. 守信

孔子说："君子信而后劳其民。"中国古代管理者十分强调取信于民，提出国家行政应遵循一条重要原则："不行不可复。"人们只能被欺骗一次，第二次就不信你了，"不行不可复" 者，"不欺其民也"。"言而不可复者，君不言也；行而不可再者，君不行也。凡言而不可复，行而不可再者，有国者之大禁也。"古代的商业市场也是如此，商品质量、价格、交货期，以至借贷往来，都要讲究一个 "信" 字。

5. 利器

《论语·卫灵公》中说："工欲善其事，必先利其器。"所谓磨刀不误砍柴工，就是说使用利器可达到 "其用日半，其功可使倍"（《吕氏春秋·任地》）的效果。中国古代

的四大发明及其推广使"利器说"成为中国管理思想的重要内容。这种思想后来演变为近代的"机器兴邦说"。

6. 求实

儒家提出"守正"原则,"过犹不及"。《管子》提出"量力"原则和"时空"原则。凡事量力而行,"动必量力,举必量技","不为不可成,不求不可得","妄行则群卒困,强进则锐士挫","必因于时也,时而动,不时而静"。

7. 对策

《史记》中说:"夫运筹帷幄之中,决胜于千里之外。"《孙子》认为:"知彼知己,百战不殆;不知彼而知己,一胜一负;不知彼不知己,每战必败。"《管子》主张"以备待时""事无备则废""唯有道者能备患于未形也"。田忌赛马、赤壁之战、空城计等以弱胜强的典范都说明了对策的重要性。

8. 节俭

《论语·学而》中说:"节用而爱人,使民以时。"《墨子·辞过》中说:"其用财节,其自养俭,民富国治。"《荀子·天论》中说:"强本而节用,则天不能贫……本荒而用侈,则天不能使之富。"节俭是中华民族的传统美德,应不断发扬光大。

9. 法治

《韩非子》中说:"舜有尽,寿有尽,天下过无已者,以有尽逐无已,所止者寡矣。"《韩非子》还说:"刑过不避大臣,赏善不遗匹夫。"中国是个法治国家,在各项事务管理中法治不可或缺。

"哇,真是长见识,薛老师,我越来越喜欢管理学了。"

"为什么?"薛老师笑着问。

"因为能学习这么多中国古代的思想文化。传统文化中蕴含无穷的智慧,也能为我以后的发展提供大量的智力支持。多学习中国传统文化,掌握我国古代管理思想的精华,必定有助于自己的实践。"

"说得好。但是你不仅要学中国古代思想,也得吸收外国的管理思想呢!"

"不行了,老师我今天接受不了那么多知识了。过几天等我消化一下再来请教您。"

"好吧,我把国外一些管理思想用微信给你发过去,你好好看看,不懂的可以问我。"

"好的,谢谢老师,以后网络上有什么我能学的,对我有益的,麻烦您多转发给我。"

"一定的,你也要学会利用网络学习。"

从薛老师的办公室出来,小关觉得特别开心:"今天好开心,与志同道合的人聊天是天下最快乐的事了。"

23岁女白领过劳死，生活工作需"顺道"

据《新京报》2011年12月21日报道：前日，网上热议"23岁的北京女白领方言急性胃溃疡导致失血性休克去世"。有网友跟帖称，"方言因长期加班熬夜，饮食不规律，最终导致急性胃溃疡"，引起广泛关注。

经北京大唐移动通信设备有限公司相关负责人证实，该公司财务部门员工方言在其租住的房屋内死亡。

方言并不是个例，现在都市白领由于生活不规律，压力大，容易产生很多疾病，这些疾病长时间得不到救治就容易出问题。

世界上的一切事物都要遵循客观规律，也就是我们前面说的"道"。人体也是如此，它是一个很微妙的环境。古人所说的"日出而落，日落而息""过午不食""笑伤心，怒伤肝"，这些都在告诉我们生活、工作要遵循规律。以下是从古至今流传下来的关于身体健康的民间俗语。

- 早起早睡，精神百倍。
- 鱼生火，肉生痰，白菜豆腐保平安。
- 有静有动，无病无痛。
- 要想身体好，吃饭不过饱。
- 要想感冒少，常洗冷水澡。
- 阳光是个宝，越晒人越好。
- 烟伤肺，酒伤肝，色刮骨，气伤神。
- 细嚼烂咽，身体强健。
- 养病如养虎，治病如抽丝。
- 无病早防，有病早治。
- 萝卜上了街，大夫没买卖。
- 体弱病欺人，体强人欺病。
- 贪多嚼不烂，胃病容易犯。
- 睡前烫烫脚，胜服催眠药。
- 睡前关天窗，一夜觉都香。
- 手舞足蹈，九十不老。
- 食多伤脾，忧多伤神。
- 生瓜梨枣，多吃不好。
- 少吃好，慢吃香，定时定量身体强。
- 脑子不怕用，身子不怕动。
- 酒多伤身，气大伤人。
- 饥不暴食，渴不狂饮。

- 话多劳神，食多伤胃，忧多伤脾，气大伤身。
- 饭后百步走，活到九十九。
- 饭吃八成饱，到老胃口好。

有规律的生活是人一生最好的习惯，因为它可以使人达到养心、养身、养生的目的，可以使人心情愉快、身体健康，用良好的状态应付和面对生活中的一切。谁做到了，谁将受用一生。

管理链接

推荐 14 款非常棒的在线学习 App

1. 网易云课堂

网易云课堂（见图 3-3）很符合中国国情，内容涵盖人文、社会、艺术、科学、金融等领域，很适合系统地学习某一学科的知识和技能，或是在空闲时间为自己"充电"。

2. Coursera

Coursera（见图 3-4）是一款驰名的公开课类 App，不仅有很多课程，还可以颁发证书——前提是参加考试和做完习题。Coursera 和网易云课堂是公开课 App 中的优质作品，非常好用，只是操作有些麻烦。

图 3-3　网易云课堂

图 3-4　Coursera

3. TED

TED（见图 3-5）是集成了世界各地短演讲的 App，可以用来查看各领域人士的所思所想和各式各样的创意，能让充满好奇的年轻人脑洞大开。使用这款 App 的前提是

英语要好。

4. 慕课

慕课（见图 3-6）App 的课程主要集中在计算机领域，里面有详细的指导步骤，能一步一步带领你编写项目，开发自己的产品。这款 App 的好处是指导过程非常详细，很容易上手。

图 3-5　TED　　　　　　　　　　图 3-6　慕课

5. 酷学习

酷学习（见图 3-7）的核心理念是每个人都可以成为教师。申请成为教师后，你就可以在上面发布自己的课程。酷学习上有一些针对中学生的课程，适合给小孩子使用。

6. 可汗学院

可汗学院（见图 3-8）主打的是针对中学生的课程，可以给小孩子用。可汗学院的理念是打造一个全年龄段的在线学习平台。

7. 好大学在线

好大学在线（见图 3-9）是一款针对大学生的 App，主打的是国内比较好的高校师资课程，可以在上面学习一些重要内容，作为大学学习的课后巩固。

8. 中国大学 MOOC

中国大学 MOOC（见图 3-10）是一个大学类的公开课 App，可以在上面查看中国顶尖大学的各类课程，而且设计相当精美，界面看着很舒服，也更能提高学习效率。

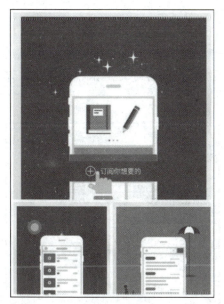

图 3-7　酷学习

图 3-8　可汗学院

图 3-9　好大学在线

图 3-10　中国大学 MOOC

9. 新浪公开课

新浪公开课（见图 3-11）和网易云课堂性质十分类似，但它也有自己的特色，会经常发布一些名人的演讲视频，主打名人效应。

10. iTunes U

iTunes U（见图 3-12）是苹果公司官方的教育类 App，可以用来查看很多的教育视频，琳琅满目，制作精良，还可以下载教材。当然，由于是苹果公司出品的，所以中

文课程偏少，需要英语水平过关才能看懂。

图 3-11　新浪公开课

图 3-12　iTunes U

11. Udemy

Udemy（见图 3-13）是一款提供视频公开课的 App，里面主要是国外的各类教育课程。

12. Lynda

Lynda（见图 3-14）是由一家被领英（全球最大的职业社交平台）收购的公司开发的 App。Lynda 上面的课程证书可以直接导入领英的主页，相当实用，能被认可。

图 3-13　Udemy

图 3-14　Lynda

13. 沪江网校

沪江网校（见图3-15）是国内老牌的教育机构，其中的课程尤以语言类的为精品。学习这些课程，非常有助于提升个人的语言水平。

14. edX

edX（见图3-16）是一款免费给大众提供大学教育课程的App，里面主要是国外大学的课程，有些课程属于精品课程。

图3-15　沪江网校

图3-16　edX

资料来源：http://www.360doc.com/content/16/0922/09/22918995_592700711.shtml

> 小关回去后不久，收到了薛老师发来的邮件，里面介绍了很多外国古代的管理思想。

3.1.2　外国古代管理思想

在外国古代管理思想中，最具有代表性的有苏美尔人的管理思想、古巴比伦人的管理思想、古埃及人的管理思想、古希腊人的管理思想和古罗马人的管理思想。外国古代管理思想主要体现在统治阶级对国家、军队、部族、教会和家庭等早期社会组织的管理过程中，主要采用法律、中央集权、宗教等手段进行管理。外国古代管理实践中也有对小规模、初级经济活动的管理，展现了当时较高的组织管理能力，为现代管理理论的产生奠定了思想萌芽。

1. 苏美尔人的管理思想

公元前 2100 年左右，西亚两河流域的苏美尔人建立了最早的法律体系，颁布了世界上最早的《乌尔纳姆法典》，将法律确立为管理的重要工具。为了收集和管理大量的世俗财物，苏美尔人很早就认识到管理控制的必要性，建立了庞大的赋税制度。在管理财物的过程中，他们发明了在泥板上用文字记录账目和文件等，用管理控制制度记录祭司的交易，开创了管理的先河。

2. 古巴比伦人的管理思想

公元前 18 世纪，古巴比伦人在苏美尔人之后统一了两河流域，建立了中央集权的奴隶制国家。古巴比伦所在的两河流域是西亚的政治、经济、商业和文化中心，特别是商贸的发展促进了责、权、利明确的法律的产生，进而产生了基于法制的管理思想。同时，在经济管理中产生了控制与激励、计件工资制思想。《汉谟拉比法典》是古巴比伦人对管理思想的最大贡献，它涉及社会和商业管理的许多方面，如契约、合伙、租赁、抵押、出售、借贷等，对各种职业、各个阶层的人员责、权、利关系给予明确的规定。古巴比伦人最早认识到责任不能推诿给下级这一原则。古巴比伦人最著名的管理实践有空中花园、巴比伦塔。

3. 古埃及人的管理思想

公元前 3000 年前，古埃及人建立了以法老为最高统治者的中央集权的专制政权及由分权机制建立的官僚体制。法老政权制定了土地制度、税收制度、档案制度等一系列管理制度，把权力和财富都集中在自己手上。古埃及人在建造金字塔和尼罗河沿岸灌溉工程的过程中，已能熟练掌握计划、组织和控制等管理职能活动。在安排和解决食物、住房、运输等问题上，古埃及人表现出了非凡的管理和组织能力。在工程管理中，每个监工大约管理十名奴仆，反映出他们的管理跨度是"以十为限"。在古埃及著作《普塔霍特普教谕》中记述了许多管理思想，如萌芽状态的管理咨询制度、例外原则和授权等管理思想。

4. 古希腊人的管理思想

古希腊人的管理思想中充满着知识和思维的力量，是人的理性社会化的管理思想。古希腊人的管理思想主要有五大方面：一是崇尚民主管理，建立了有一定民主成分的政府；二是认识到专业化与合理分工的原则以及管理的普遍性原则；三是提出管理是一种独特的技艺，他们用音乐来调节艰苦、单调、重复性的工作；四是把财富是否得到增加作为检验管理水平高低的标准；五是认为加强人的管理是管理的中心任务。

古希腊文明是欧洲文明的摇篮，在古希腊时代存在着许多城邦国家，其中最著名的是斯巴达和雅典。斯巴达人提出了权力制衡的思想，认为公民组织是国家和军队管理的主体，在国家管理系统设长老会议、公民大会、检察官院，国王的权力受到长老会议的限制。雅典人实行贵族寡头专政，建立元老院和公民大会，实行政权分立体制。

古希腊时期还涌现出一批先哲，提出了先进的管理思想。其中，苏格拉底认为管

理具有普遍性,也具有特殊性,主张专家治国。苏格拉底的学生色诺芬著有《家庭管理》,是专门论述经济管理的第一部著作,提出和总结了古希腊的许多管理思想,如将经济纳入管理、管理评价标准、以人为中心、社会分工等。苏格拉底的学生柏拉图著有《理想国》,提出劳动分工天赋论,使具有智慧、勇敢、节制三种美德的三种人各司其职、各谋其事。亚里士多德在其著作《政治学》中提出天赋人性的思想,发展了色诺芬的思想,认为家庭管理与国家管理具有同一性,提出了形式和质料的矛盾运动。

5. 古罗马人的管理思想

古罗马建立并实行一种连续授权的组织制度。这是一种行政授权与军事控制相结合的集权型等级制度。古罗马的法律管理思想及其在政治管理中的立法和司法的分权制,为后来的立宪政府建立制约和平衡体制树立了典范。

古罗马人首先意识到现代企业的某些性质,发展了一种类似工厂的生产方式,首创类似股份有限公司的经济组织,在税收上体现了高超的管理智慧(差别税率制)。

古罗马人在长期军事生涯中具备了遵守纪律的品格,又具有了以分工和权利层次为基础的管理职能设计能力。"10人编队制"是罗马帝国在军队中实行的一种组织制度。在罗马军队中,骑兵有"10人组",即由10名骑兵组成一个小组,3个"10人组"组成一个骑兵队,10个骑兵队(300名骑兵)组成一个骑兵团。"10人编队制"这种组织制度体现了管理幅度的思想。

在古罗马,奴隶主思想家对管理人员的选择标准的论述,也丰富了古代经济管理思想。

管理故事

吉萨高地的三大金字塔

金字塔是古埃及人智慧的结晶。在埃及共计大大小小的110多座金字塔中,最著名的就是吉萨高地的三大金字塔(见图3-17)。

图 3-17 吉萨高地的三大金字塔

第一座是胡夫金字塔，建于公元前 2670 年左右。胡夫金字塔原高 146.5 米，因年久风化，顶端剥落 10 米，现高 136.5 米；底座每边长 230 多米，现长 220 米，塔底面积 52900 平方米；塔身由 230 万块石头砌成，每块石头平均重 2.5 吨，最大的重达 160 吨；有学者估计，如果用火车装运金字塔的石料，大约要用 60 万节车皮；如果把这些石头凿碎，铺成一条一尺宽的道路，大约可以绕地球一周。据说，10 万人用了 30 年的时间才得以建成。该金字塔内部的通道设计精巧，计算精密，令世人赞叹。

这座金字塔除了以其规模的巨大而令人惊叹以外，还以其高超的建筑技巧而闻名。塔身的石块之间，没有任何水泥之类的黏着物，而是一块石头叠在另一块石头上面的。每块石头都磨得很平，至今已历时数千年，就算这样，人们也很难用一把锋利的刀刃插入石块之间的缝隙，所以能历数千年而不倒，这不能不说是建筑史上的奇迹，让人们叹为观止。另外，在大金字塔身的北侧离地面 13 米高处有一个用 4 块巨石砌成的三角形出入口。这个三角形用得很巧妙，因为如果不用三角形而用四边形，那么，100 多米高的金字塔本身的巨大压力将会把这个出入口压塌。而用三角形，就使那巨大的压力均匀地分散开了。在 4000 多年前对力学原理有这样的理解和运用，能有这样的构造，确实是十分了不起的。

胡夫金字塔南侧有著名的太阳船博物馆，胡夫的儿子当年用太阳船把胡夫的木乃伊运到金字塔安葬，然后将船拆开埋于地下。该馆是在出土太阳船的原址上修建的。船体为纯木结构，用绳索捆绑而成。

但更为令人吃惊的奇迹，并不是胡夫金字塔的雄壮身姿，而是发生在胡夫金字塔上的数字"巧合"：人们已经知道，由于地球公转轨道是椭圆形的，因而从地球到太阳的距离，也就在 14624 万千米到 15136 万千米之间，从而使人们将地球与太阳之间的平均距离 149597870 千米定为一个天文度量单位（现代科学通过精确测量日地平均距离 149597870 千米，大约为 15000 万千米）；如果把胡夫金字塔的高度 146.59 米乘以 10 亿，其结果是 14659 万千米，正好落在 14624 万千米到 15136 万千米这个范围内。

除了这些有关天文地理的数字以外，如果把胡夫金字塔的底部周长除以其高度的两倍，得到的商为 3.14159，这就是圆周率，它的精确度远远超过希腊人算出的圆周率 3.1428，与中国的祖冲之算出的圆周率在 3.1415926~3.1415927 相比，几乎是完全一致的。同时，胡夫金字塔内部的直角三角形厅室各边之比为 3∶4∶5，体现了勾股定理的数值。此外，胡夫金字塔的总质量约为 684 万吨，如果乘以 10 的 15 次方，正好是地球的质量！

所有这一切，都合情合理地表明这些数字的"巧合"其实并非是偶然的，这种数字与建筑之间完美地结合在一起的金字塔现象，也许有可能是古代埃及人智慧的结晶。

事实上，胡夫金字塔的奇异之处，早已超出了地球上人们的想象力。以胡夫金字塔为典型的大金字塔现象，对于地球人来说，也许始终是一个难解之谜。

第二座金字塔是胡夫之子哈夫拉的陵墓，建于公元前2650年，比前者低3米，现高为133.5米。由于它的地面稍高，因此看起来似乎比胡夫金字塔还要高一些。哈夫拉金字塔的建筑形式更加完美壮观，塔前建有庙宇等附属建筑和著名的狮身人面像。除狮爪是用石块砌成之外，整个狮身人面像是在一块巨大的天然岩石上凿成的。它至今已有4500多年的历史。

为什么刻成狮身呢？在古埃及神话里，狮子乃是各种神秘地方的守护者，也是地下世界大门的守护者。因为法老死后要成为太阳神，所以就造了这样一个狮身人面像为法老守护门户。

第三座金字塔属于胡夫的孙子门卡乌拉，建于公元前2560年。当时正是第四王朝衰落时期，金字塔的建筑也开始被腐蚀。门卡乌拉金字塔的高度突然降低到66米，内部结构倒塌。

这三座金字塔所用的石块，可用于在法国国境四周建造一道高3米、厚30厘米的围墙。金字塔的斜度都是五十二度，每一石块密密相连，休想找到缝隙，连刀尖也都插不进，让人不得不佩服古埃及的度量及工程等技术。

资料来源：https://baike.baidu.com/item/E9%8791E5%AD%97%E5A1%94/2608533?fr=aladdin

问题3.2

产业革命时期有哪些管理思想

兼 职 工 作

转眼间,一个学期已经过去,学生们纷纷离校回家。薛老师走在校园里,空荡荡的感觉让她有点不适应。她想起了小关和小李。昨天,薛老师收到小关发来的信息,说自己已经到家,正在研究老师发的中外古代管理思想的相关知识。小关还说,他对这些知识很感兴趣。想到这里,薛老师的嘴角不禁轻轻上扬,勾出了一抹欣慰的笑,心想:"多么上进的学生啊!可是小李呢,他在做什么呢?"

于是,薛老师拿出手机,给小李发了条微信,并很快得到回复。

"薛老师,我还在学校,寒假我不打算回家了,想在这里勤工俭学。"

"找到工作了吗?"

"算是找到了吧!"

"那你现在在哪里呢?"

"在宿舍呢,老师您在学校吗?"

"我在。"

"那我去您办公室找您吧?"

"好,你来吧!"

十几分钟后,小李跑到了薛老师的办公室,脸上洋溢着兴奋和喜悦。还没等薛老师开口,小李就滔滔不绝地说了起来:"原本我打算和小关一起回家,票都买好了,但在考完试的那一天,校团委林老师说有一个实践活动,问我去不去。我想自己是学生干部,应该积极锻炼自己,于是就退了票。后来我才得知,是给一个教育培训学校做教育咨询工作,工作地点就在附近的一个早市。这家机构在早市设有咨询点,我的任务是解答家长的提问。"

"那你每天都去吗?每天多久啊?"薛老师关心地问道。

"是啊,每天都去,一天3个多小时吧。"

"那你没少吃苦,早上那么冷。"薛老师心疼地看着小李。正是寒冬腊月,早上零下二十多度,她知道小李家境其实不差,在家里没干过什么活,没想到可以吃这份苦。

"那工资多少呢?"

"根据业绩,我到现在还没赚到钱呢。"

"老师,我心态好,即使赚不了什么钱,只要能锻炼意志、开阔眼界,也是好的。"看到薛老师担忧的表情,小李补充道。

"你真是给老师上了一节课呀!"薛老师看着小李明显消瘦的身形和略带疲惫的面容,心疼地说。

"这一出来找工作才知道,真是三百六十行,行行出状元啊,感觉干什么都赚钱,同时又感觉做什么都不容易。说实在的,薛老师,毕业后我想创业,所以大学这几年我都不打算回家了,多多参加社会实践,为以后打点基础。"

薛老师被小李的想法深深打动了,回想当年,她也曾像小李一样,几乎每年都不回家,做各种兼职。看到今天的小李,就像看到当年的自己,薛老师无限感慨,话也就多了起来。师生俩你一言我一语,说得好不开心。

"我天天在早市,跟那些做生意的都混熟了。我发现一个很有趣的现象,每个摊铺都是固定经营某种产品。比如市场旁边有个卖香蕉的小哥,对我特别好,于是我便问他为什么每天只卖香蕉啊。他说一开始卖的就是香蕉,也不知道为什么,而且也挣些钱,就没想着卖别的。还有一家做豆腐脑的,都做了几十年了。"

"哈哈,小李开始思考深层次问题了,不愧是接受过高等教育的大学生。"

"打工也得多学习嘛,不想当将军的士兵不是好士兵!"

"这样,我们先去吃饭,然后我给你说说。看你这几天瘦的,老师请你吃饭。"

小李看着老师真诚的目光,说:"好,您都请我吃好几顿饭了,但老师您答应我,等我挣钱了,我请您时可不要推脱。"

"一言为定。"薛老师笑着回答道。

第一次工业革命后,机器劳动代替手工劳动,使社会生产力得到了空前的发展。伴随着组织运作所要求的连续性、规范性、精确性,管理难度逐渐加大,管理成本不断上升,管理不善导致企业倒闭的例子增多,一些人开始真正重视管理理论的研究。此时的管理学开始进入到发展的萌芽期。这一时期出现了许多优秀的经济学和管理学的鼻祖,虽然他们的管理思想还没有形成完整的理论体系,但他们为管理理论的诞生作出了铺垫性的贡献。下面介绍这个时期的主要管理思想。

3.2.1 亚当·斯密的管理思想

亚当·斯密(1723年6月5日—1790年7月17日,见图3-18),出生于苏格兰,英国经济学家、哲学家、作家,经济学的主要创立者。他的《国富论》不仅是经济学说史上的不朽巨著,而且是管理学的宝贵思想遗产。在这本书中,他阐述了两个重要观点:一是通过分工来提高组织生产的效率;二是"经济人"理论。这是他的重要管理思想主张。

关于通过分工来提高组织生产的效率,他认为,分工促进劳动生产力的原因有 3 个方面:①劳动者的技巧因专业而日进;②由一种工作转到另一种工作,通常需损失不少时间,有了分工,就可以免除这种损失;③许多简化劳动和缩减劳动的机械的发明,使一个人能做许多人的工作。

关于"经济人"理论,他认为,正常情况下市场会以它内在的机制维持其健康运行,其中主要依据的是市场经济活动中的"经济人"理性原则,以及由经济人理性原则支配下的理性选择。这些选择逐步形成了市场经济中的价格机制、供求机制和竞争机制。这些机制就像一只看不见的手,在冥冥之中支配着每个人,使每个人自觉地按照市场规律行事。

图 3-18 亚当·斯密

"那么卖香蕉的小哥,是因为这只看不见的手才卖香蕉的了?"

"不仅他是如此,我选择做老师,你选择现在的学校和专业,都有一只看不见的手在无形中推动呢!"

"感觉很神奇呢!"

管理故事

分工与"无形的手"

分工和交易是相关联的。如果没有分工,人类的交易就会很少。同理,有了精细的分工,人与人之间的交易才能更加频繁地开展。在《国富论》的开篇,亚当·斯密用很大的篇幅说明了分工的重要性。为了讲清楚分工的意义,亚当·斯密举了一个很有说服力的例子。

扣针制造业是极微小的了,但它的分工往往唤起人们的注意。所以,我把它引来作为例子。如果一位劳动者,在职业(分工的结果,使扣针制造成为一种专门职业)方面没有受过训练,又不知怎样使用职业上的机械,那么纵使他竭力工作,也许一天也制造不出一枚扣针。但按照现在经营的方法,不但这种作业已经全部成为专门职业,而且这种职业分成若干部门,其中有大多数也同样成为专门职业。一个人抽铁线,一个人拉直,一个人切截,一个人削尖线的一端,一个人磨另一端,以便装上圆头。要做圆头,就需要有两三种不同的操作。装圆头,涂白色,乃至包装,都是专门的职业。这样一来,扣针的制造过程被分为 18 个操作环节。在一些工厂中,这 18 个操作环节,分由 18 个专门工人担任。固然,有时一人也兼任两三个操作。我见过一家这种小工厂,只雇佣 10 个工人,因此在这一家工厂中,有几个工人担

任两三个操作。像这样一家小工厂的工人,虽很穷困,他们的必要机械设备,虽很简陋,但他们如果勤勉努力,一日能成针12磅。从每磅中等针有4000枚计,这10个工人每日就可成针48000枚,即一人一日可成针4800枚。如果他们各自独立工作,不专习一种特殊业务,那么他们不论是谁,绝对不能一日制造20枚针,说不定一天连一枚针也制造不出来。他们不但不能制出今日由适当分工合作而制成的数量的1/240,就连这数量的1/4800,恐怕也制造不出来。

资料来源:亚当·斯密.国民财富的性质和原因的研究[M].郭大力,王亚南,译.北京:商务印书馆,1972

3.2.2 查尔斯·巴贝奇的管理思想

查尔斯·巴贝奇(1792—1871,见图3-19),英国著名数学家、机械学家,既是计算机研究的先驱者,又是管理研究的先驱者。他曾用10年的时间考察英国和欧洲大陆的工厂管理问题,他在亚当·斯密劳动分工理论的基础上对专业化问题进行了深入研究。1832年,查尔斯·巴贝奇出版了《论机器和制造业的经济》,论述了专业分工、工作方法、机器与工具的使用、成本记录等,并且强调注重人的作用,分析颜色对效率的影响,鼓励工人提出合理化建议,等等。该书是管理史上的一部重要文献。查尔斯·巴贝奇的管理思想主要体现在以下两个方面。

图3-19 查尔斯·巴贝奇

(1)对工作方法的研究。他认为一个体质较弱的人如果所使用的铲在形状、重量、大小等方面都比较适宜,那么他一定能胜过体质较强的人。

(2)对报酬制度的研究。他主张按照对生产率贡献的大小来确定工人的报酬,认为工人的收入应由三部分组成:①按照工作性质确定的固定工资;②按照对生产率所作出的贡献分得的利润;③为增进生产率提出建议而应得的资金。

管理故事

查尔斯·巴贝奇:失败的英雄

今天出版的许多计算机书籍扉页里,都登载着这位先生的照片:宽阔的额头,狭长的嘴,锐利的目光显得有些愤世嫉俗,坚定的但绝非缺乏幽默的外貌,给人以一种极富深邃思想的学者形象,有人或许知道他的大名——查尔斯·巴贝奇。

巴贝奇，1792年出生于英格兰西南部的托特纳斯，是一位富有的银行家的儿子，后来继承了相当丰厚的遗产，但他把金钱都用于了科学研究。童年时代的巴贝奇显示出极高的数学天赋，考入剑桥大学后，他发现自己掌握的代数知识甚至超过了教师。毕业留校，24岁的年轻人荣幸地受聘担任剑桥"路卡辛讲座"的数学教授。这是一个很少有人能够获得的殊荣，牛顿的老师巴罗是第一名，牛顿是第二名。假若巴贝奇继续在数学理论领域耕耘，他本来是可以走上鲜花铺就的坦途的。然而，这位旷世奇才却选择了一条无人敢于攀登的崎岖险路。

事情恐怕还得从法国讲起。18世纪末，法兰西发起了一项宏大的计算工程——人工编制《数学用表》，这在没有先进计算工具的当时，可是件极其艰巨的工作。法国数学界调集大批精兵强将，组成了人工手算的流水线，算了个天昏地暗，才完成了17卷大部头书稿。即便如此，计算出的《数学用表》仍然存在大量错误。

据说有一天，巴贝奇与著名的天文学家赫舍尔凑在一起，对着其中的天文数表评头论足，翻一页就是一个错，翻两页就有好几处。面对错误百出的数学用表，巴贝奇目瞪口呆，他甚至喊出声来："天哪，但愿上帝知道，这些计算错误已经充斥弥漫了整个宇宙！"这件事也许就是巴贝奇萌生研制计算机构想的起因。巴贝奇在他的自传《一个哲学家的生命历程》里，写到了大约发生在1812年的一件事："有天晚上，我坐在剑桥大学的分析学会办公室里，神志恍惚地低头看着面前打开的一张对数表。一位会员走进屋来，瞧见我的样子，忙喊道：'喂！你梦见什么了？'我指着对数表回答说：'我正在考虑这些表也许能用机器来计算！'"

巴贝奇的第一个目标是制作一台"差分机"，那年他刚满20岁。他从法国人杰卡德发明的提花织布机上获得了灵感，"差分机"设计闪烁出了程序控制的灵光——它能够按照设计者的旨意，自动处理不同函数的计算过程。1822年，巴贝奇小试锋芒，初战告捷，第一台"差分机"呱呱坠地。但是，这一"小试"也耗去了整整10年。这是因为当时的工业技术水平极差，从设计绘图到零件加工，都得自己亲自动手。好在巴贝奇自小就酷爱并熟悉机械加工，车钳刨铣磨，样样拿手。在他孤军奋战下造出的这台机器，运算精度达到了6位小数，当即就演算出好几种函数表。以后的实际运用证明，这种机器非常适于编制航海和天文方面的数学用表。"春风得意马蹄疾"，成功的喜悦激励着巴贝奇，他连夜奋笔上书皇家学会，要求政府资助他建造第二台运算精度为20位的大型差分机。英国政府看到巴贝奇的研究有利可图，破天荒地与科学家签订了第一份合同，财政部慷慨地为这台大型差分机提供出1.7万英镑的资助。巴贝奇自己也贴进去1.3万英镑巨款，用以弥补研制经费的不足。在当年，这笔款项的数额无异于天文数字——有关资料介绍说，1831年约翰·布尔制造一台蒸汽机车的费用才784英磅。

然而，英国政府和巴贝奇都失了算，第二台"差分机"在剑桥的"阴沟"里面翻了船！我们可以设身处地替巴贝奇想一想，第二台"差分机"大约有25000个零

件，主要零件的误差不得超过每英寸千分之一，即使用现在的加工设备和技术，要想造出这种高精度的机械也绝非易事。巴贝奇把"差分机"交给了英国最著名的机械工程师约瑟夫·克莱门特所属的工厂制造，但工程进度十分缓慢。设计师心急火燎，从剑桥到工厂，从工厂到剑桥，一天几个来回。他把图纸改了又改，让工人把零件重做一遍又一遍。年复一年，日复一日，直到又一个10年过去后，巴贝奇依然望着那些不能运转的机器发愁，全部零件也只完成了不足半数。参加试验的同事们再也坚持不下去了，纷纷离他而去。巴贝奇独自苦苦支撑了第三个10年，终于感到自己再也无力回天。那天清晨，巴贝奇蹒跚走进车间。偌大的作业场空无一人，只剩下满地的滑车和齿轮，四处一片狼藉。他呆立在尚未完工的机器旁深深地叹了口气，流下了无奈和心酸的眼泪。在痛苦的煎熬中，他无计可施，只得把全部设计图纸和已完成的部分零件送进伦敦皇家学院博物馆供人观赏。

1842年，在巴贝奇的一生中是极不平常的一年。那年冬天，伦敦的气候格外寒冷，巴贝奇的身心全都冷得发颤。英国政府宣布断绝对他的一切资助，连科学界的友人都用一种怪异的目光看着他。英国首相讥讽道："这部机器的唯一用途，就是花掉大笔金钱！"同行们讥笑他是"愚笨的巴贝奇"。皇家学院的权威人士，包括著名的天文学家艾瑞等人，都公开宣称他的"差分机"毫无价值……

就在这痛苦艰难的时刻，一缕春风悄然吹开了巴贝奇苦闷的心扉。他意外地收到一封来信，写信人不仅对他表示理解而且还希望与他共同工作。娟秀字体的签名，表明了她不凡的身份——伯爵夫人。

接到信函后不久，巴贝奇实验室门口走进来一位年轻的女士。只见她身披素雅的斗篷，鬓角上斜插一束白色的康乃馨，显得那么典雅端庄，面带着矜持的微笑，向巴贝奇弯腰行了个致敬礼。巴贝奇一时愣在那里，他与这位女士似曾相识，又想不起曾在何处邂逅。女士落落大方地作了自我介绍，来访者正是那位伯爵夫人。

"您还记得我吗？"女士低声问道，"十多年前，您还给我讲过差分机原理。"看到巴贝奇迷惑的眼神，她又笑着补充说："您说我像野人见到了望远镜。"巴贝奇恍然大悟，想起已经十分遥远的往事。面前这位俏丽的女士和那个小女孩之间，依稀还有几分相似。

原来，夫人本名叫阿达·奥古斯塔，是英国大名鼎鼎的诗人拜伦的独生女。她比巴贝奇的年龄要小20多岁，1815年才出生。阿达自小命运多舛，来到人世的第二年，父亲拜伦因性格不合与她的母亲离异，从此别离英国。可能是从未得到过父爱的缘由，小阿达没有继承到父亲诗一般的浪漫热情，却继承了母亲的数学才能和毅力。那还是阿达的少女时代，母亲的一位朋友领着她们去参观巴贝奇的差分机。其他女孩子围着差分机叽叽喳喳乱发议论，只有阿达看得非常仔细，她十分理解并且深知巴贝奇这项发明的重大意义。

或许是这个小女孩特殊的气质，在巴贝奇的记忆里打下了较深的印记。他赶紧

请阿达入座,并欣然同意与这位小有名气的数学才女共同研制新的计算机器。

就这样,在阿达27岁时,她成为巴贝奇科学研究上的合作伙伴,迷上了这项常人不可理喻的"怪诞"研究。当时,她已经成了家,丈夫是洛甫雷斯伯爵。按照英国的习俗,许多资料在介绍里都把她称为"洛甫雷斯伯爵夫人"。

30年的困难和挫折并没有使巴贝奇折服,阿达的友情援助更坚定了他的决心。还在大型差分机进军受挫的1834年,巴贝奇就已经提出了一项新的更大胆的设计。他最后冲刺的目标,不是仅仅能够制表的差分机,而是一种通用的数学计算机。巴贝奇把这种新的设计叫作"分析机",它能够自动计算有100个变量的复杂算题,每个数可达25位,速度可达每秒钟运算一次。今天我们再回首看看巴贝奇的设计,分析机的思想仍然闪烁着天才的光芒。

巴贝奇首先为分析机构思了一种齿轮式的"存储库",每一齿轮可贮存10个数,总共能够储存1000个50位数。分析机的第二个部件是所谓"运算室",其基本原理与帕斯卡的转轮相似,但他改进了进位装置,使得50位数加50位数的运算可完成于一次转轮之中。此外,巴贝奇还构思了送入和取出数据的机构以及在"存储库"和"运算室"之间运输数据的部件。他甚至还考虑如何使这台机器处理依条件转移的动作。一个多世纪过去后,现代电脑的结构几乎就是巴贝奇分析机的翻版,只不过它的主要部件被换成了大规模集成电路而已。仅此一说,巴贝奇就当之无愧于计算机系统设计的"开山鼻祖"。

阿达"心有灵犀一点通",她非常准确地评价道:"分析机编织的代数模式同杰卡德织布机编织的花叶完全一样。"于是,为分析机编制一批函数计算程序的重担,落到了数学才女柔弱的肩头。阿达开天辟地第一回为计算机编出了程序,其中包括计算三角函数的程序、级数相乘程序、伯努利函数程序等。阿达编制的这些程序,即使到了今天,软件界的后辈仍然不敢轻易改动一条指令。人们公认她是世界上第一位软件工程师,甚至有人把她请上了软件界"开山祖师奶"的赫赫宝座。众所周知,美国国防部据说是花了250亿美元和10年的光阴,把它所需要软件的全部功能混合在一种计算机语言中,希望它能成为军方数千种计算机的标准。1981年,这种语言被正式命名为ADA语言,使阿达的英名流传至今。

不过,以上讲的都是后话,殊不知巴贝奇和阿达当年处在怎样痛苦的水深火热之中!由于得不到任何资助,巴贝奇为把分析机的图纸变成现实,耗尽了自己全部财产,搞得一贫如洗。他只好暂时放下手头的活,和阿达商量设法赚一些钱,如制作什么国际象棋玩具、什么赛马游戏机等。为筹措科研经费,他们不得不"下海"搞"创收"。最后,两人陷入了惶惶不可终日的窘境。阿达忍痛两次把丈夫家中祖传的珍宝送进当铺,以维持日常开销,而这些财宝又两次被她母亲出资赎了回去。

贫困交加,以及无休无止的脑力劳动,使得阿达的健康状况急剧恶化。1852年,

怀着对分析机成功的美好梦想和无言的悲怆，巾帼软件奇才魂归黄泉，香消魄散，死时年仅 36 岁。

阿达去世后，巴贝奇又默默地独自坚持了近 20 年。晚年的他已经不能准确地发音，甚至不能有条理地表达自己的意思，但是他仍然百折不挠地坚持工作。

上帝对巴贝奇和阿达太不公平！分析机最终没能造出来，他们失败了。巴贝奇和阿达的失败是因为他们看得太远，分析机的设想超出了他们所处时代至少一个世纪！然而，他们留给了计算机界后辈们一份极其珍贵的精神遗产，包括 30 种不同的设计方案，近 2100 张组装图和 50000 张零件图……更包括那种在逆境中自强不息、为追求理想奋不顾身的拼搏精神！

1871 年，为计算机事业贡献了终生的先驱者终于闭上了眼睛。当时就有人把他的大脑用盐渍着保存起来，想经过若干年后，有更先进技术来研究他大脑特别的机制。现在的人们当然更不会以成败来论英雄！

资料来源：https://www.sohu.com/a/202505517_657550

3.2.3 瓦特与博尔顿的管理思想

詹姆斯·瓦特（1736 年 1 月 19 日—1819 年 8 月 25 日），英国发明家、机械师，第一次工业革命的重要人物，1776 年制造出第一台有实用价值的蒸汽机。

马修·博尔顿（1728 年 9 月 3 日—1809 年 8 月 18 日），英国制造商和工程师，投资生产并推广瓦特的蒸汽机。1762 年，马修·博尔顿在伯明翰附近开办生产小金属制品的工厂，因工厂需要动力，当 1768 年他初次见到瓦特时便对蒸汽机的发明深为关切。1775 年，他与瓦特合作发展蒸汽机事业。

人们都知道瓦特改良了蒸汽机，使蒸汽机成为生产动力，然而很少有人知道他在管理上的成就。瓦特与博尔顿共同组建的公司下属的苏霍工厂，是最早运用科学管理于制造业的工厂之一。他们的科学管理思想主要体现在以下 5 个方面。

（1）按更充分地利用机器的要求进行劳动分工和专业化。

（2）有较完整的记录和成本核算制度。

（3）实行比较切合实际的工资支付办法。

（4）制订工人和管理人员的培训和发展规划。

（5）实行职工选举的委员会来管理医疗福利费等福利制度。

管理故事

成功男人背后的男人

蒸汽机作为第一次工业革命的标志，奠定了英国称霸世界的基础。瓦特也因改

良蒸汽机而名扬四海。但人们可能不知道,蒸汽机之所以能在实际的生产生活中应用,是罗巴克与博尔顿两位企业家慧眼识珠,倾其所有,资助瓦特的蒸汽机实验的结果(见图3-20)。没有两位企业家的资助与鼓励,瓦特无法成功改良蒸汽机,并投入生产。正如历史学家保尔·芒图所言:"发明是一回事,会经营利用发明物却是另一回事。"如果说科学家负责发明,那么企业家则负责经营利用发明物。

图3-20 面额50英镑背面的马修·博尔顿(左)和詹姆斯·瓦特(右)的肖像

1. 初识罗巴克

瓦特在1765年前后经人介绍认识了开采煤矿的企业家罗巴克,此时的瓦特因为研究经费不足、债台高筑,几乎完全放弃了改良蒸汽机的研究。此时的罗巴克则刚刚获得了一座煤矿的开采权,急需用于煤矿的抽水机。在知道瓦特的研究后,罗巴克向瓦特承诺帮助他去改良蒸汽机。两人一拍即合,签订了一份合同。合同约定罗巴克负责偿付瓦特的债务一千镑,并且提供必要的资金资助瓦特完成改良蒸汽机的研究和组织在工业上推广运用蒸汽机。罗巴克则获得利润的三分之二作为报酬。这份合同在蒸汽史上开辟了一个时代,使得蒸汽走出实验室,进入它即将大展身手的工业世界,这完全归功于企业家罗巴克的大胆创新精神。

瓦特总是迟疑、犹豫和不自信,他需要有人鼓励和激励他,罗巴克热情地扮演了这个角色。瓦特在其生命的最后岁月里感谢罗巴克的情谊,他写道:"我的努力所能达到的成功,大部分应当归功于他的友好的鼓励,他对科学发现的关心,他敏于想出这些发明的应用,他对交易和工业有深邃的认识,他的远大的眼光,他的热心的、慷慨的和积极的气质。"然而,随着罗巴克经济困难的加剧,罗巴克与瓦特的合作不得不中断。

2. 危难之际遇博尔顿

此时,博尔顿及时从濒临破产的罗巴克手中购得瓦特蒸汽机专利权的股份。博尔顿创办了生产小五金器械的苏霍工厂,但他的工厂缺乏动力,希望借助瓦特的发明来人工地制造动力。1768年,博尔顿邀请瓦特到苏霍工厂,两人开始合作。终

于在1774年瓦特的改良蒸汽机在苏霍工厂试验成功，但博尔顿远未获得酬报。经过博尔顿的惨淡经营，直到1781年博尔顿终于看到了他十年来所期待的结果：瓦特的发明引人注目。他写道："伦敦、曼彻斯特和伯明翰的居民被蒸汽机弄得入迷了。"之后，蒸汽机被广泛应用到炼铁、冶金、纺织等领域。蒸汽机为大工业生产提供了动力，直接改变了英国工业革命的进程，改变了英国的历史命运。

博尔顿与罗巴克一样，是瓦特的坚定支持者和鼓励者。瓦特回忆到："在事业上，能够弥补我容易失望和失去自信的缺点之人，就是乐天的博尔顿。在伯明翰，在苏霍，我得到他所给予我的援助。现在，世人之所以能够广受蒸汽机的恩惠，全要归功于博尔顿对这项事业无比的关心和费心的经营，以及高明的远见。假如没有博尔顿的帮助，单靠我个人的力量，我想，这个发明恐怕不会有今天的成就。"

作为企业家的罗巴克与博尔顿，是英国社会转型时期涌现出的一大批企业家的杰出代表。特别是博尔顿对瓦特的资助与鼓励，使得瓦特的发明试验成功并获得推广。博尔顿与瓦特的故事生动地诠释了企业家的创新精神，以及技术创新蕴含的巨大动力。博尔顿与瓦特的搭档成为商界传奇，直接改变了世界历史的进程。作为企业家的博尔顿，践行了企业家的创新精神。博尔顿敏锐地察觉瓦特改良蒸汽机的潜在意义，义无反顾地支持和鼓励瓦特的发明。博尔顿对技术创新具有强烈的意识和浓厚的兴趣，也具有大胆的冒险精神。正是博尔顿的创新意识与冒险精神，使得博尔顿与瓦特的合作结出硕果。

资料来源：https://www.thepaper.cn/newsDetail_forward_1363214_1

3.2.4 罗伯特·欧文的管理思想

图3-21 罗伯特·欧文

罗伯特·欧文（1771年5月14日—1858年11月17日，见图3-21），威尔士空想社会主义者，现代人事管理之父，人本管理的先驱，历史上第一个创立学前教育机关（托儿所、幼儿园）的教育理论家和实践者。罗伯特·欧文为实现自己的政治主张而进行的新拉纳克试验、新协和村试验虽然未获成功，但他的实践与思想却对管理学的形成作出了贡献。罗伯特·欧文认为，人是环境的产物，只有处在适宜的物质和道德环境下，人才能培养出好的品德。罗伯特·欧文的主要管理思想体现在以下3个方面。

（1）认为人是环境的产物，因而要改善工作环境。

（2）关心工人的工作和福利条件，将工人工作时间从13~14小时缩短到10.5小时。

（3）注重对工人的行为教育，建立了世界上首个工厂幼儿园。

欧文的新拉纳克试验

罗伯特·欧文在1794年或1795年离开了德林科沃特的工厂，并在苏格兰建立了一个新的合伙工厂，即新纳拉克（New Lanark）工厂。欧文在新拉纳克的管理独具特色。首先，他在工厂内推行了一种新的管理制度，其核心是废除惩罚，强调人性化管理。欧文根据工人在工厂的表现，将工人的品行分为恶劣、怠惰、良好和优质4个等级，用一个木块的四面涂上黑、蓝、黄、白4种颜色分别表示。每个工人的前面都有一块，部门主管根据工人的表现进行考核，厂长再根据部门主管的表现对部门主管进行考核。考核结果摆放在工厂里的显眼位置上，所属的员工一眼就可以看到每个人木块的不同颜色。这样，每人目光一扫，就可以知道对应的员工表现如何。刚开始实行这项制度的时候，工人表现恶劣的很多，表现良好的很少。但是，在众人目光的注视中和自尊心理的驱使下，表现恶劣的人数和次数逐渐减少，而表现良好的工人却不断增多。为了保证这种考核的公正，欧文还规定，无论是谁认为考核不公，都可以直接向他进行申诉。

他对当时很多资本家过分注重机器而轻视人的做法提出了强烈批评，并采用多种办法致力于改善工人的工作环境和生活环境。在工厂里，欧文通过改善工厂设备的摆设和搞好清洁卫生等方法，为工人创造出一个在当时看来尽可能舒适的工作场所。他还主动把工人的工作时间从13~14小时缩短到10.5小时。在新拉纳克厂区，人们看到的是一排排整齐的工人宿舍，每个家庭一套两居室。欧文很注重绿化环境，在工人住宅的周围，树木成荫，花草成行，这对工人的身心健康有着十分积极的效应。为了使工人的闲暇时间有正当向上的娱乐和学习，消除酗酒斗殴等不良风气，欧文还专门为工人建造了供他们娱乐的地方——晚间文娱中心。这种娱乐中心就是现在俱乐部、夜总会的雏形。

不仅如此，在新纳拉克工厂，欧文还通过雇用四五百名本教区的学徒解决了劳动力短缺这个在当时普遍存在的问题。在新纳拉克工厂，欧文开始形成了一些关于社会福利的新观点，虽然这些观点违背了当时正在发生的技术进步，不过这却成了他那个即将形成公社方案的计划的一篇序言。

管理名言

我们在这个世界上辛苦劳作，来回奔波是为了什么？所有这些贪婪和欲望，所有这些对财富、权力和名声的追求，其目的到底何在呢？归根结底，是为了得到他人的爱和认同。

——亚当·斯密

在这场合,像在其他许多场合一样,他受着一只看不见的手引导,去尽力达到一个并非他本意想要达到的目的。

——亚当·斯密

意识到被人所爱,自有一种满足感,对一个心思纤细与感觉敏锐的人来说,这种满足感带给他的幸福,比他或许会期待的那一切可能从被人所爱当中得到的实质利益更为重要。

——亚当·斯密

我没有浪费过我有限的时间。

——詹姆斯·瓦特

好奇心是一个孩子认识世界的捷径。

——詹姆斯·瓦特

最好把真理比做燧石,它受到的敲打越厉害,发射出的光辉就越灿烂。

——詹姆斯·瓦特

自暴自弃,这是一条永远腐蚀和啃噬心灵的毒蛇,它会吸走心灵的新鲜血液,并在其中注入厌世和绝望的毒汁。

——詹姆斯·瓦特

把钱花在提高劳动力素质上是企业经理最佳的投资。

——罗伯特·欧文

问题3.3

什么是古典管理理论

"三个老头"

一开学，总会有一番欣欣向荣的景象。在校园里，老师和同学们个个精神抖擞，笑容满面，以全新的面貌迎来了新的学期。薛老师忙了一天，准备下班回家，刚出办公室门口，就看见小关和小李在门口等她。

"你们怎么来了？"薛老师颇感欣喜和意外。

"老师，新年快乐！"只见两人齐刷刷地给薛老师鞠了个躬。

"年不是过完了吗？"

"不是有一句话说'不出正月都是年吗'？"小李笑嘻嘻地说。

"长了一岁，果真不一样了，又成熟了不少啊。谢谢你们！"

"新学期第一天，没什么要紧的事，想着去年老师给我们讲了那么多识，教会了我们很多道理，过来想请老师吃个饭。"

"饭可以吃，但不用你们请。"薛老师笑盈盈地说。

"那不行，我赚钱了。老师，那次您不是答应我，等我赚钱了请您吃饭，怎么能不算数呢？"小李说。

"好吧，咱们正好聊聊。"

走到了校门口的小饭店，大家坐好，兴高采烈地聊了起来。

"说说你赚了多少钱,怎么赚的,还是在那家教育培训机构吗？"还没等薛老师开口，小关就迫不及待地向小李发问。

"没有，后来我去蛋糕店做小时工了。"

"怎么说换就换了呢？"

"主要是因为想做自己喜欢的事，虽然培训机构也挺好，但终究是不太喜欢。在蛋糕店学烘焙可是我向往已久的事了。头三天自己面对的是无数的烤盘，站在水槽边把一摞摞的烤盘刷干净，整个人站得头重脚轻！在第四天终于开始学着挤饼干、做面包、挤布丁，我兴奋得不得了。后来慢慢干起来，觉得越来越喜欢做了。有时候下午阳光正好，新出锅的面包香喷喷，站在柜台前带着一次性手套把一个个面包放进精致的袋子，感觉时间恬淡而美妙。这次兼职持续了一个半月，由于蛋糕店供吃住，我攒下了

一千五百元钱,而且我还成功地胖了四斤!哈哈哈。"小李眉飞色舞、滔滔不绝地说了起来,眉眼之间掩饰不住兴奋和激动。

"太厉害了!"小关羡慕地望着小李。

"早知道我也留下来打工好了,又赚了钱,又多了那么多经历。"

"以后还有很多机会的。"

"你们知道这种计时的工资是谁发明的吗?"薛老师突如其来地问了一句。

"薛老师又来了,我们这顿饭还怎么吃啊!"

"哈哈哈,好吧,我还是用邮件给你们发资料吧,这顿饭咱们好好吃。"薛老师脸上露出灿烂的微笑,仿佛自己回到了大学时光。

两天后,小关在图书馆遇到了小李。

"薛老师那天说给咱们发邮件,你收到了吗?"小关首先问道。

小李赶紧回答:"收到了,早就收到了。"

"那你咋没告诉我一声啊?"小关看起来有点生气了。

"我先学了给你讲啊!"小李知道小关有老师的气质,学问又深,也不计较就说,"那什么时候让我给你讲讲那三个老头的故事呀?"

"什么三个老头,那是古典管理理论的三个代表人物。"小关一脸严肃地说。

"哈哈哈,有区别吗?"小李知道小关会这么说,故意调皮地逗他。

"看来我真得好好给你补补课,让你这没常识的家伙开开眼界!"

"……"小李一脸无辜,不知道该说什么。

把管理思想进行总结、提炼并系统化为管理理论,是在 19 世纪末才开始的。管理理论的形成与发展经历了三个主要阶段,即古典管理理论阶段、行为管理理论阶段和现代管理理论阶段。在古典管理理论阶段,涌现出了弗雷德里克·泰勒、亨利·法约尔、马克斯·韦伯三大代表人物(见图 3-22)。

弗雷德里克·泰勒　　　　亨利·法约尔　　　　马克斯·韦伯

图 3-22　古典管理理论三大代表人物

3.3.1 泰勒的科学管理理论

泰勒是西方古典管理理论的主要代表人、科学管理理论的创始人,被称为"科学管理之父"。

1. 科学管理理论的背景

泰勒所处的时代,特别是19世纪的最后十年,资本主义社会出现了前所未有的资本积累和工业技术进步,同时也出现了两个问题:一是组织和管理资源的低劣方式严重阻碍了生产效率的提高;二是无法充分发挥劳动者的潜力。

当时工人和资本家之间的关系严重激化,资本家对工人态度蛮横,工人生活艰苦,而资本家个人却过着奢侈的生活;工人则不断通过捣毁机器和加入工会组织领导的大罢工来争取自己的权利。劳资关系的对立,严重影响了企业的劳动生产率。

对于如何解决发挥劳动力潜力的问题,有人主张使用优良机器代替劳动力,有人主张试行分享利润计划,还有一些人主张改进生产的程序、方法和体制。当时泰勒的是一位年轻的管理人员和工程师,是美国工程师协会的成员,因而很了解人们提出的上述解决办法,并在此基础上提出了他具有划时代意义的科学管理理论和方法。

2. 科学管理实验

泰勒一生大部分时间所关注的是如何提高生产效率。1898—1901年间,泰勒受雇于伯利恒钢铁厂,他做了三个实验,分别是搬运生铁实验、铁锹实验和金属切削实验。

1)搬运生铁实验

1898年,泰勒到伯利恒钢铁厂工作。不久,生铁的价格急剧上涨,工厂的生意很好。不过,这种好景象也使不少工人累倒在工厂里。这促使泰勒思考如何既保证经营,又能减轻工人疲劳。这时,他开始了著名的搬运生铁实验。当时,生铁是由一组计日工搬运的。每个工人每天可以挣到1.15美元。泰勒从统计资料中看到,当时平均每个工人一天搬运铁块的重量在12~13吨。

泰勒的第一步工作是找到合适的工人。他用4天时间观察和研究了75个人,从里面又挑选出4个人,然后又从4个人中选定了来自宾夕法尼亚的荷兰人施米特。施米特是一个十分自信的工人。泰勒用金钱激励他,每天给他1.85美元,条件是必须按他要求的那样搬运生铁。

泰勒与他的助手们在研究中试着转换各种工作因素,以观察它们对施米特的日生产率的影响。他们还变换了行走速度、持握的位置和其他变量,从中获取数据,例如:从车上或是地上把生铁搬起来需要多长时间;带着所搬的铁块在平地上走,每英尺需要多长时间;带着所搬的铁块沿着跳板走向车厢,每步需要多长时间;把生铁扔下或者堆放起来需要几秒钟;空手回到原地,每走一英尺需要多长时间;等等。

实验结果让泰勒万分振奋:如果对工人进行训练,把劳动时间和休息时间很好地

搭配起来，工人每天搬运生铁的重量，可以从原来的 12~13 吨提高到 48 吨，而且负重时间只有 42%，其余时间是不负重的，工人也不容易疲劳。

当然，工人工作效率提高的同时，工资也提高了 70%，达到每天 1.85 美元。工人的积极性大大提高，实现了工厂和工人的双赢！

2）铁锹实验

铁锹实验是泰勒的研究小组在伯利恒钢铁厂做的另外一个实验，为的是研究铲运类工作里蕴含的科学规律。

首先要解决的问题是：对于一个头等铲运工，应该设定多少铲运量，才能够使他每天可以完成最大的铲运量。其次要解决的是工具问题。由于工厂提供 8~10 种不同的铁锹，而每种铁锹只适合铲运某一特定的物料。实验表明：比重大的物料，适合用小的铁锹；比重小的物料，适合用大的铁锹。最后还要对工人以特定的水平距离和高度把物料抛送出去进行精确测定。

当得出了科学的规律后，泰勒对伯利恒钢铁厂的 600 名铲运工人进行了工作方式上的改造。实验结果是：堆料场的劳动力从 400～600 人减少为 140 人，平均每人每天的操作量从 16 吨提高到 59 吨，每个工人的日工资从 1.15 美元提高到 1.88 美元；实验前每天共铲物 10 立方米，实验后每天共铲物 25 立方米。

3）金属切削实验

泰勒在米德瓦尔钢铁厂时，为了加大机器的产量，进行了金属切削实验。实验要测定在切割钢材时所使用工具的最佳角度和形状，同时还要测定切割钢材的适当速度。这项原定 6 个月就能完成的实验整整用了 26 年的时间，用了 10 台不同的机器，做了 3 万多次实验，消耗了 80 多万吨的钢铁，花费了 15 万美元。虽然该实验耗费的人力物力如此巨大，但却是十分值得的。这项涉及 12 个独立变量的实验，终于在辛苦 26 个年头后取得了成果，并且还得到了一个重要的副产品——高速钢的发明，并取得了专利。这个实验还形成了金属加工方面的工作规范。

上述三大实验的具体做法与成效可以总结为表 3-1。

表3-1 三大实验的具体做法与成效

搬运生铁实验	铁锹实验	金属切削实验
1. 精心挑选工人； 2. 让工人了解实验方法的好处，让他们接受新方法； 3. 对工人进行训练和帮助，使他们获得足够的技能； 4. 按科学方法工作，节省体力	1. 将实验的手段引入经营管理领域； 2. 计划和执行分离； 3. 标准化管理； 4. 人尽其才，物尽其用，提高效率	1. 长时间实验，历时 26 年； 2. 花费了巨额资金，耗费了 80 多万吨钢材； 3. 发明了高速钢，获得了专利，用专利的收入宣传科学管理

3. 科学管理的方法及缺陷

作业管理与组织管理是科学管理理论的关键和精髓，其管理方法及缺陷见图 3-23。

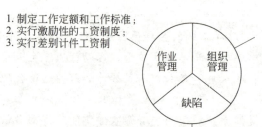

将人看成是赚钱的机器；管理侧重于技术因素，侧重于低层的管理

图 3-23　科学管理的方法及缺陷

科学管理之父泰勒

弗雷德里克·温斯洛·泰勒（Frederick Winslow Taylor），出生于 1856 年 3 月 20 日，他去世的日期是 1915 年 3 月 21 日。巧合的是，泰勒逝世的那天是他刚刚度过 59 岁生日的第二天。他的墓碑位于一座能俯视费城钢铁厂烟囱的小山上，墓碑上刻着：科学管理之父——弗雷德里克·温斯洛·泰勒。

泰勒是带着郁闷的心情离开这个世界的。他生前殚精竭虑研究的科学管理原理和方法，由于受到曲解而举步维艰。国会听证会上国会议员和调查人员无休止的盘问，特别是几次发生的针对推行泰勒制的工人罢工风潮，更是伤透了这位骨子里同情工人并付出了艰巨劳动的思想者的心。为了排除人们的疑虑，这位不善言辞的人不得不屡屡长途旅行，为其理论和方法进行说明和辩护。而正是在一次外出发表演讲的归途中，他在通风的卧铺车厢里感染了肺炎，不久被夺去了 59 岁的生命。

泰勒生于宾夕法尼亚的杰曼顿的一个富裕的律师家庭。他的父亲是一名律师，他的母亲生于清教徒世家家庭。泰勒在这样的家庭中受到了不同寻常的教育，为他今后的工作做了素质上的准备。在他的早期教育中，就已经显现出对于科学调查研究和实验的迷恋。泰勒的父母都希望他能继承父业，成为一名律师。泰勒学习十分刻苦，时常"开夜车"，使得他的健康和视力受损，因而不得不辍学去费城的恩特普利斯液压机场做学徒。在那儿，泰勒过了三年犹如苦行僧般的生活。

1875 年，泰勒进入一家小机械厂当学徒。1878 年，泰勒转入费城米德瓦尔钢铁厂（Midvale Steel Works）当机械工人，一直干到 1897 年。在此期间，由于工作努力、表现突出，泰勒先后被提升为车间管理员、小组长、工长、技师、制图主任和总工程师，并在业余学习的基础上获得了机械工程学士学位。泰勒的这些经历，使他有充分的机会去直接了解工人的种种问题和态度，并看到提高管理水平的极大可能性。

泰勒一生大部分的时间所关注的，就是如何提高生产效率。这不但要降低成本和增加利润，而且要通过提高劳动生产率增加工人的工资。泰勒对工人在工作中的

"磨洋工"问题深有感触。他认为"磨洋工"的主要原因在于工人担心工作干多了，可能会使自己失业，因而他们宁愿少生产而不愿意多干。泰勒认为，生产率是劳资双方都忽视的问题，部分原因是管理人员和工人都不了解什么是"一天合理的工作量"和"一天合理的报酬"。此外，泰勒认为管理人员和工人都过分关心如何在工资和利润之间的分配，而对如何提高生产效率而使劳资双方都能获得更多报酬则几乎无知。概而言之，泰勒把生产率看作取得较高工资和较高利润的保证。他相信，应用科学方法来代替惯例和经验，可以不必多费人们更多的精力和努力，就能取得较高的生产率。

泰勒一生致力于科学管理，他的著作包括《计件工资制》(1895年)、《车间管理》(1903年)、《科学管理原理》(其中包括在国会上的证词，1912年)。但泰勒的做法和主张并非一开始就被人们所接受，相反还受到包括工会组织在内的人们的抗议。例如一位名叫辛克莱的年轻的社会主义者写信给《美国杂志》主编，指责泰勒"把工资提高了61%，而工作量却提高了362%"。泰勒也遇到了来自管理部门以及伯利恒公民的反对。美国国会于1912年举行对泰勒制和其他工场管理制的听证会。在那里，泰勒面对多半怀有敌意的国会议员们，不得不捍卫自己的观点。泰勒在众议院的委员会作的精彩的证词，向公众宣传了科学管理的理论。纵观泰勒的著作，虽然看起来过分专注于车间一级的生产率，但事实上贯穿在泰勒著作中的主旋律却是强烈的人性观点和现代观点。泰勒认为，要精心选人、用人并加以培训，让他们能够做最适宜和最有效率的工作；他相信在工人、管理人员和工厂主之间并没有不可调和的利益关系；强调管理人员提前精心制订计划的重要性以及管理人员有责任通过制订科学的工作制度帮助工人提高效率；泰勒认为雇主和员工之间的关系无疑是构成管理这门艺术的最重要的部分；等等。这些观点现在看来远远没有过时。

资料来源：https://wenku.baidu.com/view/106edc254b35eefdc8d333ba.html

3.3.2 法约尔的一般管理理论

泰勒的科学管理开创了西方古典管理理论的先河。在其正被传播之时，欧洲也出现了一批古典管理的代表人物及其理论，其中影响最大的当属法约尔及其一般管理理论。

1. 法约尔理论与泰勒理论的区别

法约尔理论与泰勒理论的区别见表3-2。

表3-2 法约尔理论与泰勒理论的区别

法约尔理论	1. 关注工厂现场的管理问题； 2. 侧重于基层管理和生产管理，属于管理的微观层面； 3. 试图形成一套有利于实践操作的知识体系； 4. 职能工长制的提出推动了脑力劳动和体力劳动的进一步分离

	续表
泰勒理论	1. 从组织整体的角度进行思考； 2. 侧重于高层管理和通用管理，属于管理的宏观层面； 3. 试图构建出管理教育的整体结构； 4. 强调组织必须是层级分明的等级节制系统； 5. 重视直线制组织结构，并以此为基础设计了大型企业的组织模式

法约尔的管理思想与泰勒的管理思想都是古典管理思想的代表，但法约尔管理思想的系统性和理论性更强。后人根据法约尔的构架建立了管理学，并把它引入课堂。

2. 一般管理理论

（1）从企业经营活动中提炼出管理活动。通过对企业全部活动的分析，法约尔将企业活动分为技术活动、商业活动、财务活动、安全活动、会计活动和管理活动，并认为管理活动最为重要，从而区别了经营和管理。

法约尔还分析了处于不同管理层次的管理者其各种能力的相对要求，随着企业由小到大、职位由低到高，管理能力在管理者必要能力中的相对重要性不断增加，而其他诸如技术、商业、财务、安全、会计等能力的重要性则会相对下降。企业活动及管理职能见图3-24。

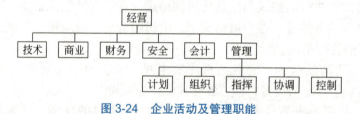

图 3-24 企业活动及管理职能

（2）提出五大管理职能。法约尔将管理活动分为计划、组织、指挥、协调和控制五大管理职能，并进行了相应的分析。

计划是指根据对组织外部环境与内部条件的分析，提出在未来一定时期内要达到的组织目标及实现目标的方案途径。计划是管理的首要职能。

组织是对计划执行的分工。组织工作包括分工、构建部门、确定层次等级等活动。

指挥就是使人员充分发挥作用，即对下属活动的调动和指导。

协调就是使企业的一切工作都要和谐，以便于企业经营的顺利进行，并有利于企业取得成功。通俗地说，协调就是结合、统一以及调和所有企业活动与个人活动的努力，以实现共同的目标。

控制是指为保证实际工作按既定计划和命令完成的一切活动。

（3）提出十四项管理原则。法约尔提出了一般管理的十四项原则，具体内涵如下。

① 劳动分工。法约尔认为，劳动分工可以提高劳动的熟练程度和准确性，从而提高效率，分工的结果是职能专业化和权力的分散。

② 权力与责任。法约尔认为，权力是指挥和要求别人服从的能力，包括职能权力和个人权力。责任是权力的当然结果和必要补充。他强调权责要统一。

③ 纪律。法约尔认为，纪律是一种协定，一种规范，在实质上表现为和企业及其下属人员之间的协定相一致的服从、勤勉、积极的举止以及尊敬的态度。他强调纪律的重要性，认为没有纪律，任何一个企业都不能兴旺繁荣。

④ 统一指挥。法约尔认为，无论做什么工作，一个下属人员只应接受一个领导人的命令。双重指挥是冲突的根源，应避免双重指挥。

⑤ 统一领导。对于一项协同性的活动，只能有一个领导人和一项计划，这是统一行动、协调力量和一致努力的必要条件。

⑥ 个人利益服从整体利益。这个原则强调，任何组织内的人员都要有全局观念和大局意识。在一个组织中，个人或一些人的利益不能置于组织利益之上。相对于其所属成员和部门而言，组织的整体利益具有至高无上的地位。

⑦ 人员报酬。人员报酬是其服务的价格，应当合理，并尽量使所属人员和组织都满意。法约尔认为，给付报酬的方式有多种，但不管采用何种报酬方式，都应做到保证报酬公平、奖励有益的努力和能激发热情，不会导致超过合理限度过多。

⑧ 集中。分散可以调动下属的积极性，但过于分散会导致各自为政现象的发生，集中化管理更有利于各部门的协调统一，有利于全体组织成员才干的发挥和运用。

⑨ 等级制度。等级制度就是从最高权力机构至低层管理人员的领导系列，它显示出组织内权力执行的路线和信息传递的渠道。等级制度能保证统一指挥。除了一些需要快速办理的事情外，在一般情况下，组织的管理活动应沿着等级序列进行，而不应跳过原有的管理路径。

⑩ 秩序。法约尔认为，完善的秩序要求每个员工有一个位置，并且位置适合于人，人也适合于特定的位置，即"各有其位，各就其位"。

⑪ 公平。公平要求领导者有理智、有经验并有善良的性格。领导者应善待下属人员，树立公平形象，并努力使公平感深入人心。

⑫ 人员稳定。人员稳定就是要有秩序地安排人员与补充人力资源。法约尔认为，不稳定往往是企业不景气的原因与结果，一个人在一个职位上做出成绩需要一定的时间，所以，要努力保持企业领导人和其他人员的相对稳定，鼓励组织成员在一定的职位上长期贡献。

⑬ 首创精神。法约尔认为，首创精神能激发组织成员的活力。管理者应允许下属成员发挥首创精神，并鼓励和支持这种首创精神。

⑭ 团队精神。法约尔认为，全体人员的和谐与团结是组织的巨大力量。法约尔说："在管理方面，没有什么死板和绝对的东西，这里全部是尺度问题。原则是灵活的，是可以适应于一切需要的，问题在于懂得使用它，这是一门很难掌握的艺术，它要求智慧、经验、判断和注意尺度。由机智和经验合成的掌握尺度的能力是一个管理者的主要才能之一。"任何一个组织都应该把团结当作重要的事情来抓；否则，就会瓦解组织，削弱组织的战斗力，影响组织的发展甚至使组织消亡。

（4）法约尔的管理教育思想。法约尔认为，管理能力可以像技术能力一样首先在学校里，然后在车间里得到培养。他建议，管理教育应该普及：在小学里是初级的，在中学里稍广阔一些，在高等学校里应是大力发展的。基于此，法约尔认为，有必要进

行管理教育，有必要建立一种公认的管理理论。

（5）对一般管理理论的评价。实践表明，法约尔的理论对一般组织管理都有一定的适用性和指导性；其理论普遍为各管理部门所采用；一般管理思想的系统性和理论性强，对管理五大职能的分析为管理科学提供了一套科学的理论构架；来源于长期实践经验的管理原则给实际管理人员巨大的帮助，其中的某些原则甚至以"公理"的形式为人们接受和使用。因此，继泰勒的科学管理理论之后，一般管理理论被誉为管理史上的第二座丰碑。同时，法约尔的一般管理理论也是西方古典管理思想的重要代表，后来成为管理过程学派的理论基础（该学派将法约尔尊奉为开山祖师）。但他提出的管理原则缺少柔性；只考察了组织的内在因素，缺乏对组织与环境之间关系的考虑。

管理故事

一般管理理论先驱亨利·法约尔

亨利·法约尔（Henri Fayol，1841—1925），法国人，著名的管理实践家、管理学家、地质学家、国务活动家，古典管理理论创始人之一。1841年7月29日，法约尔出生于一个富裕的小资产阶级家庭，15岁时就读于里昂一所公立中等学校，在那里度过了两年的中学时光。两年后，法约尔经考试合格转入国立圣埃蒂安高等矿业学院，时年17岁，是同班里年龄最小的学生。在国立圣埃蒂安高等矿业学院，他苦读了两年。1860年，19岁的法约尔毕业并取得了矿业工程师资格。法约尔的求学生涯极其简单，既没有转战南北，也无惊人之处。然而，就是在国立圣埃蒂安高等矿业学院的两年学习经历，再加上自己的聪明睿智，造就了他气度恢宏的一生，成为9000多名员工的大企业总经理。

1860年，19岁的法约尔作为矿业工程师进入法国第一流的矿业公司，不久就被提拔为该公司一个矿的矿长。1888年，47岁的法约尔受命于危难于际，此时公司濒临破产，他调动了全部干练的管理人员，发挥了他在科学管理方面的杰出才能，终于使毫无前途的公司重新获得了生机。在他1918年以77岁高龄离职时，公司财务状况已极为稳定，人员素质也有显著提高。经过多年的苦心经营，该公司终于重新步入兴旺发达的境界。

在此期间，法约尔采用科学的管理方法，把濒临破产的企业变成当时法国财力最雄厚的公司。这一成功至今仍是法国工业史上的美谈，其光辉业绩名垂法国产业史。法约尔在总结这段经历时说："尽管矿井、工厂、财源、销路、董事会、职工同原来都是一样的，只是运用了新的管理方法，公司才得以同衰落时一样的步调复兴和发展。"

1918年，法约尔完成了他漫长而成绩卓著的经营生涯，以77岁高龄从工作岗位上退下来。他虽然年逾古稀，但精力不衰。从1918年至1925年，他致力于普及自己的管理理论，这是他30多年在事业上取得惊人成绩的总结。在他硕果累累的一生快要结束的时候，他还专心从事法国烟草工业的组织结构调查。他在公共管理

方面的观点后来成为不朽的理论。

当年事已高、失去亲自参与调查的能力时,他仍注重把科学方法应用于各方面问题的研究,并鼓励他人也这样做。

法国国立圣埃蒂安高等矿业学院学生会出版物这样描述法约尔:"他还那么年轻——昂然微笑,目光直率,炯炯有神。法约尔先生待人常一见如故,他那不加做作的权威气度,他的仁慈,他那不甘心于寂寞的充满青春活力的心灵,正在使画面上的这位祖父又变成事业界的元老,两者都给人以深刻印象,同时又都极具吸引力。"

资料来源:白洁.亨利·法约尔:从工程师到管理大师[J].现代企业文化,2012(1)

"看到没有,这些人都是这样勤奋刻苦,工作忘我,真是我们学习的楷模啊!"

"小关老师又发感慨了!"

"好吧,我接着说韦伯吧。"

"慢着,他们虽然伟大,但也有局限。根据他们的思想,人都被看成是'经济人',要采用胡萝卜加大棒的管理办法。"

"行啊,你还是有两下子的。"

"那是!"小李得意地笑着。

胡萝卜加大棒

古典管理理论把人假设为"经济人",认为人的行为是在追求本身最大的利益,工作的动机只是为了获得经济报酬。这种理论认为,人的情感是非理性的,会干预人对经济利益的合理要求,组织必须设法控制个人的感情。因此在组织管理中,实施惩罚的威胁或者给予奖励的引诱,是组织鼓励员工执行自己意图时最常用的方法——胡萝卜加大棒。

胡萝卜加大棒通常指的是一种奖励与惩罚并存的激励政策,运用奖励和惩罚两种手段以诱发人们所要求的行为。它来源于一则古老的故事——要使驴前进,就在它前面放一个胡萝卜或者用一根棒子在后面赶它。

激励对发挥人的潜能具有重要作用。当人们在根据职能划分的群体中做着重复的工作时,最关心的只是维持生产率或效率,胡萝卜加大棒的方法似乎足以确保员工保持一个合理的工作绩效水平。但这一结论有悖于组织行为学中其他很多研究成果,这些研究表明,要发挥组织中员工的独创性,激励员工的最大潜能,必须转变观念,从把员工看成是"机器里的一个齿轮"到"有待开发的珍贵资源";从"人是失误的根源"到"创意的来源";从"生产力目标"到"想要得到好的业绩";从"实体方面的努力"

到"创造性和灵活性";从"强制"到"全身投入"。

资料来源：https://wenku.baidu.com/view/8db1d950f01dc281e53af06f.html

3.3.3 韦伯的行政管理理论

被称为"组织理论之父"的韦伯，与泰勒、法约尔是西方古典管理理论的三位先驱。马克斯·韦伯生于德国，曾担任教授、政府顾问、编辑，在社会学、宗教学、经济学与政治学领域都有相当的造诣。韦伯的主要著作有《新教伦理与资本主义精神》《一般经济史》《社会组织和经济组织理论》等。韦伯关于官僚组织模式的理论（即行政管理理论）对后世产生了深远的影响。

韦伯认为，任何组织都必须以某种形式的权力作为基础，没有某种形式的权力，任何组织都不能达到自己的目标。人类社会存在三种为社会所接受的权力，即因他人的崇拜与追随而来的超凡权力 (charisma authority)、由传统惯例或世袭而来的传统权力 (traditional authority) 和法律规定的法定权力 (legal authority)。

有了适合于行政组织体系的权力基础，韦伯勾画出了理想的官僚组织模式。它具有下列特征。

（1）组织中的人员应有固定和正式的职责并依法行使职权。组织是根据合法程序成立的，应有其明确目标，并靠着这一套完整的法规制度，组织与规范成员的行为，以期有效地追求与达到组织的目标。

（2）组织的结构是一层层控制的体系。在组织中，按照地位的高低规定成员间命令与服从的关系。

（3）人与人的关系。成员间的关系只有对事的关系而无对人的关系。

（4）人员的选用。每一职位根据其资格限制（资历或学历），按自由契约原则，经公开考试合格予以使用，务求人尽其才。

（5）专业分工与技术训练。对成员进行合理分工并明确每人的工作范围及权责，然后通过技术培训来提高工作效率。

（6）人员的工资及升迁。按职位支付薪金，并建立奖励与升迁制度，使成员安心工作，培养事业心。

组织理论之父韦伯

1864 年 4 月 21 日，马克斯·韦伯出生于德国埃尔福特（Erfurt），不久举家迁至柏林。他的父亲是出身于纺织业为主的工商业家族的一位法学家，热衷于当代政治问题，当时是柏林政治上颇具影响力的人物。在他家中举行的日常社交聚会中，汇集着那个时代最重要的政治家、经济学家、外交家、建筑家、文学家、史学家和

艺术家。他们所谈论的各种话题，对孩子们的启迪作用不亚于学校里的课程——虽然德国九年制中学的严格和全面教育举世闻名。

9岁的时候，马克斯·韦伯就已经可以用拉丁语阅读、写作和会话；中学时，他的阅读书目是斯宾诺莎、叔本华和康德；14岁生日还没过，他已经完成了历史论文《与皇帝和教皇的地位特别有关的德国历史的进程》和《从君士坦丁到民族大迁徙时期的罗马帝国》；进入大学之前，他已熟读荷马、希罗多德、维吉尔、西塞罗、萨卢特斯等经典作家用希腊文和拉丁文写就的名著。

1893年，韦伯与一名远亲的表妹玛丽安妮·施尼特格尔（Marianne Schnitger）结婚，她后来也成了一名女性主义者和作家。新婚的两人在1894年搬家至弗莱堡，韦伯在那里获聘为弗莱堡大学的经济学教授。1896年，韦伯还被聘为其母校海德堡大学的教授。一年后，韦伯的父亲去世。在父亲去世前两个月，父子间刚经历了一场激烈的争吵，这场没有和解的争吵成为韦伯毕生的遗憾。在那之后韦伯患上了失眠症，个性也变得越来越神经质，越来越难以胜任教授的工作。他的精神状况使他不得不减少教学量，并在1899年的学期中途休假离开。1900年的夏季和秋季，韦伯在精神疗养院休息了几个月，接着在年底和妻子前往意大利旅游，一直到1902年4月才返回海德堡。

在19世纪90年代初期著作频繁的几年后，韦伯在1898年至1902年年底都没有再发表任何著作，最后终于在1903年秋季辞去了教授的职位。在摆脱了学校的束缚后，韦伯在那一年与他的同事维尔纳·松巴特（Werner Sombart）创办了名为"社会学和社会福利档案"的社会学期刊，由韦伯担任副编辑。1904年，韦伯开始在这本期刊上发表一些他最重要的文章，尤其是一系列名为"新教伦理与资本主义精神"的论文，这后来成为他毕生最知名的著作。这篇论文是唯一一篇他在世时便已出版成书的著作。也是在那年，韦伯前往美国旅游，并且参与了当时在圣路易斯举行的社会和科学大会——世界博览会相关的大会之一。尽管韦伯表现得越来越成功，但他仍觉得自己无法再胜任固定的教学工作，因此继续维持着私人学者的身份。1907年，韦伯获得了一笔可观的遗产，使他得以继续专心研究，而无须担心经济问题。1912年，韦伯试着组织一个左翼的政党，以团结社会民主主义者和自由主义者。不过，韦伯最后并未成功，主要原因是当时的自由主义者仍担忧社会民主主义的革命理念。

1914年，第一次世界大战爆发后，马克斯·韦伯参加军队服役，负责驻在海德堡的几家医院的工作，直到1915年年底，期间《世界宗教的经济伦理》的一部分（《序》和《儒教与道教》）出版。1916年，他多次前往布鲁塞尔、维也纳和布达佩斯执行各种非正式的秘密使命，尽力劝说德国的领导人物避免扩大战争，同时他也断言德国对全世界政治负有责任，并认为俄国是主要威胁。

1919年，韦伯被聘去慕尼黑大学任教，接替布伦塔诺教授的工作。1919年至1920年，韦伯在慕尼黑大学讲授"普通经济学史"，后于1924年出版成书。韦伯

支持共和国，但并不热情。他参与慕尼黑的库尔特·埃斯纳的革命专政，是魏玛宪法起草委员会的成员之一。

1920年6月14日，韦伯在慕尼黑逝世。

韦伯生命中至为重要的一个转折点是1897年。这年夏天，他站在母亲的立场上与父亲发生了一次激烈冲突，一个月后，父亲便在旅行中猝然离世。这一事件触发了家族遗传性的精神疾病。在随后的6年半中，他经历了一次又一次的精神崩溃，无法应付教学，无法阅读、写作，甚至无法与人正常交谈。在经历了漫长且几乎看不到尽头的病中流放时光后，韦伯撑了下来。在给妻子的信中，他写道："它（疾病）将生命中人性的一面重新展现在我面前……这是我以前从来想象不到的。我可以借用伯克曼的话说：'一只冰冷的手使我得到解放。'过去数年，我病态的性情表现在我痉挛地抓住学术研究工作，好像这是一道护身符，但是我却不晓得我要用学术工作祛除什么东西。回顾既往，这已十分明白，以后，不管生病或健康，我知道我将再也不是从前那个样子了。我已经不再有需要去感觉到自己被繁重的工作所压倒。现在，我最大的希望，是过一种充满人性的生活，并且尽我所能使我的宝贝快乐。我不认为这样子一来，我的成就会比从前我心中的机械劳动所生产的少。"

这样的情形似曾相识，让人想起克莱斯特、舒曼、荷尔德林、尼采……但是，与那些同样与大脑中的魔鬼做斗争但最终败下阵来，或自戕或终老于疯人院中的德国天才们不同，经历了长达7年的自我放逐后，马克斯·韦伯又恢复了他的创造力。尽管终身仍受精神疾病的困扰，但韦伯如今流传于世的最著名的作品，几乎全部完成于他自精神崩溃中恢复过来后的那16年。事实上，如果他在精神崩溃的7年里的任何一天，选择像与他几乎同时发病并曾与韦伯夫妇结伴旅游休养的表弟奥托那样，结束自己的生命，则他不过是海德堡大学625年历史中一个昙花一现的普通大学教授而已。身后之名或许充满各种偶然因素，但最重要的是，当1920年6月14日马克斯·韦伯因肺炎在慕尼黑溘然而逝时，他是一个清醒、自主、对自己的生活和工作都有所担当、实现了自己所珍视的价值的人。

资料来源：鲁伊. 寻找马克斯·韦伯 [J]. 三联生活周刊，2011(38)

甘特与吉尔布雷斯夫妇

古典管理理论时期，除了三大代表人物外，最为卓越的要数甘特与吉尔布雷斯夫妇。

1. 甘特及甘特图

亨利·劳伦斯·甘特（Henry Laurence Gantt，1861—1919），人际关系理论的先驱者之一，科学管理运动的先驱者之一，甘特图（即生产计划进度图）的发明

者。所谓甘特图，即以图示的方式通过活动列表和时间刻度形象地表示出任何特定项目的活动顺序与持续时间。甘特图（见图3-25）的横轴表示时间，纵轴表示活动项目，线条表示在整个期间计划和实际的活动完成情况。它直观地表示任务计划在什么时候进行，以及实际进展与计划要求的对比。甘特图因制作简单，有着广泛的用途。

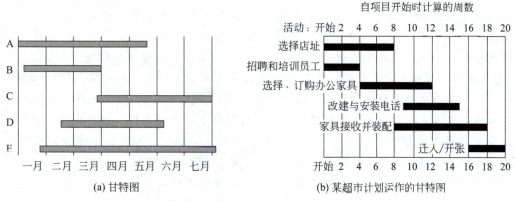

图3-25　甘特图示例

2. 吉尔布雷斯夫妇

吉尔布雷斯夫妇改进了泰勒的方法，他们的主要理论贡献如下。

（1）提出动作研究和动作经济的原则。

（2）强调进行制度管理。

（3）探讨工作、工人和环境之间的相互影响。

（4）差别计件工资制。

（5）提出管理人员发展计划。

问题3.4

什么是行为科学理论

人性的复杂

早上,因为学校有个报告会,小关和小李相约在报告厅附近的食堂吃早饭。

"你听过江歌案吗?"小李突然对小关说。

"你说的是那个在日本无端被杀的青岛女留学生吧?死得太惨了。人性真是太可怕了。"

"嗯,你不觉得人是一个很复杂的动物吗?"

"……"

早上这顿饭气氛有些沉闷。

"从古至今,有关人性的探索就从来没停止过。"报告厅寂静无声,只有老教授浑厚的声音在回响。

有一种勇敢叫直视人性的丑陋

永远不要去试探人性?之所以这样说,并不是因为主观上不信任人性,而是有人亲身试验后得出了这个结论。试验者是南斯拉夫的"行为艺术之母"玛丽娜·阿布拉莫维奇(Marina Abramovic)。

1974年,玛丽娜·阿布拉莫维奇在意大利那不勒斯进行了最著名的一次行为艺术表演:她告诉观众,可以用面前桌子上包括枪、子弹、菜刀、鞭子等危险物品在内的72种道具中的任何一件对她的身体进行任意摆布,而她不做任何反击,并将承担艺术表演中的全部责任。一开始,有人把玫瑰花送给她,有人让她坐定,给她拍照,有人用口红在她脸上乱涂乱画,见她一律照办、毫不抵抗,人们胆子大了,开始有人用剪刀剪碎她的衣服……

接着,有人给她的裸体拍照并把照片塞在她手里;有人用玫瑰花的刺扎破她的皮

肤；有人在她身上乱摸；有人直接上去强吻她，她还眼睁睁看着有男人把子弹装进了手枪，拿枪抵上了她的太阳穴，手已经放在了扳机上，只差一步就扣动了。

玛丽娜后来说："我感到的是……如果你给他们选择，他们会杀了你。"

玛丽娜双眼中饱含着恐惧，泪水不自禁滑落……就在这名男子犹豫不决要不要开枪的紧要关头，终于有一名观众意识到这样下去会出人命，喊住了他，这名男子这才放下手枪。

六个小时，足以看穿人性的恶。

从一开始的小心翼翼到最后在陌生人的身体上为所欲为，肆意践踏。也有无数人冷眼旁观或是在一旁偷笑却不加阻止。自始至终，只有一位观众为她擦去泪水，也只有一位观众叫停了施暴行为。在玛丽娜停止表演、开始走动的时候，那些伤害她的人不敢直视她，甚至落荒而逃，那个暴露出人性的恶的不堪的人们，连他们自己也无法面对。如果有一天作恶的成本降低为零，人间恐怕会沦为第二个地狱。有一种勇敢是在认清人性的丑陋之后，依然对美好的人性充满期待。愿所有人的内心都能保有一丝光明。

资料来源：http://news.163.com/17/1114/12/D371BPE9000181BT.html

行为科学理论是在古典管理理论的基础上发展而来的，是20世纪30年代开始形成的一门研究人类行为的新学科。行为科学理论是一门综合性科学，后来发展成了国外管理研究的主要学派之一。它通过对人的心理活动的研究，掌握人们行为的规律，从中寻找对待员工的新方法和提高劳动效率的新途径。

3.4.1 行为科学理论的早期代表人物

1. 雨果·孟斯特伯格

雨果·孟斯特伯格（1863—1916，见图3-26），原籍德国，心理学家，工业心理学的创始人之一。他提出了如何取得最高效率的3个问题：①如何根据每个人的心理特性来判断他适于做什么工作；②处于什么心理状态下才能使每个人达到最高效率；③用什么样的方式刺激、诱导人们进行生产，才能达到最满意的产量或最高效率。

经过长期的研究，孟斯特伯格发现并指出了心理学在多个领域的应用价值，他的主要观点如下。

（1）个人是"社会人"而不是"经济人"。工人不是被动的、孤立的个体，他们的行为动机并不单纯出自追求金钱。影响人的生产积极性

图3-26　雨果·孟斯特伯格

的因素，除物质条件外，还有社会、心理因素。

（2）企业中存在着非正式组织。非正式组织以感情为行为准则，维护成员的共同利益；管理者必须注意在正式组织的效率逻辑与非正式组织的感情逻辑之间保持平衡，以便管理者与工人之间能够充分协作。

（3）生产效率的提高和降低主要取决于职工的士气，而士气取决于家庭和社会生活，以及企业中人与人之间的关系（组织环境）。

2. 玛丽·帕克·芙丽特

玛丽·帕克·芙丽特（1868—1933）是一名传奇女性。她不仅是波士顿上层社会的社交名流，而且是经济学界具有重要地位、有重大建树的一流学者。

有人认为，芙丽特的思想超前了半个世纪甚至80年，20世纪60年代以后管理学的诸多探索，追根溯源都能在芙丽特那里得到启示。由于她对管理学的巨大贡献，当代的大师德鲁克把她称为"管理学的先知"。甚至有人把她与泰勒相提并论，宣称这位杰出的女性应当与"科学管理之父"并列，可称为"管理理论之母"。

芙丽特对"服务"的传统含义提出了挑战，创造性地提出了"相互服务"的概念。她反对那种把企业看作单纯"营利组织"的观念，坚持认为企业有着更广泛的社会责任，而不仅仅是只有经济责任。她的主要观点如下。

（1）工人是社会人而不是经济人。

（2）企业中存在着非正式组织。

（3）生产效率主要取决于职工的工作态度以及他和周围人的关系。

3. 切斯特·巴纳德

切斯特·巴纳德（1886—1961），系统组织理论创始人，现代管理理论之父。切斯特·巴纳德是西方现代管理理论中社会协作系统学派的创始人。他在人群组织这一复杂问题上的贡献和影响，可能比管理思想发展过程中的任何人都更为重要。他的主要观点如下。

（1）创立了社会协作系统学派，首先把组织看作一个社会系统，强调人们之间的协作。

（2）采用了动态性和分析性的研究方式，理论带有演绎色彩，使管理学获得了高度的科学性，在社会科学领域被广泛使用。

（3）对权威提出了全新的看法，对后人很有启发，巴纳德的组织行为研究方法是以一种"决策人"的假设作为前提的。

3.4.2 梅奥的霍桑实验

乔治·埃尔顿·梅奥（1880—1949），美国管理学家，原籍澳大利亚，早期的行为科学——人际关系学说的创始人，美国艺术与科学院院士。

梅奥出生在澳大利亚的阿德莱德，20岁时在澳大利亚阿德莱德大学取得逻辑学和哲学硕士学位，应聘至昆士兰大学讲授逻辑学、伦理学和哲学，后赴苏格兰爱丁堡研究精神病理学，对精神上的不正常现象进行分析，从而成为澳大利亚心理疗法的创始人。梅奥主持的在美国芝加哥郊外的西方电器公司霍桑工厂所进行的一系列实验，简称霍桑实验。

1. 实验背景

（1）泰勒的不足。泰勒的管理理论基于"经济人"假设，工人被安排去从事固定的、枯燥的和过分简单的工作，成了"活机器"。泰勒的方法在使生产率大幅度提高的同时，也使工人的劳动变得异常紧张、单调和劳累，因而引起了工人的强烈不满，导致工人怠工、罢工，劳资关系日益紧张，以至于缺勤现象成为公众、报纸、国会所关心和讨论的问题。

（2）社会矛盾加剧。1929—1933年，资本主义爆发了历史上最深刻、最持久的一次经济危机，持续时间长达5年。资本家为了摆脱经济危机，加紧对工人的剥削，导致工人大量失业，生活困苦不堪，大规模示威游行一次接一次，参加人数有时高达百万之众。工人反抗资本家的斗争越来越激烈。

（3）传统理论已经不适应当时环境。一方面，技术的发展带来了经济和社会的进步，社会组织由"已经定型的社会"转变为"能够适应变动的社会"；另一方面，企业中有着较高文化水平和技术水平的工人占据了主导地位，人们的积极性对提高劳动生产率的影响和作用逐渐显现出来，使得管理者认识到传统的管理理论和方法已经不适应当时的环境，这使得对新的管理思想、管理理论和管理方法的寻求和探索成为必要。

2. 霍桑实验的阶段

阶段一：车间照明实验——"照明实验"。

（1）实验目的。弄清照明度对生产效率的影响。

（2）实验内容。增大或减弱车间照明度，测试其对产量的影响。

（3）实验结果。当实验组照明度增大时，实验组和控制组都增产；当实验组照明度减弱时，两组依然都增产，甚至实验组的照明度减至0.06烛光时，其产量也无明显下降，直至照明度减至如月光一般、实在看不清时，产量才急剧下降。

（4）实验结论。照明实验进行得并不成功，其结果令人感到迷惑不解，没有得出照明度对生产效率有影响的结论，因此，有许多人都退出了实验。

阶段二：继电器装配实验——"福利实验"。

（1）实验目的。查明福利待遇的变换与生产效率的关系。

（2）实验内容。选出6名女工在单独的房间里从事装配继电器的工作，逐步增加一些福利措施，如缩短工作日、延长休息时间、免费供应茶点等，2个多月之后取消了各种福利措施。

（3）实验结果。初期产量明显提升，但取消福利待遇后产量不仅没下降，反而继续上升，工人自己也说不清楚产量提高的原因。

（4）实验发现。生产效率上升的原因在于参加实验的光荣感和被重视感，以及成员间的良好关系。

（5）实验结论。对工人的尊重以及良好的人际关系氛围比监督与控制更能改进工人的工作态度，从而促进产量提高。

阶段三：大规模访问交谈——"访谈实验"。

（1）实验目的。了解职工对现有管理方式的意见，为改进管理方式提供依据。

（2）实验内容。访谈初期按设计内容（管理的规划和政策、工作态度和工作条件等）与工厂中两万余名的职工进行访谈，后改为自由交谈。

（3）实验结果。工人们长期以来对各项管理制度存在许多不满，无处发泄，访谈计划的实行恰恰为他们提供了发泄机会。工人们发泄过后个个心情舒畅，士气大振，产量也得到了提高。

（4）实验发现。吐槽比措施更有效！关心自己个人问题会影响到工人的工作效率，因此，作为领导的管理人员，特别是基层的管理人员应接受训练，学会倾听并理解工人，更加关心他们。这样做可以改善人际关系，提高职工士气。

阶段四：绕线组工作室实验——"群体实验"。

（1）实验目的。证明集体计件工资制度有利于提升生产效率。

（2）实验内容。选14名男工在专门房间工作，并告之他们以小组总产量为依据对每个工人计酬。

（3）实验结果。工人实际完成的产量只是保持在中等水平上，每个工人都没有达到应该完成的标准定额，而且每个工人的平均日产量都差不多。研究者通过观察，了解到工人们内部制定了限制产量的规定，并且谁也不准打破，否则要受到内部处罚。其理由是担心产量提高，管理者会改变现行奖励制度或裁减人员，使部分工人失业，或者会使干得慢的伙伴受到惩罚。

（4）实验发现。工人为维护内部团结，可以放弃物质利诱，并自发形成非正式组织。这种组织有自己特殊的行为规范，对成员的行为起着调节和控制作用。

3. 霍桑实验的总结论

（1）人是"社会人"而不是"经济人"。梅奥认为，人们的行为并不单纯出自追求金钱的动机，还有社会需要和心理需要，即追求人与人之间的友情、安全感、归属感和受人尊敬等，而且后者更为重要。

（2）企业中存在着非正式组织。企业中除了有为实现企业目标而明确规定各成员相互关系和职责范围的正式组织之外，还存在着非正式组织。这种非正式组织的作用在于维护其成员的共同利益，使其免受内部个别成员的疏忽或外部人员的干涉所造成的损失。

（3）新的领导能力在于提高工人的满意度。在决定劳动生产率的诸因素中，居首位的因素是工人的满意度，而生产条件、工资报酬只是第二位的。职工的满意度越高，士气就越高，从而生产效率就越高。高的满意度来源于工人个人需求的有效满足，不仅包括物质需求，还包括精神需求。

善意的谎言和夸奖真的可以造就一个人

有一个孩子的母亲第一次参加家长会，老师对她说："你的儿子有多动症，在板凳上连三分钟都坐不了，你最好带他去医院看一看。"在回家的路上，儿子问母亲，老师都说了些什么，她鼻子一酸，差点流下泪来。因为全班30位小朋友，唯独他表现最差，让老师表现出不屑。然而她还是告诉儿子："老师表扬你了，说宝宝原来在板凳上坐不了一分钟，现在能坐三分钟，全班只有宝宝进步了。"

那天晚上，她儿子破天荒吃了两碗糙米饭，并且没让她喂。

儿子上小学了。老师打电话对她说："这次数学考试，全班50名同学，你儿子排第40名，我们怀疑他智力上有些障碍，您最好能带他去医院查一查。"

她听后，流下了泪。但她却对坐在桌前的儿子说："老师对你充满信心。他说了，你并不是个笨孩子，只要能细心些，会超过你的同桌，这次你的同桌排在第21名。"说这话时，她发现儿子黯淡的眼神一下子充满了光，沮丧的脸也一下子舒展开来。她甚至发现，儿子温顺得让她吃惊，好像长大了许多。第二天上学，儿子去得比平时都早。

孩子上了初中，又一次家长会。她坐在儿子的座位上，等着老师点她儿子的名字，因为每次家长会，她儿子的名字在差生的行列中总是被点到。然而，这次直到结束，她都没有听到老师点名。她有些不习惯，临别去问老师，老师告诉她："按你儿子现在的成绩，考重点高中有点危险。"

她怀着惊喜的心情走出校门，此时她发现儿子在等她。路上她扶着儿子的肩膀，心里有一种说不出的甜蜜，她告诉儿子："班主任对你非常满意，他说了，只要你努力，很有希望考上重点高中。"

高中毕业后，第一批大学录取通知书下达时，学校打电话让她儿子到学校去一趟。她有一种预感，她儿子被一所名校录取了，因为在报考时她对儿子说过，她相信儿子能考上这所大学。

她儿子从学校回来，把一封装有录取通知书的特快专递交到她手里，突然转身跑到自己的房间里大哭起来，边哭边说："妈妈，我知道自己不是个聪明的孩子，可是，这个世界上只有你能欣赏我……"

这时，她悲喜交加，十几年来凝聚在心中的泪水夺眶而出。

正是因为"善意的谎言和夸奖"，让这位母亲一手塑造了儿子的一生。如果当初她把原话告诉孩子，那么或许会是另外一个结局。人的潜质需要激发，如果被压抑、斥责，潜质可能会丧失；相反，普通智商的人的潜质如果能得到有效的利用和开发，可能会出现意想不到的结果。如果管理者对成员的期望很高，他们就不太可能令管理者失望。同样，如果管理者预期员工只能完成最低水平的工作，他们则倾向于表现出这种行为，以符合这种低期望。于是，期望变成了现实。

资料来源：http://blog.sina.com.cn/s/blog_9c1fc2ce010114kv.html

3.4.3 麦格雷戈的X-Y理论

道格拉斯·麦格雷戈(1906—1964，见图3-27)，美国社会心理学家、行为科学家。1957年，麦格雷戈发表了《企业的人性面》，提出了著名的X-Y理论，围绕人的本性论述了人类行为规律及其对管理的影响。X-Y理论是两种相对的人性假设。

1. X理论

图3-27　道格拉斯·麦格雷戈

（1）X理论及其假设。麦格雷戈把传统的管理观点叫作X理论。X理论的特点是管理者对人性作了一个假定——人性丑恶，都厌恶工作，对工作没有热诚，如非必要就会加以逃避。人类只喜欢享乐，凡事得过且过，尽量逃避责任。所以，要使雇员就范，雇主必须用严密的控制、强迫、惩罚和威逼利诱的手段来对付，例如，通过扣减工资、取消休假等手段使工人能够保证生产水平。

（2）X理论关于人性的观点。

① 大多数人是懒惰的，他们会尽可能地逃避工作。工作对他们而言是一种负担，毫无享受可言。只要有机会，他们就会尽可能地偷懒，逃避工作。

② 大多数人都没有雄心壮志，怕担责任，宁可让别人领导。他们缺乏自信心，非常看重个人安全。

③ 大多数人的个人目标都与组织目标相矛盾，为了实现组织目标，必须靠外力严加管制，必须用强迫、指挥、控制加处罚、威胁等手段，使他们做出适当的努力。

④ 大多数人都缺乏理智，不能克制自己，容易受外部环境影响。

⑤ 大多数人都是为了满足基本的生理需要和安全需要，所以他们只选择那些在经济上获利最大的事去做。只要增加金钱奖励，便能取得更高的产量。激励只在生理和安全需要层次上起作用。

⑥ 大多数人安于现状，不思进取，只有极少数人具有解决组织问题所需要的想象力和创造力。

（3）X理论中管理人员的职责和相应的管理方式。

① 管理人员关心的是如何提高劳动生产率、完成任务，他的主要职能是计划、组织、经营、指引、监督。

② 管理人员主要是应用职权，发号施令，使对方服从，让人适应工作和组织的要求，而不考虑在情感上和道义上如何给人以尊重。

③ 强调严密的组织和制定具体的规范和工作制度，如工时定额、技术规程等。

④ 主要采取金钱报酬来获取员工的效力和服从。

由此可见，与X理论相对应的管理方式是胡萝卜加大棒，一方面靠金钱的收买与刺激，另一方面靠严密的控制、监督和惩罚迫使其为组织目标努力。麦格雷戈发现，当时企业中对人的管理工作以及传统的组织结构、管理政策、实践和规划都是以X理论为依据的。

现实生活中，确实也有采用X理论而卓有成效的管理者案例。例如，丰田公司美国市场运营部副总裁鲍勃·格克雷就是X理论的追随者，他激励员工拼命工作，并实施"鞭策式"体制。在激烈的市场竞争中，这种做法使丰田产品的市场占有份额得到了大幅度提高。

（4）X理论的弊端。

麦格雷戈认为，虽然当时工业组织中人的行为表现同X理论所提出的各种情况大致相似，但是人的这些行为表现并不是人固有的天性所引起的，而是现有工业组织的性质、管理思想、政策和实践所造成的。他确信X理论所用的传统的研究方法建立在错误的因果观念的基础上。通过对人的行为动机和马斯洛的需要层次理论的研究，麦格雷戈指出，在人们的生活还不够丰裕的情况下，胡萝卜加大棒的管理方法是有效的；但是，当人们生活丰裕时，这种管理方法就会失去效力。因为当生活丰裕时，人们行动的动机主要是追求更高级的需要，而不再是"胡萝卜"了。

2. Y理论

Y理论与X理论相对，将人性假设为喜爱工作、发自内心地愿意承担责任。Y理论对于人性假设是正面的，假定人性本善，假设一般人在本质上并不厌恶工作，只要循循善诱，雇员便会热诚工作，在没有严密的监管下也会努力完成生产任务。而且在适当的条件下，一般的人不仅愿意承担责任，而且会主动寻求责任感。

（1）Y理论对人的观点。

① 一般人并不是天生就不喜欢工作的，工作中体力和脑力的消耗就像游戏和休息一样自然。工作可能是一种满足，因而自愿去执行；也可能是一种惩罚，因而只要有可能就想逃避。到底怎样，要视环境而定。

② 外来的控制和惩罚并不是促使人们为实现组织的目标而努力的唯一方法。它甚至对人是一种威胁和阻碍，并放慢了人成熟的脚步。人们愿意实行自我管理和自我控制，来完成应当完成的目标。

③ 人的自我实现的要求和组织要求的行为之间是没有矛盾的。如果给人提供适当的机会，就能将个人目标和组织目标统一起来。

④ 一般人在适当条件下，不仅学会了接受职责，而且还学会了谋求职责。逃避责任、缺乏抱负以及强调安全感，通常是经验的结果，而不是人的本性。

⑤ 大多数人，而不是少数人，在解决组织的困难问题时，都能发挥较高的想象力、聪明才智和创造性。

⑥ 在现代工业生活的条件下，一般人的智慧潜能只是部分地得到了发挥。

（2）Y理论中管理人员的职责和相应的管理方式。

① 管理职能的重点。在Y理论的假设下，管理者的重要任务是创造一个使人得以

发挥才能的工作环境，发挥出职工的潜力，并使职工在为组织目标贡献力量时，也能达到自己的目标。此时的管理者已不是指挥者、调节者或监督者，而是辅助者，要从侧面给职工以支持和帮助。

② 激励方式。根据 Y 理论，对人的激励主要是给予来自工作本身的内在激励，让职工承担具有挑战性的工作，担负更多的责任，促使其做出工作成绩，满足自我实现的需要。

③ 在管理制度上给予工人更多的自主权，实行自我控制，让工人参与管理和决策，并共同分享权力。

（3）Y 理论的优点。X 理论的假设是用静止的眼光看人，对人的评价有失偏颇，已没有存在的空间。Y 理论则是以动态的观点看人。Y 理论对人性的假设有其积极的一面，它为管理人员提供了一种对于人的乐观主义的看法，而这种乐观主义看法对争取职工的协作和热情支持是必需的。

（4）Y 理论的弊端。麦格雷戈只看到了问题的一面。固然不能说所有的人天生懒惰而不愿负责任，但在现实生活中有些人确实如此，而且很难改变。对于这些人，应用 Y 理论进行管理，难免会失败。而且，要发展和实现人的智慧潜能，就必须有合适的工作环境，但这种合适的工作环境并不是管理者想有就能有的，要创造出这样一种环境来，成本也往往太高。所以，Y 理论也不是普遍适用的。只有那些对人的能力有信心，并且自身也致力于组织目标，而不是致力于保持个人权力的管理人员，才能真正运用好 Y 理论。

X 理论和 Y 理论的对比见图 3-28。

雇员：
天生懒惰
工作是为了生活
回避责任
没有抱负
寻求安全

方法：
专制式管理
胡萝卜加大棒

雇员：
天生勤奋
自我约束
勇于承担责任
具有创造能力
有高层次的需要

方法：
予以尊重
民主管理

图 3-28　X 理论和 Y 理论的对比

在报告会后，薛老师和小关又相遇了。
"我给你们的资料看得怎么样了？"
"都看了，我们可是好学生呢！"小关乐呵呵地回答说。
"听说你还给小李讲了呢？"薛老师狡黠地笑了笑。

"额……一定是他出卖了我。"小关不好意思地挠了挠头。

"挺好嘛,有什么不好意思,小李说你挺有老师范呢。"

"这样,正好我有一课节是讲管理理论丛林,你去替老师讲,发挥你的才能怎么样?"

"这怎么能行?我怕讲不好,让人笑话。"

"没事,我相信你,你准备准备,可以先讲给我听。"

"不好吧,您不在,我会感到害怕的。"

"放心,我也去,为你坐镇。"

"好吧,我试试。"在薛老师的反复宽慰下,小关终于答应下来了。

3.4.4 管理理论丛林

第二次世界大战后,人类社会发生了巨大的变化,这些变化促使了管理思想和管理方法的创新与发展,许多新的管理理论和管理学派逐渐形成,这些理论和学派在历史渊源、理论内容和研究方法上相互影响、相互借鉴,形成了盘根错节、百家争鸣、百花齐放的局面。1961 年 12 月,哈罗德·孔茨发表了《管理理论丛林》,所以这一时期被称为"管理理论丛林"阶段。

从第二次世界大战以来一直到 20 世纪 80 年代初的整个历史阶段中所形成的管理理论,统称为现代管理理论。这一时期的主要学派有以下几个。

1. 社会协作系统学派

社会协作系统学派的理论来源和基础是维尔福雷多·帕累托和玛丽·帕克·芙丽特的社会学理论,代表人物是美国管理学家切斯特·巴纳德。

社会协作系统学派从社会学的观点来研究管理,使用系统观念研究组织,认为社会各级组织都是一个协作系统,组织成员之间的相互关系、相互影响构成了组织这个协作系统。社会协作系统学派指出,组织这个协作系统可以通过有意识的行为和活动加以影响和协调。

2. 人际关系学派

人际关系学派的代表人物有乔治·埃尔顿·梅奥、弗里茨·罗特利斯伯格、亚伯拉罕·马斯洛、弗雷德里克·赫茨伯格、道格拉斯·麦格雷戈、库尔特·卢因、利兰·布雷德福和罗伯特·坦南鲍姆等。

人际关系学派理论较多,梅奥和罗特利斯伯格的有效管理理论,马斯洛的需要层次理论,赫茨伯格的双因素理论,麦格雷戈的 X-Y 理论,以及卢因的群体动力论、场论、守门人理论,都属于这个学派。

3. 决策理论学派

决策理论学派的代表人物是美国管理大师赫伯特·西蒙。西蒙认为，管理的本质就是决策。决策理论学派以社会协作系统理论为基础，吸收了行为科学、系统论的观点，运用现代数学、运筹学和计算机技术等科学方法对管理实践进行科学的定量与定性分析。

4. 群体行为学派

群体行为学派的代表人物是乔治·埃尔顿·梅奥、库尔特·卢因、克里斯·阿吉里斯。群体行为学派是从人类行为学派中分化出来的，与人际关系学派关系密切，甚至易于混淆。它关心的主要是群体中人的行为，而不是人际关系。它以社会学、人类学和社会心理学为基础，而不以个人心理学为基础。它着重研究各种群体行为方式。从小群体的文化和行为方式，到大群体的行为特点，都属于它的研究范围。它也常被叫作"组织行为学"。"组织"一词在这里可以表示公司、政府机构、医院等。

5. 管理科学学派

管理科学学派的代表人物是兰彻斯特和希尔、埃尔伍德·斯潘赛·伯法、霍勒斯卡文森。管理科学学派的研究范围较广且都有相应的成果，该学派的主要研究成果如下。

（1）关于组织的基本看法。该学派认为组织是由"经济人"组成的一个追求经济利益的系统，同时又是由物质技术和决策网络组成的系统。

（2）关于科学管理的目的、应用范围、解决问题的步骤。该学派的目的就是将科学原理、方法和工具应用于管理的各种活动之中，应用范围着重在管理程序中的计划和控制两大职能，解决问题的步骤是：①提出问题；②建立数学模型；③得出解决方案；④对方案进行验证；⑤建立对解决方案的控制措施；⑥把解决方案付诸实施。

（3）关于管理科学应用的科学方法。该学派主要运用线性规划、决策树、计划评审法和关键线路法、模拟、对策论、概念论、排队论等科学方法解决决策问题。

（4）管理科学应用的先进工具。管理科学应用的先进工具主要是计算机。

6. 管理过程学派

管理过程学派的代表人物有法约尔、哈罗德·孔茨、西里尔·奥唐奈等。管理过程学派将管理视为一个过程，注重管理过程和管理职能的研究。该学派的主要观点如下。

（1）将管理作为一个动态的过程。管理就是组织成员结合起来协调完成工作或任务的过程。

（2）管理职能是追踪管理过程的一条主线，是研究管理过程的主要部分和内容。

（3）虽然各个企业和组织的内部条件和外部环境不尽相同，但管理过程的本质和管理职能的内容是相同的。

（4）没有必要将社会学、生物学、物理学和心理学等学科的内容包括到管理理论中。

管理过程学派注重管理过程和管理职能的研究，抓住了管理的主要内容，并对每项管理职能进行了细致的分析和论述，为管理过程中的不同实践提供了详细而清晰的

指导和经验,在管理思想史上产生了重要而深远的影响。

7. 社会技术系统学派

社会技术系统学派的代表人物是特里司特及其在英国塔维斯托克研究所的同事。

社会技术系统学派通过对英国煤矿中长壁采煤法生产问题的研究,发现只分析企业中的社会方面是不够的,还必须注意技术方面。其大部分著作都集中于研究科学技术对个人,对群体行为方式,以及对组织方式和管理方式等的影响,因此,该学派特别注重工业工程、人机工程等方面问题的研究。该学派认为,组织既是一个社会系统,又是一个技术系统,其中技术系统是组织同环境进行联系的中介。

8. 经验学派

经验学派的代表人物有彼得·德鲁克和欧内斯特·戴尔。经验学派的主要观点包括以下几个方面。

(1)管理应侧重于实际应用,而不是纯粹理论的研究。

(2)管理者的任务是了解本机构的特殊目的和使命,使工作富有活力并使职工有成就感,处理本机构对社会的影响和对社会的责任。

(3)实行目标管理的管理方法。

9. 系统学派

系统学派的代表人物是贝塔朗菲。系统学派认为,应该用系统科学的观点和方法来全面分析组织问题和管理活动,突破片面性思维,从组织的整个全局来考察管理问题。

10. 权变理论学派

权变理论学派的代表人物有弗雷德·卢桑斯、保罗·劳伦斯、琼·伍德沃德、弗雷德·菲德勒。

权变理论学派用从系统观点来考察问题,其理论核心是通过研究组织的各子系统内部和各子系统之间的相互联系,以及组织和它所处的环境之间的联系,来确定各种变数的关系类型和结构类型。该学派强调在管理中要根据组织所处的内外部条件随机应变,针对不同的具体条件寻求最合适的管理模式、方案或方法。

11. 经理角色学派

经理角色学派的主要代表人物是亨利·明茨伯格。该学派以对经理所担任的角色的分析为中心来考察经理的职务和工作,以求提高管理效率。该学派通过系统地观察和记录,总结出了经理要担任的3类共10种角色。

(1)人际关系方面的角色,包括挂名首脑的角色、联络者的角色和领导者的角色。

(2)信息方面的角色,包括监听者的角色、传播者的角色和发言人的角色。

(3)决策方面的角色,包括企业家的角色、混乱驾驭者的角色、资源分配者的角色和谈判者的角色。

该学派认为，经理的主要目标是保证所在组织基本目标的实现。因此，经理必须保证有效率地生产出某些产品或服务；必须设计和维持组织业务的稳定；必须负责组织的战略决策系统，并使组织以一种可控制的方式适应于其变动的环境；必须保证组织为控制它的那些人的目的服务；必须在组织同其环境之间建立起关键的信息联系；必须负责组织等级制度的运行。

影响世界进程的100位管理大师

（1）亚当·斯密（Adam Smith）

主要贡献：古典经济学的"开山鼻祖"，提出分工理论，著有《国富论》。

（2）罗伯特·欧文（Robert Owen）

主要贡献：提出空想社会主义思想，最早注意到人的因素对提高劳动生产率的重要性，人本管理的先驱。

（3）查尔斯·巴贝奇（Charles Babbage）

主要贡献：进一步发展了亚当·斯密的劳动分工理论，著有《论机器和制造业的经济》。

（4）弗雷德里克·W.泰勒（Frederick W. Taylor）

主要贡献：被誉为"科学管理之父"，著有《科学管理原理》等。

（5）卡尔·G.巴思（Carl G. Barth）

主要贡献：执行泰勒制的忠实信徒，著有《作为泰勒管理制度一部分的机械厂计算尺》。

（6）亨利·L.甘特（Henry L. Gantt）

主要贡献：发明了甘特图，著有《甘特图表：管理的一个行之有效的工具》。

（7）弗兰克·B.吉尔布雷斯（Frank Bunker Gilbreth）

主要贡献：时间和动作研究、计时轨迹摄影技术。

（8）莉莲·M.吉尔布雷斯（Lillian Moller Gilbreth）

主要贡献：时间和动作研究。

（9）哈林顿·埃默森（Harrington Emerson）

主要贡献：被称为"效率的大祭司"，著有《效率的十二个原则》。

（10）莫里斯·库克（Morris Cooke）

主要贡献：把科学管理理论运用到大学和市政管理中。

（11）亨利·法约尔（Henri Fayol）

主要贡献：管理过程学派的创始人，提出了职能原则和管理原则，著有《工业管理与一般管理》等。

（12）马克斯·韦伯（Max Weber）

主要贡献：研究组织的官僚模式，提出官僚制理论，著有《社会组织和经济组织理论》。

（13）林德尔·F.厄威克（Lyndall F. Urwick）

主要贡献：国际管理协会首任会长，提出了组织的八项原则，著有《行政管理原理》《管理的要素》。

（14）卢瑟·H.古利克（Luther H. Gulick）

主要贡献：提出管理的七项职能和一体化行政组织理论，著有《行政科学论文集》。

（15）玛丽·P.芙丽特（Mary Parker Follett）

主要贡献：架起古典管理理论和行为科学理论的桥梁，著有《动态行政管理》。

（16）雨果·孟斯特伯格（Hugo Munsterberg）

主要贡献：工业心理学的创始人之一，被称为"工业心理学之父"，著有《心理学与工业效率》。

（17）乔治·E.梅奥（George Elton Mayo）

主要贡献：人际关系学派的创始人之一，主持霍桑实验，著有《工业文明的人类问题》《工业文明的社会问题》。

（18）弗里茨·J.罗特利斯伯格（Fritz J. Roethlisberger）

主要贡献：人际关系学派的创始人之一，早期人际关系理论的归纳总结者。

（19）赫伯特·A.西蒙（Herbert A. Simon）

主要贡献：提出有限理性说和决策理论，著有《管理行为》。

（20）亚伯拉罕·马斯洛（Abraham Maslow）

主要贡献：提出需要层次理论，著有《动机与人格》《科学心理学》。

（21）克雷顿·奥尔德弗（Clayton Alderfer）

主要贡献：ERG需要理论的创始人。E代表生存（existence）的需要，R代表相互关系（relatedness）的需要，G代表成长（growth）的需要。

（22）戴维·麦克利兰（David McClelland）

主要贡献：提出成就动机理论。

（23）道格拉斯·麦格雷戈（Douglas McGregor）

主要贡献：提出X-Y理论，著有《企业的人性面》等。

（24）约翰·莫尔斯（John Morse）

主要贡献：提出人性假设的超Y理论，著有《组织及其他成员：权变法》。

（25）威廉·大内（William Ouchi）

主要贡献：提出人性假设的Z理论，著有《Z理论——美国企业界怎样迎接日本的挑战》。

（26）克里斯·阿吉里斯（Chris Argyris）

主要贡献：提出人性假设的不成熟—成熟理论，著有《个性与组织》。

（27）库尔特·卢因（Kurt Lewin）

主要贡献：提出团体动力学理论，著有《人格的动力理论》《社会科学中的场论》。

（28）利兰·布雷德福（Leland Bradford）

主要贡献：感受性训练模式的创始人。

（29）伯尔赫斯·F. 斯金纳（Burrhus Frederic Skinner）

主要贡献：提出行为修正的强化理论，著有《有机体的行为：一种实验分析》《科学与人类行为》。

（30）阿尔伯特·班杜拉（Albert Bandura）

主要贡献：社会学习理论的创始人。

（31）莱曼·波特（Lyman Porter）

主要贡献：提出综合激励模型，著有《管理态度和成绩》。

（32）维克多·H. 弗洛姆（Victor H. Vroom）

主要贡献：提出期望理论，著有《工作与激励》。

（33）弗雷德里克·赫茨伯格（Frederick Herzberg）

主要贡献：提出双因素理论，著有《工作的激励因素》。

（34）斯塔西·亚当斯（Stacy Adams）

主要贡献：提出公平理论，著有《工人关于工资不公平的内心冲突同其生产率的关系》《社会交换中的不公平》。

（35）哈罗德·H. 凯利（Harold H. Kelley）

主要贡献：提出社会交换理论，著有《群体社会心理学》《社会心理学的归因理论》。

（36）哈罗德·孔茨（Harold Koontz）

主要贡献：管理过程学派的主要代表人物之一，强调管理的概念、理论、原理和方法，著有《管理学》。

（37）切斯特·巴纳德（Chester Barnard）

主要贡献：社会协作系统学派的创始人，主要研究经理人员的职能、组织与管理，著有《经理人员的职能》。

（38）斯坦利·E. 西肖尔（Stanley E. Seashore）

主要贡献：提出组织有效性评价标准。

（39）罗伯特·坦南鲍姆（Robert Tannenbaum）

主要贡献：提出领导风格连续统一体理论，著有《如何选择领导模式》。

（40）拉尔夫·斯托格蒂尔（Ralph Stogdill）

主要贡献：指导俄亥俄州立大学研究小组，提出领导行为的二维构面理论（又称俄亥俄模型、四分图模型）。

（41）伦西斯·利克特（Rensis Likert）

主要贡献：支持关系理论的创始人，提出四种领导体制，著有《管理的新模式》《人类组织》。

（42）罗伯特·R. 布莱克（Robert R. Blake）

主要贡献：提出管理方格理论，著有《管理方格》。

（43）弗雷德·菲德勒（Fred E. Fiedler）

主要贡献：权变理论学派的创始人，著有《权变模型：领导效用的新方向》。

（44）罗伯特·J. 豪斯（Robert J. House）

主要贡献：提出领导方式的路径—目标理论。

（45）保罗·赫塞（Paul Hersey）

主要贡献：情境领导模型的创始人之一，提出领导生命周期理论，著有《情境领导》。

（46）理查德·A. 约翰逊（Richard A. Johnson）

主要贡献：系统管理学派的代表人物之一，与卡斯特、罗森茨韦克合著《系统理论和管理》。

（47）弗里蒙特·E. 卡斯特（Fremont E. Kast）

主要贡献：系统管理学派的代表人物之一，提出卡斯特变革模式，将组织变革分为六个步骤，与罗森茨韦克合作发表《组织与管理——一种系统学说》。

（48）詹姆斯·E. 罗森茨韦克（James E. Rosenzweig）

主要贡献：系统管理学派的代表人物之一，与约翰逊、卡斯特合著《系统理论和管理》，与卡斯特合作发表《组织与管理——一种系统学说》。

（49）詹姆斯·G. 米勒（James G. Miller）

主要贡献：系统管理学派的代表人物之一。

（50）梅萨·罗维奇（Mihajlo D. Mesarovic）

主要贡献：系统管理学派的代表人物之一。

（51）彼得·德鲁克（Peter Drucker）

主要贡献：经验主义学派的代表人物，被认为是当代西方影响最大的管理学家之一，著有《管理的实践》《管理：任务、责任和实践》。

（52）欧内斯特·戴尔（Ernest Dale）

主要贡献：经验主义学派的代表人物，主要贡献是比较管理经验研究，著有《伟大的组织者》《企业管理的理论与实践》。

（53）威廉·纽曼（William Newman）

主要贡献：著名的战略管理研究大师，美国管理学会前主席，管理过程学派的代表人物之一，著有《经营管理原理》，与萨默合著《管理过程：概念、行为和实践》。

（54）阿尔弗雷德·P. 斯隆（Alfred P. Sloan）

主要贡献：经验主义学派的代表人物，通用汽车公司第八任总裁，首创事业部制组织结构，著有《我在通用汽车的岁月》。

（55）保罗·R. 劳伦斯（Paul R. Lawrence）

主要贡献：权变理论学派的代表人物，著有《组织与环境》。

（56）弗雷德·卢桑斯（Fred Luthars）

主要贡献：权变理论学派的代表人物，提出用权变理论可以统一各种管理理论的观点，著有《管理导论：一种权变学说》。

（57）琼·伍德沃德（Joan Woodward）

主要贡献：权变理论学派的代表人物，著有《经营管理和工艺技术》《工业组织：理论和实践》《工业组织：行为和控制》等。

（58）亨利·明茨伯格（Henry Mintzberg）

主要贡献：经理角色学派的代表人物，主要贡献在于对管理者工作的分析，著有《管理工作的本质》。

（59）埃尔伍德·斯潘塞·伯法（Elwood Spencer Buffa）

主要贡献：管理科学学派的代表人物，著有《生产管理基础》。

（60）爱德华兹·戴明（Edwards Deming）

主要贡献：世界著名的质量管理专家，著有《转危为安》。

（61）约瑟夫·朱兰（Joseph Juran）

主要贡献：提出全面质量管理思想、质量三元论，把80/20原则引入质量管理，著有《朱兰质量手册》。

（62）戴尔·卡耐基（Dale Carnegie）

主要贡献：西方现代人际关系教育的奠基人，著有《如何赢得友谊及影响他人》。

（63）詹姆士·钱皮（James Champy）

主要贡献：公认的研究业务重组、组织变革和企业复兴等管理问题的权威，与迈克·哈默合作提出业务流程重组的理论，著有《企业再造》。

（64）马文·鲍尔（Marvin Bower）

主要贡献：麦肯锡咨询公司的创始人，被称为"现代管理咨询之父"，著有《管理的意志》《领导的意志》。

（65）大前研一（Kenichi Ohmae）

主要贡献：被称为"日本战略之父"，著有《战略家的思想》《无国界的世界》。

（66）汤姆·彼得斯（Tom Peters）

主要贡献：提出变革是企业获得生存的唯一出路，著有《追求卓越》，开辟了商业书籍荣登畅销书榜首的先河。

（67）布鲁斯·亨德森（Bruce Henderson）

主要贡献：波士顿咨询公司的创始人，提出波士顿矩阵、经验学习曲线、三四规则矩阵。

（68）亨利·福特（Henry Ford）

主要贡献：福特汽车公司的创始人，开辟了流水线大规模生产模式，著有《我的生活和工作》。

（69）小托马斯·沃特森（Thomas Watson Jr.）

主要贡献：国际商用机器公司（IBM）前董事长，著有《一个企业和它的信念》。

（70）戴维·帕卡德（David Packard）

主要贡献：惠普公司的创始人之一，著有《惠普之道》。

（71）盛田昭夫（Akio Morita）

主要贡献：索尼公司的创始人之一，著有《日本制造》。

（72）松下幸之助（Konosuke Matsushita）

主要贡献：松下公司的创始人，创立终身雇佣、年功序列等管理制度，被称为"经营之神"。

（73）罗伯特·汤赛德（Robert Townsend）

主要贡献：美国快递公司前总裁，揭露了现代组织的臃肿、愚蠢和荒唐，著有《提升组织》。

(74)哈罗德·杰林（Harold Geneen）

主要贡献：国际电话电报公司前首席执行官、总裁，著有《协同之谜》《企业再造：合并管理的迷思》《质量免费：确定质量的艺术》。

(75)伊戈尔·安索夫（Igor Ansoff）

主要贡献：战略管理的鼻祖，著有《公司战略》。

(76)迈克尔·波特（Michael Porter）

主要贡献：提出决定产业竞争的五种力量、三种基本的竞争战略、分析竞争对手的四种要素等具有深远影响的见解，著有《竞争战略》《竞争优势》《国家竞争力》。

(77)加里·哈默尔（Gary Hamel）

主要贡献：提出公司核心竞争力理论，著有《公司的核心竞争力》。

(78)理查德·帕斯卡尔（Richard Pascale）

主要贡献：提出7S结构，提供了一种比较美国和日本管理的方法，著有《日本企业管理艺术》《刀口上的管理》。

(79)罗莎贝斯·莫斯·坎特（Rosabeth Moss Kanter）

主要贡献：主要研究战略、创新和变革，提出授权的概念，著有《当巨人学习跳舞》《变革大师》。

(80)查尔斯·汉迪（Charles Handy）

主要贡献：提出三种新的组织形式（三叶草组织、联邦组织、3I组织），著有《通晓组织》《非理性的年代》。

(81)阿尔弗雷德·钱德勒（Alfred Chandler）

主要贡献：主要研究战略与结构之间的关系、多事业部制企业的经营等问题，著有《战略与结构》。

(82)舒曼特拉·高沙尔（Sumantra Ghoshal）

主要贡献：提出全球化和公司结构思想，著有《个性化的公司》。

(83)彼得·圣吉（Peter Senge）

主要贡献：提出学习型组织的概念及其操作要义，著有《第五项修炼》。

(84)吉尔特·霍夫斯塔德（Geert Hofstede）

主要贡献：提出文化差异的五个维度理论，著有《文化的影响力》。

(85)冯·特姆彭纳斯（Fons Trompenaars）

主要贡献：跨文化管理的开创者和倡导者之一，著有《跨越文化浪潮》等。

(86)埃德加·沙因（Edgar Schein）

主要贡献：组织心理学的创始人之一，提出的企业文化概念为企业文化研究开辟了道路，著有《组织文化与领导》《组织心理学》。

(87)埃里奥特·杰奎斯（Elliott Jaques）

主要贡献：提出杰奎斯法则和判断时距法，著有《企业文化之改变》《时间的自由度》。

(88)阿尔文·托夫勒（Alvin Toffler）

主要贡献：未来学大师，第一位洞察到现代科技将深刻改变人类社会结构及生活形态的学者，著有《未来的冲击》《第三次浪潮》《权力的转移》。

（89）约翰·奈斯比特（John Naisbitt）

主要贡献：未来学领域的权威人物，著有《大趋势》。

（90）约瑟夫·熊彼特（Joseph Schumpeter）

主要贡献：管理创新的鼻祖，提出"创造性毁灭"的理论，著有《经济发展理论》《资本主义、社会主义与民主》。

（91）沃伦·本尼斯（Warren Bennis）

主要贡献：组织发展理论的先驱，在组织动力学框架下论述领导，著有《成为领导者》。

（92）劳伦斯·彼得（Laurence Peter）

主要贡献：现代层级组织学的奠基人，研究重点集中于企业和管理等级制度方面，著有《彼得原理》。

（93）西奥多·莱维特（Theodore Levitt）

主要贡献：现代营销学的奠基人之一，著有《营销短视症》。

（94）菲利普·科特勒（Philip Kotler）

主要贡献：被誉为"现代营销学之父"，提出将市场营销看作经济活动的中心环节，著有《营销管理》。

（95）杰伊·W.洛希（Jay W. Lorsch）

主要贡献：与约翰·莫尔斯共同提出人性假设的超Y理论，著有《组织及其他成员：权变法》。

（96）爱德华·劳勒（Edward Lawler）

主要贡献：与莱曼·波特共同提出综合激励模型，著有《管理态度和成绩》。

（97）沃伦·H.施密特（Warren H. Schmidt）

主要贡献：与罗伯特·坦南鲍姆共同提出领导风格连续统一体理论，著有《如何选择领导模式》。

（98）简·莫顿（Jane Mouton）

主要贡献：与罗伯特·R.布莱克共同提出管理方格理论，合著《管理方格》。

（99）特伦斯·R.米切尔（Terence R. Mitchell）

主要贡献：提出领导权变理论、路径—目标理论等。

（100）肯尼斯·布兰查德（Kenneth Blanchard）

主要贡献：管理寓言的鼻祖，情境领导模型的创始人之一，与保罗·赫塞合著《情境领导》。

资料来源：https://www.docin.com/p-1492129301.html

4月26日　星期五　天气：晴

上午第四节课，我第一次站上了阶梯教室讲台，经过了两周多的学习和准备，其间也听了薛老师几节课，我终于迎来了属于自己的第一堂课。说实话，虽然整堂课薛老师都坐在教室后面听我讲课，但我一点也不紧张，也许是由于备课比较充分吧。当

时写好教案后，心里很没底，老是担心自己能否讲好，怕讲得结结巴巴、前后衔接不自然、逻辑性也不强等。不过，我还是信心满满，积极改正自己的不足，希望在讲课时能讲得更顺利、自然。通过这次讲课，我感受到了讲课的不易和老师的辛苦。

合上笔记本，小关的心情并没有那么平静，他还是一遍遍回想今天讲课的情景。他对这次讲课还是比较满意的，当然薛老师也指出了如备课、语言、姿势、激情等方面的不足。

此时的小关已暗暗下定决心，要当一个像薛老师一样的好老师。有了目标的人，做起事来特别有精神。小关将自己的思绪拉回到现实，拿起学习资料，去了图书馆，走到三楼，书架上罗素的《我为什么而活》映入他的眼帘，小关不觉一怔，心中荡漾起一片片涟漪。

3.4.5 企业管理理论新思潮

1. 企业再造理论

（1）企业再造理论的内涵。按照该理论的创始人，美国麻省理工学院教授迈克·哈默与詹姆斯·钱皮的定义，企业再造是指"为了飞越性地改善成本、质量、服务、速度等重大的现代企业的运营基准，对工作流程进行根本性重新思考并彻底改革"，也就是说，要"从头改变，重新设计"。企业再造理论是1993年开始在美国出现的关于企业经营管理方式的一种新的理论和方法。企业为了适应新的全球竞争环境，必须摒弃已成惯例但过时的运营模式和工作方法，以工作流程为中心，重新设计企业的经营、管理及运营方式。

从再造的内容上看，企业再造包括企业战略再造、企业文化再造、市场营销再造、企业组织再造、企业生产流程再造和企业质量控制系统再造。业务流程是企业再造的核心领域，企业再造的关键技术就是重整业务流程。从再造的方式上看，企业再造通常有改良式再造和革命性再造两种。

（2）企业再造的影响因素。影响企业再造的关键因素主要有三大方面。

① 人的因素。人的理念、观念、对企业的认同感以及价值取向等，直接影响着再造的方向与实施。

② 技术的因素。人的问题解决了，不等于再造就能成功。在再造设计和实施过程中，需要技术的支持，没有技术支持，再造可能无法进行。特别是在大数据时代，技术显得尤为重要。

③ 文化的因素。企业文化对员工的影响和熏陶是非常大的，一个企业如果有良好的企业文化，员工的积极性就会大大增强，爱岗敬业之风就会大兴，奉献精神就会充分体现，企业的政策、制度执行就会顺利，企业再造就能得以实施。反之，则不然。

（3）企业再造理论的实施步骤。企业再造理论的实施应按以下步骤进行。

① 组建再造团队。有了具备创新思想和工作能力的再造团队，才能完成好再造的设计与实施工作。

② 再造团队对原有的流程进行诊断分析，找出原有流程存在的问题。

③ 进行流程再设计。根据企业当前和长远的目标、现有条件以及当前的环境形势，进行流程再设计。

④ 再造流程的实施、运转。再造流程设计好后，要在充分准备后开始实施再造。

（4）企业再造理论的适用范围。企业再造理论并不是所有企业都适合采用，从美国的经验来看，企业再造理论适用于三类企业：第一类是问题较多的企业；第二类是目前业绩尚可但有潜伏危机的企业；第三类是处于事业发展巅峰期的企业。

管理案例

海尔集团的流程再造

海尔集团的流程再造开始于1998年。海尔的流程再造目标是以市场链流程为中心，建立"零管理层"，使全体员工都面向市场，使企业组织流程与市场信息流成为一个有机整体。通俗地讲，就是企业生产首先要从市场获得订单，有了订单，人、财、物才能在计算机网络管理下同步流动。按照这样的设计，海尔把业务流程分为主流程、支持流程和流程基础三个部分。

所谓"主流程"，就是把原来各事业部的财务、采购、销售业务全部分离出来，同时建立海外推进本部、商流推进本部、物流推进本部、资金流推进本部，将企业内部原先分散、各自对外的各种资源整合为全集团统一创品牌服务的营销（商流）、采购（物流）、结算（资金流）体系，使整个企业变成一个环环相扣、运行有序的链条。其目的就是通过整合，使海尔同步业务流程中各产品本部从原来分散的负责采购、制造、销售过程转变为统一面向市场客户的开发、生产产品的过程，通过开发、生产出能满足消费者即时与潜在需求的卖点商品，创造有价值的订单。在这个直接面对市场，统一的物流、商流、资金流体系下，海尔原来的职能管理部门就不再具有管理职能，而成为其支持流程。

海尔的流程再造实际上就是企业再造。海尔的流程再造，一是推倒了企业内外两堵墙，把割裂的流程重新联结起来，形成以订单信息流程为中心的市场链流程。在外部，通过推倒企业与上下游企业的墙，形成了共生共赢体，上游的分供方不再以满足企业为宗旨，而是与下游企业共同满足终端消费者的需要，这是对国外企业再造理论的一大发展。在内部，海尔将部门职能关系变成市场关系，部门之间不是以各自利益划圈，而是以市场的效益确定报酬。二是速度制胜，海尔通过输入用户的需求将职能下达任务转化为用户下达需求，减少流转层次，让企业每位员工直接感受和快速满足用户的需求。三是全员经营，海尔流程再造的目的是增强企业的活

力和市场竞争力，只有企业每一位员工都充满活力，企业的活力和竞争力才能得到体现。

海尔的再造使其迅速成为我国白色家电行业的"王中王"。海尔的成功给了我国企业有益的启迪：只有搞好以客户为中心的企业再造，才能有力地增强企业的国际竞争力，为企业向跨国公司发展奠定基础。

总之，企业再造理论满足了通过变革创造企业新活力的需要，这使越来越多的学者加入企业再造的研究中，也使越来越多的企业投身到企业再造的实践中。当然，企业再造还在继续发展。但不管怎样，作为一种新的管理理论和方法，它必将在管理理论的发展中占据一席之地，也必将推动企业的发展。

2. 学习型组织

（1）建立学习型组织的意义。学习型组织是一种有机的、高度柔性的、扁平化的、符合人性的、能持续发展的、具有持续学习能力的组织。它是美国学者彼得·圣吉（Peter M. Senge）在《第五项修炼》一书中提出的管理观念。企业应建立学习型组织，这样才能在外部环境发生剧烈变化时不断自我再造，维持组织的竞争力。知识管理是建设学习型组织的最重要手段之一。

（2）学习型组织的内容。学习型组织包括以下5个方面的内容（见图3-29）。

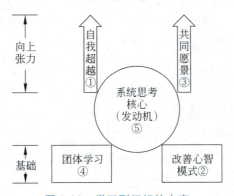

图3-29　学习型组织的内容

① 培养组织成员的自我超越意识。这就是要使组织中的每个成员都建立愿景，看清自己的现状与愿景的差距，从而产生出"创造性张力"，进而能动地改变现状而实现愿景。原来的愿景实现后，又培养起新的愿景。随着愿景的不断提升，又产生出新的"创造性张力"。

② 改善心智模式。心智模式是人们的思想方法、思维习惯、思维风格和心理素质的反映。一个人的心智模式与其个人成长经历、所受教育、生活环境等因素密切相关。虽然每个人的心智模式并不是很完美，但人们可以通过不断学习弥补自己心智模式的缺陷。

③ 建立共同愿景。共同愿景源于个人愿景，但它是组织成员的共同愿景，为组织

的学习提供焦点和能量。企业只有有了共同愿景，才能形成强大的凝聚力，推动企业不断发展。

④ 搞好团体学习。组织由很多目标一致的团队构成。团体学习指每一团体中各成员通过"深度会谈"与"讨论"，产生相互影响，以实现 1 + 1 > 2 的效果。它建立在发展"自我超越"及"共同愿景"的工作上。团体是企业的基础，每个团体的团体学习都搞好了，企业才更有竞争力。因此，团体学习比个人学习更重要。

⑤ 运用系统思考。系统思考是指以系统思考观点来研究问题、解决问题。其核心就是：从整体出发来分析问题；分析关键问题；透过现象分析问题背后的原因；从根本上解决问题。系统思考是见识，也是综合能力。这种见识和能力只有通过不断学习才能逐渐形成。

管理名言

君子劳心，小人劳力，先王之制也。

——《左传·襄公九年》

故曰，或劳心，或劳力；劳心者治人，劳力者治于人；治于人者食人，治人者食于人；天下之通义也。

——《孟子·滕文公上》

譬如筑墙然，能筑者筑，能实壤者实壤，能欣者欣，然后墙成也。为义犹是也，能谈辩者谈辩，能说书者说书，能从事者从事，然后义事成也。

——《墨子·耕柱》

分享与讨论

1. 谈谈法约尔十四条原则中"统一领导"和"统一指挥"的区别。
2. 在生活中不遵循客观规律可能会造成哪些严重后果？
3. 使用甘特图研究、商讨一个周末计划。

第4部分　决策与计划

学习主题

- 决策的含义与分类
- 影响决策的因素
- 决策的程序与方法
- 计划的含义与分类
- 目标管理的含义
- SMART原则

学习收获

- 加强根据任务性质选择不同决策类型的能力
- 熟练掌握各种决策方法，能运用某一具体决策方法选择可行方案
- 学会根据目标编制计划

问题4.1	决策为什么重要
问题4.2	决策有哪些方法
问题4.3	什么是计划
问题4.4	什么是目标管理

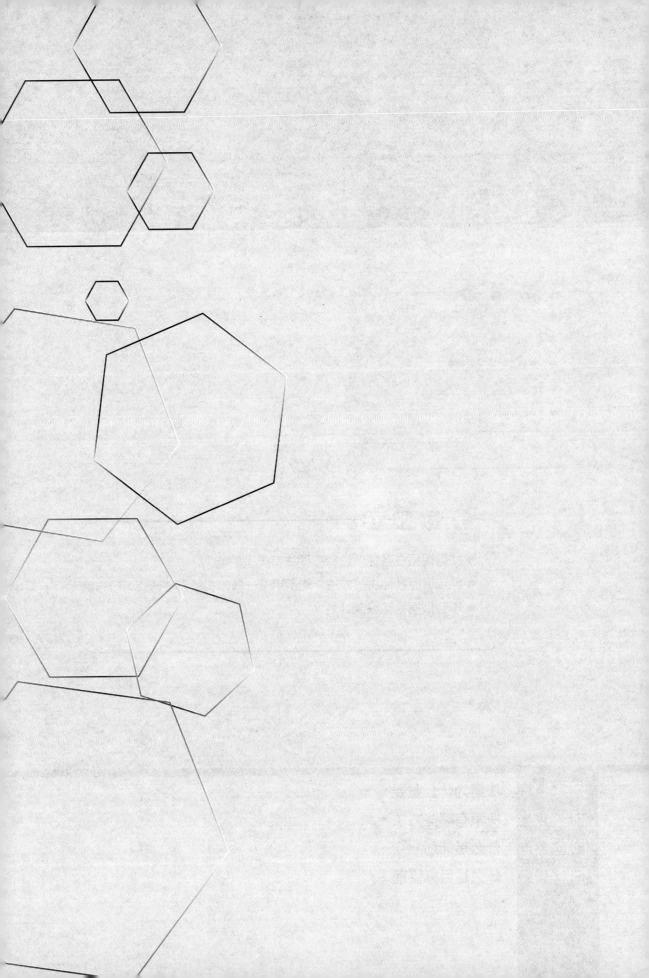

问题4.1

决策为什么重要

抉 择

　　管理学课上，同学们就一个案例争论得面红耳赤，大家各执一词，互不相让。这个案例薛老师会让每一届学生讨论，具体如下。

　　有一个10人的登山小队，欲攀登珠穆朗玛峰，登到一半时，发现了上一支登山队抛弃的一名奄奄一息的队员。这个时候，登山小队是应该把这个人抬下去救援（这样做会破坏整个登山计划），还是对这个人置之不理呢？登山队长该如何做出选择？

　　课堂上，有的同学说应该救人，毕竟人的生命是最宝贵的，登山可以先放一放。有的同学认为不应该救人。也有的同学采取折中方案，认为应该留下一部分队员救人，另一部分队员继续攀登。很显然，折中方案不太合理，因为少了队员的团队很难登上这么高的山峰。

　　争论激烈地进行着，只有小李没有发言，这完全不是他的风格。因为此时的他也有一件难事。小李家境不错，爸爸妈妈经营着一家不大不小的家族企业，一心想等儿子毕业后接手家里生意。可上了大半年学的小李渐渐有了自己的想法，他不想屈从父母的意志，认为好男儿志在四方，想先到大城市看一看，再决定自己以后的路。可是，每当他把自己的心愿暗示给父母的时候，父母的态度都是那么坚决。父母认为，小李是家里唯一的儿子，子承父业是天经地义的事。而且，父母认为小李没必要上外面闯荡，吃那份苦。

　　慢慢地，这件事成了小李心中的郁结，让他十分焦虑。平时，他总是劝自己说，离毕业还早呢，仿佛这样才能安心，可今天薛老师讲的这个案例，竟然勾起了他心中的痛处。他不安着，烦躁着，仿佛有什么堵在胸口。

　　"老师，我想上厕所。"

　　教室里热闹的争论声与小李的这声请求很不协调，充满了违和与尴尬。

　　薛老师显然看出了什么不对劲，但仍微笑着点了点头。

　　"去吧！"薛老师的淡定压住了同学们对小李异样的目光。

　　下课后，小李悄悄留下来，帮老师收拾东西，他脸上怅然若失的表情一点也没逃过老师敏锐的目光。

薛老师与平日一样，带着一贯的微笑，问道："你有什么要说的吗？"

"没有。"小李心不在焉地说道。

薛老师望着小李的背影轻轻叹了口气，什么也没说。

电话里，小李和父母发生了激烈的争吵。他不理解平时那么爱自己的父母，为什么会对自己的人生选择横加阻拦，平时那么通情达理的他们会在这件事上变得无法理解。小李觉得如果再不向别人倾诉一下，自己会疯掉。

"我等你好久了。"薛老师的办公室里，她的声音仍日平静。

"老师，不是我不想说，只是这件事太难了，我想自己闯一闯，但父母不同意我的想法。薛老师，我不想给您添麻烦，您已经帮我太多了，我都不好意思了。"

"怎么算添麻烦，帮助你是我的责任呀！你所遇到的情况，是很多同学都可能遇到的。"薛老师对小李说，"想让父母放心让你去闯，听取你的意见，首先你需要自己说服自己。你想做的是什么行业，创业还是就业，创业的话什么时候开始，需要什么资源，自己目前拥有什么，清楚企业运营规则吗，就业的话自己有什么一技之长，自己的职业定位和职业发展道路是怎样的，这些你都考虑清楚了吗？不需要你把所有问题都说清楚，但至少要有大致的方向。如果这些计划都制定好了，我相信你会说服父母的。还要注意一点，要跟父母好好说话，不是有句话说，尽孝就是要和父母好好说话吗？要注意自己的态度和语气。你不用太烦恼，做到上边我提的那些，再想一想上课时老师怎么讲的决策，梳理一下思绪，好好与父母谈谈，问题一定会解决的。"

4.1.1 决策的定义

决策是指人们为了实现目标，根据客观条件，通过调查和研究，在掌握大量有关信息和经验的基础上，借助一定的方法和手段，从多个可行方案中选择一个最满意或合理的方案并付诸实施的过程。换句话说，决策的过程是管理者为了解决问题，按照满意原则，以相关可靠的信息为依据，借助一定的方法和手段，结合已有经验，做出科学决定的过程。

管理案例

艾森豪威尔的英明决策

1944年6月4日，盟军集中45万个师，1万多架飞机，各型舰船几千艘，即将开始规模宏大的诺曼底登陆作战。就在这关键时刻，大西洋的气象船和气象飞机却发来了令人困扰的消息：今后三天，英吉利海峡在低压控制下，舰船出航十分危

险。面对气候恶劣的英吉利海峡，盟军最高统帅艾森豪威尔一筹莫展。盟军司令官们都知道，登陆战役发起的日期，对气象、天文、潮汐这三种自然因素条件要求较高。就在大家几乎束手无策时，盟军联合气象组成员、气象学家斯塔格提供了一份预报：有一个冷锋正向英吉利海峡移动，在冷锋过后和低度压到来之前，可能会出现一段转好的天气。当时，联合气象组对登陆日的天气又做了一次较为详细的预报：上午晴，夜间转阴。这种天气虽不理想，但能满足登陆的起码条件。艾森豪威尔沉思片刻，果断做出最后的决策："好，我们行动吧！"后来虽因天气不好使盟军空降兵损失了60%的装备，汹涌的海浪使一些登陆舰船沉没，轰炸投弹效果差，但诺曼底登陆作战一举成功，却是不可否认的事实。

问题：

（1）从决策目标的要求来看，案例中所体现的决策属于什么决策？这一决策有何特点？

（2）你如何评价艾森豪威尔的决策？

分析：

（1）从决策目标的要求来看，案例中所体现的决策属于满意决策。满意决策是指在现实条件下求得满意目标的决策。就管理领域来看，由于管理内容的广泛性和目标的复杂性，绝对最优目标实际上是无法实现的，因此，决策通常都是满意决策，即"相对最优决策"。

（2）这个事例说明，艾森豪威尔在选择登陆日时，并没有追求十全十美，而是遵循"满意准则"。如果艾森豪威尔为找个适合登陆的十全十美的好天气而延期登陆，后果将不堪设想，诺曼底登陆很可能化为泡影，这将给战争带来难以估量的影响，战争结束时间将推迟，盟军会付出更多血的代价。从这个角度看，艾森豪威尔的决策无疑是正确的。

管理名言

决策是管理的心脏，管理是由一系列决策组成的，管理就是决策。决策贯穿于管理的全过程。实际上是一个"决策—实施—再决策—再实施"的连续不断的循环过程。

——赫伯特·西蒙

在所有的决策中，最难做的决策就是人事决策。

——马歇尔

世界上每100家破产倒闭的大企业中，85%是因为企业管理者的决策不慎造成的。

——兰德公司

> 正确的决策来自众人的智慧。
>
> ——托马斯·戴伊
>
> 一个成功的决策，等于 90% 的信息加上 10% 的直觉。
>
> ——沃尔森
>
> 犹豫不决固然可以免去一些做错事的可能，但也失去了成功的机会。
>
> ——王安
>
> 在没出现不同意见之前，不做出任何决策。
>
> ——阿尔弗雷德·斯隆
>
> 不要把所有的鸡蛋放在同一个篮子里。
>
> ——詹姆斯·托宾
>
> 一次良好的撤退，应和一次伟大的胜利一样受到奖赏。
>
> ——安托力·亨利·约米尼
>
> 抓住时机并快速决策是现代企业成功的关键。
>
> ——艾森哈特

4.1.2 决策的分类

1. 按决策影响时间的长短分类

按决策影响时间的长短，决策可分为长期决策、中期决策和短期决策。

长期决策是指有关组织今后发展方向的长远性、全局性的重大决策，又称长期战略决策，如投资方向的选择、人力资源的开发和组织规模的确定等。

短期决策是为实现长期战略目标而采取的短期策略手段，又称短期战术决策，如企业日常营销、物资储备以及生产中资源配置等问题的决策等。

中期决策的影响时间居于长期决策和短期决策之间。

2. 按决策的重要性分类

按决策的重要性，决策可分为战略决策、战术决策和业务决策。

战略决策是所有决策中最重要的、与组织发展方向和远景相关的重大决策，如组织结构的变化、高层人士的调动、新市场的开拓、新产品的开发等。其特点是实施时间长，对组织影响深远。这类决策主要由高层管理者负责。

战术决策是执行战略决策过程的具体决策，具有局部性和短期性的特点，如企业的生产计划、销售计划、新产品的定价等都属于战术决策。

业务决策是组织日常工作和一般管理活动的决策，如企业日常工作的分配、原材

料的采购等。

3. 按决策的起点分类

按决策的起点，决策可分为初始决策和追踪决策。

初始决策是企业决策者对未从事的活动或新的活动所进行的决策，主要是确定未从事的活动或新的活动的方向、目标、方针及方案。

追踪决策是企业决策者在初始决策的基础上对已从事的活动的方向、目标、方针及方案的重新调整。

4. 按决策涉及的问题分类

按决策涉及的问题，决策可分为程序化决策和非程序化决策。

程序化决策也叫常规性决策，是指决策者对所要决策的问题有法可依，有章可循，有先例可参考的结构性较强、重复性的日常事务所进行的决策，如淘宝网的退货流程。

非程序化决策一般多由高层管理者做出，是针对那些不常发生的或例外的非结构化问题所进行的决策。

程序化决策与非程序化决策的比较见表 4-1。

表4-1 程序化决策与非程序化决策的比较

类型	性质	程序	举例
程序化决策	例行性、重复性	惯例、规则、标准化作业程序	企业：处理工资单 大学：处理退学申请、学生注册入学学籍 医院：救治常规病人
非程序化决策	例外性、复杂性	判断、直觉和创造性	企业：开发新产品 大学：设立新专业 医院：抢救高危病人

5. 按决策的主体分类

按决策的主体，决策可分为集体决策和个人决策。

集体决策是指企业通过各种委员会或领导机构并吸收所属机构有关人员参加的形式，按一定的程序和方法，对某些重要问题做出决策。

个人决策是指个人利用自己所掌握的信息，凭自己的经验和智慧，对某些问题做出决策。

集体决策与个人决策的比较见表 4-2。

表4-2 集体决策与个体决策的比较

比较项	集体决策	个体决策
果断性（决策的速度）	慢	快
责任明确性（对决策后果承担的责任）	较明确	明确
决策成本（所消耗的时间与经费）	高	低
决策质量（有否精确的诊断和丰富的备择方案）	高	一般

续表

比 较 项	集体决策	个体决策
一贯性（不存在前后矛盾）	好	差
可实施性（执行的难易程度）	好	一般
开放性（不受个人偏见支配的程度）	好	差

6. 按环境因素的可控程度分类

按环境因素的可控程度，决策可分为确定性决策、风险性决策和不确定性决策。

确定性决策相对几个方案而言，它们的条件是明确的，每个方案也只有一个确定的结果。这种决策称为确定性决策。其特点是：有明确的决策目标；有两个或两个以上可行方案；每个方案只与一种自然状态对应；每个方案的损益值可计算出来；没有任何不确定性因素。

风险性决策是具有一定的成败概率的决策，决策者对决策对象的自然状态和客观条件比较清楚，也有比较明确的决策目标，但实现决策目标必须冒一定风险。

不确定性决策与风险性决策相似，各个方案的执行都有可能出现几种不同的结果，但各种结果出现的概率是未知的。因此，决策者只能凭经验和感觉做出决策。但对此决策有重要影响的客观条件（如天气），是不受决策者控制的，这就是不确定性决策。

毕业后 8 个出路选择的利弊分析

1. 升学

利：延缓就业压力，推迟就业期的到来；能够拿到更高的文凭，可以沿着专业方向一直努力，毕业后获得稳定的工作。

弊：本科毕业后，毕业压力仍在，而且有了更为年轻的竞争者；本科阶段，不一定能学到对自身职业有用的知识，白白浪费积累经验的时间；随着大学本科的不断扩招，所导致的"学历贬值"也是不可忽视的因素，也许毕业后还要继续考研；毕业后年龄偏大，失去年龄优势。

建议：如果对某个专业有无法遏制的热爱和相应的研究能力，那么要选择继续深造，终有一天会有所建树。但如果升学只是为了规避和缓解就业压力，建议不要升学。年龄有时候是一种优势，因为年轻，有犯错误的时候也会有改正错误的机会，一旦年纪大了才开始接触社会，这些机会就会相应减少。试想一下，一个二十几岁的大学生犯了错误，单位会念在他年纪小，给予原谅；但一个将近三十岁的人犯同样的错误，会让人诧异甚至认为不可原谅。善用年龄优势，就是为自己留有余地。

2. 公务员

利：稳定的收入和生活，有良好的保障；公务员收入不是最高，但福利极好；有一定的社会地位及相应的权限；职业轨迹确定，工作没有太大的浮动性；国家机构员工，本身带有荣誉性质。

弊：工作枯燥，忙起来极忙，闲起来极闲；考试没完没了，升职总与考试、考核挂钩；有些机关人际关系复杂，钩心斗角；升迁相对较慢，可能会缺乏成就感。

建议：有志从政的人、有权利欲望的人、真心想改变国计民生状况的人、想要一个稳定工作的人，都可以选择考公务员。公务员这个职业能够保证安定的生活和充足的个人时间。如果想要升职，则要有长期奋斗（至少15年）的决心和灵活的头脑，否则不容易出成绩。

3. 国企（或事业单位）

利：稳定的收入，良好的福利保障；国企注重员工素质，要求员工为人处事遵循一定规则，可以学到不少东西；有些行业工作相对安逸，心理压力相对较低；国企锻炼人，能够形成良好的就业观。

弊：入门难，不容易进入；有的论资排辈，想要出人头地一般需要奋斗多年；人际关系较复杂；中西部的国企，大多待遇一般。

建议：国企管理严格，程序复杂、规范，能够全方位地锻炼人，是不错的选择。

4. 民企

利：能够发挥能力，发展空间较大；能够很快学到实用的知识；民企工作不单调，需要一职多能，无形中能提高自己的能力；劳有所得，民企老板会按照贡献决定待遇，形成良性循环；自由性较大，升职、积累经验相对更快，跳槽容易。

弊：风险较大，比如经济危机到来时，私企容易倒闭；有的公司不能保证福利；企业人文环境参差不齐，有些极差；竞争相对激烈，工作环境不稳定，下岗可能性大；有些制度不合理。

建议：虽然民企的门槛较低，更易积累经验，但不能形成"直接进入民企"的意识。民企的人员素质参差不齐，毕业生缺乏经验，很容易被第一份工作定型，错误的观念和不良的职场习惯会限制个人发展。因此，对民企应慎重考虑。

5. 外企

利：高薪，福利好，工作环境好；外企有系统的企业文化、管理制度，能够学到更多；强调个性和创造性，有利于培养能力，也有利于搭建自己的人脉；注重员工发展，给予员工诸多培训；实力雄厚，不会出现拖欠工资、罔顾员工权利等现象。

弊：起点高，发展空间不大；工作量大，加班时间多；竞争激烈，神经时刻紧绷；进入核心机构难，可能性几乎为零；对外语要求高。

建议：外企的高薪高酬是很多毕业生追求的目标。进入外企，感受成熟的企业环境和管理系统，有利于毕业生成长。但是，外企竞争激烈，职位也只能到一定级别，因此，可以先进入外企学习先进的管理经验和技术，然后自己创业。

6. 留学

利：增长见闻，开阔视野，成为一个有见识的人；掌握一门外语，受益终身；锻炼自己的生存能力，培养自己的吃苦精神，学习外国人的长处；好的学校，好的专业，能够学到真正的知识，拿到过硬的文凭。

弊：出国留学需要大笔经费，投资不一定有相应回报；国外消费水平高，可能经常会感到入不敷出；有些国家排他性强，无法真正融入同学之中；如果没有学到真正的知

识，会白白浪费几年光阴和大笔金钱。

建议：年轻时有机会多见见世面，是件好事。如果有条件出国留学，不妨出去。但是，如果没有好的学校或者好的专业，大可不必出国镀金，把同样的资金用来创业或投资意义更大。

7. 创业

利：不必为人打工，自己的事业自己做主；全方位锻炼人的能力；最大限度激发人的潜质；培养系统性的思维能力；创业成功的成就感无可取代。

弊：需要一笔较大开支，需要长远目光和周密规划；毕业生社会经验少，眼高手低，盲目乐观，容易碰壁，创业失败打击巨大。

建议：毕业生想要成功创业，不仅需要远大的理想，还要有激情、行动力、领导能力、商业信用和超强的适应性，毕业生不论是心智、观察市场的眼光、领导气质都还有所欠缺。想创业的人无须急于一时，进一家好公司，积累了丰富的经验和人脉，再辞职创业更为妥当，成功率也更高。

8. 自由职业

利：充分发挥自己的才能、爱好，时间自由、充裕；能够全面安排自己的生活；挑战性高，生活不易枯燥；按照自己的理想生活，心灵充实。

弊：没有稳定收入，必须自己注意社保和养老问题；脱离社会太久，不容易融入；对自制力要求极高；会有入不敷出的情况；有江郎才尽的顾虑。

建议：自由职业适合有艺术气质的人。自控力强、计划性强、有理财观念的人，能够适应自由职业，并保证自己的生活；容易产生惰性的人，还是需要工作来规范，不建议太过"自由"。

资料来源：http://sc.sina.com.cn/edu/campus/2014-07-23/165836733.html

4.1.3 决策的特点

1. 目标性

决策是为了解决一定的问题或达到一定的目标，决策必须有一个既定的目标。有目标才有方向，方案的拟订、比较、选择、实施以及实施效果的检查才有了标准和依据；反之，就失去了标准和依据。确立目标是决策的首要环节。

2. 可行性

决策的目的是指导组织未来的活动，所以决策所选用的若干备选方案必须是可行的。缺少必要的人力、物力和技术条件，理论上非常完善的方案也只能是空中楼阁。

3. 选择性

决策的实质是选择。进行科学决策的重要条件是拟订尽可能多的可行方案以供选择。如果只有一种方案，没有选择，也就无所谓决策。在制订可行方案时，应满足整体详尽性和相互排斥性要求，将各种可能实现的方案都考虑到，以免漏掉那些可能更好的方案。但各个方案本身要尽量相互独立，不要互相包含，更不应当为了选择拼凑方案。

4. 满意性

选择活动方案的原则是满意原则，而非最优原则。最优决策往往只是理论上的理想状态，因为它要求决策者了解与组织活动有关的全部信息，然而，根据当时的认识确定未来的行动势必有一定的风险，也就是说，各行动方案在未来的实施结果通常是不确定的。在方案的数量有限、执行结果不确定的条件下，人们难以进行最优选择，只能根据已知的全部条件，加上主观判断，做出相对满意的选择。

5. 过程性

决策是一个过程。决策的过程性特点可以从两个方面理解。

一方面，组织决策不是一项决策，而是一系列决策的综合。只有当这一系列的具体决策已经制定，相互协调，并与组织目标相一致时，才能认为组织的决策已经形成。

另一方面，这一系列的决策本身就是一个过程，从活动目标的确定，到活动方案的拟订、评价和选择，这本身就是一个包含了许多工作，由众多人员参与的过程。

6. 动态性

动态性是指决策能根据变化了的情况进行及时调整。决策具有显著的动态性，它不仅是一个过程，而且是一个不断循环的过程。决策的主要目的之一是使组织活动的内容适应外部环境的要求。然而，外部环境是不断变化的，决策者必须跟踪并研究这些变化，从中找到可以利用的机会，据此调整组织的活动，实现组织与环境之间的动态平衡。

管理案例

联想亏损的背后

2016年5月26日，联想集团有限公司（以下简称联想）发布了截至2016年3月31日的2015—2016年度业绩财务报告。

财务报告显示，联想在报告期内收入449.12亿美元，同比减少3%，净亏损1.28亿美元（约为人民币8.4亿元）。对于业绩的亏损，联想在财报中坦言主要是由于汇率波动、个人电脑需求放缓以及提升智能手机业务三方面因素所致。

一纸公告引发业内哗然。

一时间，关于"联想巨亏1.28亿美元，杨元庆放弃年终奖""联想千亿市值梦碎""联想手机业务转型艰难"的负面话题在网络上广泛传播。

此外，联想亏损的消息也在资本市场上触发反响。联想公布财报次日，其在港股市场的股票即跌3.82%。而实际上，在过去一年中，联想股价下跌了近60%。

同时，各大投行也看淡联想未来的前景，纷纷下调了其目标价。这其中，包括但不限于交银国际下调至5.7元，瑞银下调至5.2元，美银美林下调至4.6元，摩通下调至4.5元。

"现在的联想很痛苦。"知名产业经济评论家洪仕斌对法治周末记者说，"PC市场在萎缩，联想作为行业老大哥率先受到波及；智能手机市场竞争进入白热化，而联想却连前五名都进不去。联想的未来很不乐观。"

联想，这家IT行业的巨头大哥到底正在经历怎样的阵痛？

PC业务显颓势

时间的指针拨回11年前。

2005年，联想以17.5亿美元的交换代价获得了美国IBM公司整个的PC业务。由此，通过对IBM公司PC业务的并购，联想拥有了全球8.6%的市场份额。

此后的几年里，联想借助渠道优势一跃成为全球PC市场的老大。联想财报显示，截至2015年，联想在PC市场的占有率高达21%。PC业也因此成为联想在市场中最亮丽的光环。

然而，多位接受法治周末记者采访的业内人士表示，对如今的联想而言，PC业务却正在演变成一块食之无味的"鸡肋"。

联想发布的财报显示，截至2016年3月31日，联想年度PC业务收入296.46亿美元，占其整体收入的66%，同比下降11%；联想全球PC销量下跌6%，至560万部。

值得一提的是，联想在商用个人电脑和消费个人电脑上的销量均出现了下滑。

"本财年，集团的商用个人电脑销量同比下降2%；集团的消费个人电脑销量同比下跌11%。"联想在财报中称。

对于PC业务的下滑，联想在财报中解释，主要是由于"汇率波动和个人电脑市场需求放缓"所致。

"联想的PC业务下滑与全球PC市场有关系。"资深产业经济观察家梁振鹏对法治周末记者说，"这两年，全球PC市场受到智能手机的冲击很大；而且PC市场已经饱和，竞争极度激烈。所以整个市场容量正在萎缩，就算联想的市场占有率保持第一不变，但它的营业收入依然是萎缩的。因为整个PC市场在萎缩，联想必然萎缩。"

PC业务呈现颓势，联想迫切需要找到下一个发力点。

收购摩托罗拉成最大"败笔"

移动终端业务似乎成了联想的选择。2014年，联想以29亿美元的代价从谷歌

手中接手了摩托罗拉公司。

然而，联想的这一举措似乎并未为其带来下一个亮丽的光环。

"收购摩托罗拉，联想似乎在有意识地效仿当年收购 IBM 公司 PC 业务的成功案例。然而，这一次却是错了。"梁振鹏说。

梁振鹏的说法在联想发布的截至 2016 年 3 月 31 日的 2015—2016 年度业绩财报中得到了佐证。

财报显示，联想在报告期内实现移动业务收入 97.79 亿美元，除税前经营亏损 4.69 亿美元，除税前盈利为负 4.8%。

此外，联想全球智能手机共计售出 6600 万部，同比下跌 13%。这其中，联想智能手机在中国以外市场的销量同比增长 63%，售出 5100 万部。这意味着，联想在本土国内市场仅售出 1500 万部。

与此同时，联想在全球智能手机市场的市场份额也不乐观。财报显示，报告期内联想全球智能手机市场份额同比下跌 1.1%，仅为 4.6%。

"目前来看，联想收购摩托罗拉是一个极大的败笔。"梁振鹏说，"当年谷歌收购了摩托罗拉，谷歌寻求的就是摩托罗拉的技术专利。几年过去，谷歌已经把摩托罗拉的价值榨取光了，然后才卖给了联想。如今的摩托罗拉对联想而言其实就是一堆垃圾，在智能手机市场上毫无价值。"

梁振鹏解释，摩托罗拉是功能手机时代的霸主，但是在智能手机时代其早已是"没落的贵族"。

"当年，摩托罗拉之所以被卖掉，就是因为在智能手机市场中，无论从工厂还是技术团队研发能力，更或是产品竞争力都非常差，它在智能手机市场本身已打不开局面。联想收购摩托罗拉，必然也是一个严重亏损的状态。"梁振鹏说。

"收购摩托罗拉是一个错误的选择。"洪仕斌对法治周末记者表达了同样的观点，"虽然收购摩托罗拉可以获得国外市场的渠道，但是摩托罗拉的功能手机是没有价值的。在市场上，必须有产品才能将渠道盘活，空有渠道而没有产品是不行的。"

洪仕斌认为，未来摩托罗拉可能还是一个"隐形炸弹"。"业绩如果萎缩，那么联想就需要裁减员工，但国外对员工的保障力度是很大的，联想未来会面临很多困扰。过去在家电行业，TCL、海尔就吃过这样的亏。"

"我预计如此下去，联想在 2016 年可能会面临比 2015 年更大的亏损。"梁振鹏判断。

病根在于缺乏技术创新

那么，联想业绩困局下真正的病因在哪呢？

"在 PC 业务承压、移动终端业务遇阻的表象下，联想业绩亏损的真正病根在于缺乏技术创新。"梁振鹏说，"联想从来就不是一家技术驱动型的企业，这就是为

什么联想现在亏损、陷入困境的原因。"

行业观察家曾韬在接受法治周末记者的采访中同样认为，联想真正的病症在技术研发创新上。"这也是联想跟华为最大的区别，也是它为什么现在会被华为超出很多的原因。"

实际上，翻阅华为与联想历年财报可以发现，两者在研发上的投入存在很大差距。

联想财报显示，联想历年的研发支出中，仅2015财年的研发收入占比达到2.6%，其余年份均低于1.9%。对比华为在研发上的投入，过去10年，联想累计投入研发成本约44亿美元，尚不及华为2015年一年的研发支出（华为2015年研发投入约为92亿美元）。

与此同时，联想在盈利上也被华为甩在身后。

2014年，华为业绩465亿美元（为2889亿元人民币），联想463亿美元（约为3046.54亿元），但是前者的净利润是45亿美元，后者净利润8.29亿美元，华为的净利润是联想集团的5.43倍。

2015年，华为营业收入为3900亿元人民币，联想为449.12亿美元（约为2955亿元）；前者净利润369亿元人民币，联想则为亏损。

梁振鹏表示，联想一直奉行的是经营至上、渠道至上的原则。"联想从来都是营销驱动型企业，联想的经营是靠销售渠道建设、服务体系建设、品牌推广、市场推广等强有力的手段去获得市场份额的提升的。"

在梁振鹏看来，这样的经营方式在市场的初期是没有问题的，但是当市场逐渐趋向饱和，竞争加剧，再执行这样的策略就是一种失策。"在当下智能手机这样的成熟市场中，各企业拼得更多的是产品的质量、性能、技术研发等，而不单单再是营销优势。而这恰恰是联想的短板。"

"如果联想不改变自身骨子里这样的'基因'，那么即使柳传志再出山也很难改变联想的当下命运。"梁振鹏说。

资料来源：https://finance.huanqiu.com/article/9CaKrnJVKo3

4.1.4 决策的程序

科学的决策必须遵循一定的程序。按科学程序决策是决策科学化的重要特征之一。一个健全的决策程序应该是一个科学的系统，每一步都存在着有机联系，并且为了使每一步骤规范化、科学化，还必须有一套科学的方法和技术予以保证。决策一般按"发现问题→确定目标→拟订备选方案→评估选择方案→执行方案→检查评价决策"的步

骤进行。

1. 发现问题

一切决策都是从问题开始的。问题就是决策对象存在的矛盾，通常是指应该或可能达到的状况同现实状况之间的差距。

2. 确定目标

目标是决策的出发点和归宿。确定目标就是明确决策要达到的目的，它是评价决策正确与否的标准。目标的确定，直接决定方案的拟订、选择和实施。

3. 拟订备选方案

拟订备选方案就是研究实现目标的有效途径和办法。任何问题的解决都存在多种可能途径，可以有多种方案。现代决策的基本含义就是抉择。只有一个方案，无须选择，不涉及决策。所以必须拟订多种可供选择的方案。拟订方案时，一定要注意整体详尽性和互排性两个问题。

4. 评估选择方案

评估就是对所拟订的各种备选方案，从理论上进行各种分析后对其评比估价，从而得出各备选方案优劣利弊的结论。

方案的选择是在对各个方案进行分析评估的基础上，选取一个较优的方案，即通常所说的拍板定案。这个环节应注意以下问题。

（1）决策者要有正确的价值准则。美国决策学派的创始人西蒙提出遵循"有限理性原则"，即追求足够好的、满意的标准。

（2）备选方案的评价应全面。在评估方案时，要对方案的限制因素、协调性、潜在问题等进行系统分析。具体评估时，还要进行效益和效应分析。

（3）决策者要有决断的魄力，能当机立断。

5. 执行方案

方案选定之后，就要付诸实施。决策的成功还取决于有效地执行决策。

6. 检查评价决策

这是决策过程的最后一个步骤。通过检查与评价，可以发现决策执行过程中出现的偏差，以便采取相应的处理措施进行决策控制。

决策是一个有顺序、条理化的过程，而不是瞬间选定某一方面的单纯决断。在这个过程中，每一个阶段都相互影响。理论上，常把决策过程划分为不同的阶段，但实际工作中决策过程的各个步骤往往是互相联系、交错重叠的。

尝遍三种惩罚的小偷

很久以前，一个人偷了一袋洋葱，被人捉住后送到法官面前。法官提出了三个惩罚方案让这个人自行选择：第一，一次性吃掉所有的洋葱；第二，鞭打一百下；第三，交纳罚金。

这个人选择了一次性吃掉所有的洋葱。一开始，他信心十足，可是吃下几个洋葱之后，他的眼睛像火烧一样，嘴像火烤一般，鼻涕不停地流淌。

他说："我一口洋葱也吃不下了，你们还是鞭打我吧。"

可是，在被鞭打了几十下之后，他再也受不了了，在地上翻滚着躲避皮鞭。

他哭喊道："不能再打了，我愿意交罚金。"

后来，这个人成了全城人的笑柄，因为他本来只需接受一种惩罚，却将三种惩罚都尝遍了。

"薛老师，我懂了，我回去理一理思绪，再想想该怎样决策。"

"你别急，记住当你和父母意见相左时，尽量用柔顺、平和的方式跟父母沟通。所有的父母都希望自己的孩子成龙成凤，很少有父母对自己的孩子没有期待。尽管有时候父母的沟通方式让我们难以接受，但也要试着体谅父母的成长背景，因为他们不懂得如何用比较客观的方式表达内心的想法，这是时代背景不同使然，要改变老人的想法很难，不如调整自己来顺应他们。"

"嗯。"小李点了点头。

一见钟情式的决策靠谱吗？

世上恐怕没有比一见钟情更美的词了。看一眼就爱上了对方，简直太美、太浪漫了。如果双方彼此一见钟情的话，我想这绝不能用"偶然"来形容，用"神奇"才更贴切。

无论是《西厢记》中张生与莺莺一见面就互生爱慕之心，《白蛇传》中白娘子与许仙偶遇于西湖而私订终身，还是《廊桥遗梦》中那一场一触即发的短暂而轰烈的爱情故事，一见钟情的演绎总是让人浮想联翩。然而对于一见钟情本身，很多人仍然存在不正确的认识和理解，对其怀疑者有之，误会者有之，贬损者有之。

有人怀疑，初次谋面，爱情就可能瞬间产生吗？是不是文学家们故弄玄虚编撰出来的呢？其实，一见钟情在生活中是存在的，如今科学家已经解开了其中之谜。原来，每个人各自早已把所梦想的对象特征储存于大脑之中，就像把数据储存于软盘中一样，称为"爱之图"。这张图最早由父母勾画，并不断受到外界因素的修正与补充。年龄越大，

图像越具体。当一个人由于某种契机而与心仪者第一次目光相触时，眼睛就捕捉到对方身高、体形、眼神、肤色、发型、风度以及服饰等信息，以每小时400多千米的速度，通过神经传给大脑。对方特征与所储存的图像越是相吻合，大脑产生的信息就越强烈，体内的"化学工厂"便开足马力产生大量兴奋物质，在脑中形成一种幸福激励，引起诸如心跳加快、手心出汗、面色发红等变化，一见钟情由此便产生了。

那么，一见钟情式的快速决策在工作和生活的其他领域同样适用吗？

先让我们穿越到1983年9月的某一天，一位名叫吉安弗朗克·波切那的艺术品经销商与加利福尼亚博物馆的工作人员接洽，自称有一尊公元前6世纪的大理石雕像。这尊雕像被人称作古希腊少年立像，为一名裸身直立的少年，左腿前迈，双臂垂于身体两侧。现存的古希腊少年立像仅有两百尊左右，其中被追回的绝大多数要么已遭严重损坏，要么已在墓穴或考古挖掘过程中支离破碎了。但是，这尊将近7英尺高的雕像却保存得几乎完好无损，像身淡淡的光泽也使之与其他文物相比颇显与众不同，真可谓一项了不起的发现。波切那开出的价格直逼1000万美元。

盖蒂博物馆的工作人员态度谨慎，他们借来少年立像，并展开了细致缜密的调查工作。

一位名叫斯坦利·马戈利斯（Stanley Margolis）的加州大学地质学家来到博物馆。他使用一台高清立体显微镜，花了两天的时间来检查雕像的表面。最后得出结论说，这尊雕像历时已久，绝非近期制造的赝品。

14个月后，就在盖蒂博物馆准备购买之时，他们迎来了两个不速之客。一个是时任盖蒂博物馆理事会委员的意大利美术史学家费德里科·泽里（Federico Zeri），他的目光停留在立像的指甲上。虽然一时间难以名状，但他发觉这指甲看上去颇为别扭。第二个是全球首屈一指的希腊雕塑专家伊芙琳·哈里森（Evelyn Harrison），她回忆道，当立像被掀掉布的那一瞬间，有一种"直觉产生的厌恶感"，她自己也道不出缘由。

这两位权威眨眼之间的判断事后被证明是对的。它确实是赝品。

第二个例子与教师节有关。

在上大学的时候，判断出你的教授是否是个好老师，你用了多长时间？一节课？两节课？还是一个学期？心理学家纳尼利·安贝蒂曾发给学生们3卷某位教师的录像带，录像都经过消音处理，时长各为10秒。她发现，学生们能够轻而易举地对教师的教学质量打出评分。接下来，录像被剪短到5秒、2秒，所得的评分并无差异。之后安贝蒂将这些瞬间做出的教师质量评分，与上过这些教师整整一学期课的学生所做的评分进行比较，竟然发现两者几乎一模一样。

由此可见，一见钟情式的快速决策是存在的，而且还很靠谱。大到我们的职业选择，小到一日三餐吃些什么，这些都需要我们做出快速决策。正确而迅速的决策，会带来巨大的财富，如巴菲特和索罗斯，两位顶尖的投资大师做决定的速度都非常迅速。那么怎样才能快速且准确地做出决策呢？

第一，坚定自己的目标。

第二，充分收集信息。

第三，理性思考做决定。

第四，制定战略战术。

第五，全力以赴执行决定。

第六，执行过程中发现新的重要信息，请跳到第一步，否则请继续执行原定计划。

资料来源：https://m.sohu.com/a/33235015_135954/

4.1.5 决策的影响因素

影响决策模式和结果的因素见图 4-1。

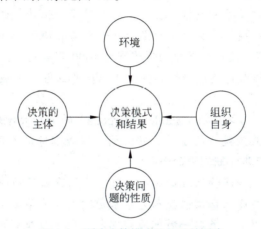

图 4-1　影响决策模式和结果的因素

1. 环境

决策是为组织的运行服务的，而组织总是在一定的环境中运行的，所以决策首先会受到环境的影响。环境对组织决策的影响是不言而喻的，而且这种影响是双重的。环境是决策方案产生的载体，也是决策方案得以实现的保障。其中的关键取决于决策者能否全面有效地把握和利用有关的环境信息，能否根据环境信息的各种不同情况做出相应的反应。

（1）环境的稳定性。一般来说环境较为稳定时，决策者只需按照原来的程序和方案决策即可。因为在过去一段时间内，有过类似的决策方案。这种决策对决策者的能力要求不高，只需由组织中的中低层管理者来进行。但是当环境发生剧变时，过去的决策方案因时过境迁基本无法借鉴，组织就可能需要对经营的方向、内容与形式进行及时的调整，这种决策可能要进行一定程度的改革，必须由高层管理者来进行。

（2）市场结构。在不同的市场结构中，企业经营的方向和内容也应不同。处在垄断市场中的企业，通常会将经营重点放在内部生产条件的改善、生产规模的扩大以及生产成本的降低上；而处在竞争市场中的企业，则需密切注视竞争对手的动向，不断推出新产品。

2. 组织自身

（1）组织文化。组织文化制约着组织及其成员的行为以及行为方式。在决策层次上，组织文化通过影响人们的态度而发生作用。任何决策的制定，都是对过去在某种程度上的否定；任何决策的实施，都会给组织带来某种程度的变化。组织成员对这种可能产生的变化会怀有抵触或欢迎两种截然不同的态度。在偏向保守、怀旧、维持的组织中，人们总是根据过去的标准来判断现在的决策，总是担心在变化中会失去什么，从而对将要发生的变化产生怀疑、害怕和抵御的心理与行为；相反，在具有开拓、创新气氛的组织中，人们总是以发展的眼光来分析决策的合理性，总是希望在可能产生的变化中得到什么，因此渴望变化、欢迎变化、支持变化。显然，欢迎变化的组织文化有利于新决策的实施，而抵御变化的组织文化则可能给新决策的实施带来灾难性的影响。在后一种情况下，为了有效实施新的决策，必须首先通过大量工作改变组织成员的态度，建立一种有利于变化的组织文化。因此，决策方案的选择不能不考虑为改变现有组织文化而必须付出的时间和费用的代价。

（2）组织对环境的应变模式。组织对环境的应变是有规律可循的。随着时间的推移，组织对环境的应变方式趋于稳定，形成组织对环境特有的应变模式。这种模式指导着组织今后在面对环境变化时如何思考问题、如何选择行动方案等。

管理案例

阿里巴巴的组织文化

目前，阿里巴巴已经成为全球企业间（B2B）电子商务的著名品牌，是全球国际贸易领域内最大、最活跃的网上交易市场和商人社区。阿里巴巴两次入选哈佛大学商学院 MBA 案例，连续七次被美国权威财经杂志《福布斯》选为全球最佳 B2B 站点之一。全球著名的互联网流量监测网站 Alexa.com 对全球商务及贸易类网站进行排名调查，阿里巴巴网站排名首位。

"阿里巴巴的颜色是橙色，橙色是一个让人快乐的颜色。"阿里巴巴副总裁童文红微笑着说，"我们也经常开玩笑，阿里巴巴的员工不但很傻很天真，而且又猛又持久。"

阿里巴巴真的是这样么？

马云说："阿里巴巴是个大家庭。"这个大家庭很特别，几乎每名阿里巴巴员工都有一个独具特色的"花名"，甚至平时上班大家也都用"花名"相互称呼。比如，马云的名片上印的是"风清扬"，支付宝副总裁黄若的名片上印的是"黄药师"，淘宝网一位公关管理人员叫"一刀"，他的另一位女同事叫"温柔"，"温柔一刀"，真是绝配。

在淘宝网一位员工胸前挂的工作牌上，印着阿里巴巴的价值体系——客户第一、团队合作、拥抱变化、诚信、激情、敬业，这就是传说中的"六脉神剑"。

六脉神剑之"客户第一"
客户是衣食父母。
无论何种情况，微笑面对客户，始终体现尊重和诚意。
在坚持原则的基础上，用客户喜欢的方式对待客户。
站在客户的立场思考问题，最终达到甚至超越客户期望。
平衡好客户需求和公司利益，寻求双赢。
关注客户需求，提供建议和资讯，帮助客户成长。

六脉神剑之"团队合作"
共享共担，平凡人做非凡事。
乐于分享经验和知识，教学相长。
以开放的心态听取他人意见，表达观点时"直言有讳"。
在工作中群策群力，拾遗补阙，不是自己分内的工作也不推诿。
决策前充分发表意见，决策后坚决执行。
有主人翁意识，积极参与，促进团队建设。

六脉神剑之"拥抱变化"
迎接变化，勇于创新。
对于行业和公司的变化，认真思考并充分理解，积极接受。
对于变化对个人产生的影响，理性对待，充分沟通，诚意配合。
面对变化，积极影响和带动同事。
在工作中具备前瞻意识，不断尝试新方法、新思路。
即使变化后产生了挫折和失败，也能重新调整，以更积极的心态拥抱下一次变化。

六脉神剑之"诚信"
诚信正直，言出必践。
胸怀坦荡，对事不对人。
言行一致，不受利益或压力的影响。
勇于承认错误，敢于承担责任。
不传播未经证实的消息，不背后不负责地议论事和人。
坚持原则，不随意承诺或妥协。

六脉神剑之"激情"
乐观向上，永不言弃。
对公司、工作和同事充满热爱。
以积极的心态面对困难和挫折，不轻易放弃。
不断自我激励、自我完善、寻求突破。
不计得失，全身心投入。
始终以乐观主义的精神影响同事和团队。

> **六脉神剑之"敬业"**
> 专业执着,精益求精。
> 今天的事情不推到明天,自己的事情不推给别人。
> 专注工作,做正确的事情。
> 在工作上以较小的投入获得较高的产出。
> 以专业的态度、平常的心态对待每件事。
> 持续学习,不断提升,今天的最好表现是明天的最低要求。

3. 决策问题的性质

按照紧急性和重要性划分,决策问题可分为紧迫重要问题、不紧迫重要问题、紧迫不重要问题和不紧迫不重要问题。

紧迫问题的决策,对速度的要求远高于质量。例如,当一个人站在马路中央,一辆疾驶的汽车向他冲来时,关键是要迅速跑开,至于跑向马路的哪边更近些,相对于及时行动来说则显得不太重要。

不紧迫问题的决策,对时间的要求不是非常严格。这类决策的执行效果主要取决于质量,而不是速度。相反,对不紧迫重要问题决策时,要求人们充分利用知识,做出尽可能正确的选择。这类决策着眼于运用机会,而不是避开风险;注重于未来,而不是现在。所以,选择方案时,时间相对宽松,并不一定要求必须在某一日期内完成。但是,如果外部环境突然发生了难以预料和控制的重大变化,对组织造成了重大威胁,组织如果不迅速做出反应,进行重要改变,则可能引起生存危机,这种情况下可能使决策者仓促决策,甚至还会出现决策偏重消极因素,而忽视积极因素的情形。

管理案例

决策迟一步,巨人也会垮

诺基亚最初是建立于芬兰一个小村庄中的造纸厂。20 世纪 60 年代,它开始扩张到电子产品领域,并于 1979 年研发出世界上第一种蜂窝网络。不久后,诺基亚推出了 Mobira Senator,这是世界上第一种车载电话。

到 20 世纪 90 年代末和 2000 年左右,诺基亚已经成为全球移动电话领域的领导者。诺基亚的利润非常高,股东们为此欣喜若狂。毫无疑问,诺基亚认为其将成为移动手机中的"王者"。

当事情发展一切顺利之时,保持快速决策的确很难。诺基亚的最大失误之一就是没能迅速将其智能手机平台从原始的 Symbian 操作系统更新至下一代 MeeGo 系统。诺基亚 2008 年决定开源 Symbian 平台,与安卓竞争,但似乎一切都为时已晚。

接着,更多公司开始专注于互联网,人们开始理解数据而非声音才是通信行业的未来。2013 年,当诺基亚硬件部门被微软收购时,诺基亚创造的辉煌终结了。

> 再来看一下柯达。与诺基亚的命运类似，尽管柯达发明了世界上首款数码相机，但其始终致力于相机本身的研发而未迅速进军数字行业，这是个巨大失误。正如《福布斯》杂志指出的那样，柯达员工过于依赖这样的理念，即他们的薪水与胶片、化学品以及相纸等耗材的销量息息相关。他们认为，卖不出去耗材，他们就没有利润。
>
> 在面临行业巨变的情况下，柯达的反应同样过慢，尽管其已经提前发现巨变的契机。早在1981年，柯达就曾进行研究，发现他们大约只有10年准备时间向数码摄影技术过渡，但是他们却未能足够关注这种新技术。实际上，他们甚至对其避之不及。
>
> 由此可见，如果不能保持敏捷和果断决策，不能做出艰难决定，以拥抱新技术或新产品，即使你是行业巨人，也有垮塌的一天。

4. 决策的主体

决策者是影响决策过程的关键因素，是决策的主体。决策者对决策的影响，主要是通过决策者的知识、心理、观念、能力等各种因素对决策产生作用。决策过程是对决策者的一种全面检验。

（1）个人对待风险的态度。在决策时，决策者需要调动心理因素，克服各种心理障碍。此外，决策者还必须具备承担决策风险的心理承受能力。因为，任何决策都带有不同程度的风险，组织及其决策者对待风险的不同态度会影响决策方案的选择。愿意承担风险的决策者，通常会在被迫对环境做出反应之前就已采取进攻性的行动，并经常会进行新的探索；而不愿意承担风险的决策者，通常只对环境作出被动的反应，并习惯于过去的限制，按过去的规则策划将来的活动。

总体来说，保守型决策者敏于损失，首要的考虑是不能出错；进取型决策者注重谋大利，不怕冒险，要做就做最好；稳妥型决策者注重均衡，不谋大利，但也不能有大损失。

（2）个人能力。在实际决策过程中，当缺乏简单、有效的方案进行选择时，决策者往往会基于个人的直觉或经验来做选择。因此，决策者的个人能力就显得尤为重要。决策者的直觉，主要是基于其个人的潜意识中积累的长期经验而产生的一种本能性的反应，在复杂的问题中总难以保证决策的合理性，而经验决策则是将过去类似问题的处理方法，套用到当前的问题，除非经验中的问题与当前问题十分相似，否则过去被认为是合理的决策不一定适合当前的问题。

（3）个人价值观。企业的决策除了在一定程度上受外部条件制约外，主要由企业领导者的决策行为所决定。企业领导者的决策行为，包括判断能力、组织能力、预测能力、协调能力以及领导者个人的价值观和行为偏好等。其中领导者个人的价值观和行为偏好对其决策行为具有不容忽视的影响。

文化是对个人的价值观和行为偏好具有很大影响力的因素。文化对于决策行为的影响，通过一份中美合资企业双方管理者的调查访问可以得到说明，该访问访谈了北京地区10家中美合资企业中的17位中方、14位美方高级管理者。结果显示，双方管

理者对对方都持有某些偏见，这些偏见集中体现在对对方决策风格的消极评论上。

这几天，小李的情绪明显好转，薛老师终于放下心来。

周五回家的路上，沿街商铺放着汪峰的歌：北京……北京……

薛老师听着一时走了神。她回想起来，自己第一次去北京，站在火车站站台，笃定地认为这个地方就是她一生的归宿。当时那种执迷的想法，现在想想多么可笑……

北京是拥有十几亿人口大国的心脏，是很多中国人想去却没能去的地方。这个地方承载了太多人的梦想，太多人的希望，是很多人为了户口和房子宁愿花尽毕生心血的地方。这个地方也曾是薛老师的梦，最后迫于种种原因，她还是选择了熟悉而又安逸的小城市，做着收入不高的基层教育工作。是啊，对任何人来说，选择难道不就是一种失去、一种背叛、一种痛苦、一种妥协吗？所有的选择都要付出代价，没有什么选择能够十全十美。选择了现实，可能就要放弃理想；选择了财富，可能就要放弃健康；选择了事业，可能就要放弃自由……最后，也只剩下罗曼·罗兰的话聊以自慰："世界上只有一种真正的英雄主义，那就是在认清生活的真相后依然热爱生活。"想到这里，薛老师的嘴角露出自信的微笑，消失在茫茫人海中。

问题4.2

决策有哪些方法

头脑风暴

转眼间,春暖花开,即使是北方小城,也能感受到春风拂面。

小李漫步在校园里,感受着春意盎然的景致,突然听到口袋里手机的铃声,拿出一看,是学院班长微信群的一条通知:

为了积极响应"厉行节约、反对浪费"的伟大号召,继承和发扬中华民族艰苦奋斗、勤俭节约的优良传统,针对学校中水、电、粮食、纸张等浪费现象,追求名牌、追求享受、过度消费等现象……要求各班级以"弘扬节能之风,倡导绿色生活"为主题,组织各种主题活动,如主题班会、演讲比赛、主题征文等。

为了搞好主题活动,小李第一时间找到了薛老师:"老师,我们该怎么搞这个活动啊?"

"你有什么想法?"

"我也没想好,但觉得总是弄班会,形式有点单一。"

"那我们不妨来一场头脑风暴。"

"头脑风暴?好奇怪的名字,是什么东西?"

"头脑风暴是一种决策的方法,洗衣机的发明就是它的杰作。所谓头脑风暴,最早是精神病理学上的用语,是针对精神病患者的精神错乱状态而言的。而现在,头脑风暴则成了无限制的自由联想和讨论的代名词,其目的在于产生新观念或激发创新设想。俗话说,'三个臭皮匠,顶个诸葛亮'。一个人的智慧不够用,两个人的智慧用不完,集体的智慧无穷尽,集体的大脑是智慧库、思想库。在思维领域中,一加一大于二。智慧的碰撞好比播种,它能萌发新的智慧。智慧的碰撞好比催化剂,它会引发大脑思维的连锁反应。一点智慧之花,可以引发智慧的火焰;一个小点子,可以收获一大堆智慧果。一个朦胧想法的激发,可能催生一项成功的发明和创造。"薛老师滔滔不绝地说道。

"头脑风暴这么有用啊,具体该怎么做呢?"小李迫不及待地问。

薛老师继续解释道:"具体来说,头脑风暴可分为以下几个阶段:第一阶段,介绍问题,如组员对问题感到困惑,主持人利用案例形式对问题进行分析;第二阶段,指

定一个人记录所有见解；第三阶段，鼓励组员自由提出见解；第四阶段，以鉴别的眼光讨论所有列出的见解，并奖励有意义的见解。"

"看来头脑风暴真是锻炼思维的好办法。"

"是啊，成年人很容易被原有的思维和行为模式所限制，然而创造力的缺乏是这个日新月异时代的大忌。调查研究表明，创造力可以通过简单、实际训练培养。在很多时候，创新的想法往往被诸如'这个我们去年就已经试过了'或'我们一直就是这么做的'的想法扼杀。为了让参与者发挥创造力，需要进行头脑风暴的演练。但是头脑风暴必须把握'不许批评、多多益善、异想天开、允许补充'的原则，这也是我要提醒你的地方。"

4.2.1 头脑风暴法

1. 头脑风暴法的基本准则

实施头脑风暴法应遵循以下基本准则：①不允许有任何批评意见；②欢迎异想天开的想法（想法越离奇越好）；③要求的是数量而不是质量；④寻求各种想法的组合和改进。

2. 头脑风暴法的技巧

（1）提出正确的问题。问题可以催生创意，实施头脑风暴法时应提出有创意或可以激发广泛联想的问题。如果你想提出一个能引人思考的问题，那么这个问题首先必须远离那些"大道理"。

（2）选择正确的人员。要挑选那些可以回答问题的人参与头脑风暴。对与会者的挑选，更多的是要基于他们在组织中的地位，而不是他们具有的专门知识。

（3）分而治之。为了确保开展富有成效的讨论，不要让与会者在整个群体中连续数小时进行漫无边际的讨论。相反，要让他们在由3~5人（不要更少也不要更多）组成的小组里，举行多场独立的、重点明确的创意催生会议。每一个小组都应用足30分钟，专注于讨论某一问题。为什么是3~5人呢？从社会规范角度而言，这样大小的群体有利于成员直言不讳，而更大的群体则会使与会者变得沉默不语。

（4）积极引导。首先，在与会者到达以后，在将其划分为小组之前，请先对其进行引导，这样，就会对他们将能完成什么或不能完成什么有明确的预期。其次，主持人应懂得各种创造思维和技法，会前要向与会者重申会议中应严守的规则和纪律，善于激发成员思考，保持场面轻松活跃而又不失脑力激荡的氛围。最后，可轮流发言，每轮每人简明扼要地说清创意设想，避免形成辩论会和发言不均；要以赏识激励的词句语气和微笑点头的行为语言，鼓励与会者多出设想，如说"对，就是这样！""太棒了！""好主意！这一点对开阔思路很有好处！"等；禁止使用"这点别人已说过了！""实际情况会怎样呢？"等话语。遇到没有人提想法时，可采取一些措施，如休息几分钟。

3. 头脑风暴法的程序

（1）准备阶段。在开会前要做好准备工作。首先，主持人应事先对所议问题进行一定的研究，弄清问题的实质，找到问题的关键，设定所要达到的目标；其次，确定参加会议人员，一般以 3~5 人为宜。会议人数太少不利于交流信息，激发思维；会议人数太多则不容易把控或掌控，并且每个人发言的机会相对减少，也会影响现场气氛。再次，将会议的时间、地点、所要解决的问题、可供参考的资料和设想、需要达到的目标等事宜一并提前通知与会者，让大家做好充分的准备，以便其了解议题的背景和外界动态。最后，布置会议现场，座位排成圆形的往往更为有利。

（2）热身阶段。这个阶段的目的是创造一种自由、宽松、祥和的氛围，以便活跃气氛，使大家得以放松，进入一种无拘无束的状态，促进思维活跃。主持人宣布开会后，先说明会议的规则，然后可谈及有趣的话题或问题，让大家的思维处于轻松和活跃的境界，如说说笑话、猜个谜语、听一段音乐等。

（3）明确问题。主持人简明扼要地介绍需要解决的问题，介绍时须简洁、明确，不可过分周全，过多的信息会限制人的思维或干扰大家的想象力。

（4）畅谈阶段。畅谈是头脑风暴法的创意阶段，为了使大家能够畅所欲言，需要制定一些规则。主持人首先要向大家宣布相关规则，如果时间允许，可以让每个人先就所需解决的问题独立思考 10 分钟左右。随后引导大家自由发言，自由想象，自由发挥，使彼此相互启发，相互补充，真正做到知无不言，言无不尽。可以按顺序"一个接一个"地轮流发表意见，如轮到的人当时无新构想，可以跳到下一个。在如此循环下，新想法便一一出现。与会者每讲出一个想法、方案，由速记员马上记录，使每个人都能看到，以利于激发出新的方案。经过一段时间的讨论后，大家对问题已经有了较深刻的理解。为了使大家对问题的表述能够具有新角度、新思维，主持人或书记员要对发言记录进行归纳、整理，找出富有创意的见解，以及具有启发性的表述，供下一步头脑风暴时参考。

（5）筛选阶段。通过组织头脑风暴畅谈，往往能获得大量与议题有关的设想。至此任务只完成了一半，更重要的是对已获得的设想进行整理、分析，以便选出有价值的创造性设想来加以开发实施。这一步骤即设想处理。设想处理的方式有两种：一种是专家评审，可聘请有关专家及学员代表（5 人左右为宜）承担这项工作；另一种是二次会议评审，即所有与会人员集体进行设想的评价处理工作。通过评审将大家的想法整理成多个方案，经过多次反复比较，最后确定 1 个最佳方案。

管 理 故 事

直升机扇雪

有一年，美国北部下大雪，积雪压断了高压电线，造成巨大损失。为此，美国通用电力公司召开会议，以期通过集体智慧找出解决方案。参加会议的都是不同专业的技术人员，在宣布会议的原则和目的后，大家便七嘴八舌地议论开来。有人提

议用线路加温器消融积雪,有人提议安装振荡器以抖掉积雪,有人提议设计一种专用的电线清雪机清除积雪,也有人幽默地提出:"能不能带上几把大扫帚,乘坐直升机去清扫电线上的积雪?"各种各样的方案提了出来,对于那种"坐直升机扫雪"的设想,大家心里尽管觉得滑稽可笑,但在会上也无人提出批评。

有一名工程师在百思不得其解时,听到用飞机扫雪的想法以后,大脑突然撞击出火花,冒出来一种简单可行且高效率的清雪方法。他想,每当大雪过后,出动直升机沿积雪严重的电线飞行,依靠高速旋转的螺旋桨即可将电线上的积雪迅速扇落。他马上提出用"直升机扇雪"的新设想,顿时又引起了其他与会者的联想,有关用直升机扇雪的主意一下子又多了七八条。不到一小时,与会的10名技术人员共提供出了90多条新设想。

会后,公司组织专家对设想进行分类论证。专家们认为设计专用清雪机,采用电热或电磁振荡等方法清除电线上的积雪在技术上虽然可行,但研制费用大、周期长,一时难以见效。那因"坐飞机扫雪"激发出来的几种设想,倒是一种大胆的新方案。如果可行,将是一种既简单又高效的好办法。经过现场试验,发现用直升机扇雪真能奏效,一个久悬未决的难题,终于在思想碰撞中得到了巧妙的解决。

4.2.2 名义小组法

名义小组法是在纯粹的小组决策中加入个人决策的成分,以便让小组所有成员都有参与决策的机会。这种方法最早由知名教授德尔贝克提出,并得到了很多管理者的支持和推广。名义小组法的一般步骤如下。

1. 介绍问题

将需要决策的问题分发给参与决策的小组成员,或者直接在会议上当面将问题讲出。但是名义小组法要求在任务说明书上要附注足够的解释,以便小组成员能够完全掌握问题的本质。

2. 个人决策

正如前面所说,名义小组法并不是纯粹的小组法,在小组决策之前,首先要由个人进行决策。每位小组成员在一段时间(大约10分钟)内默默思考,并写下尽可能多的想法。

3. 收集信息

邀请小组成员轮流大声地说出一个想法,决策组织人员将所有的想法写在活动记录上;如果两人或多人想法一致,可以合并为一个想法。收集信息时要注意把握以下以

几点：①注意不允许讨论小组成员提出的想法，甚至不用对问题或想法做任何解释。小组成员说出想法，组织者记录。②小组成员说出的想法可以不来自他们写下的列表内容。小组成员可以发表新的想法。③当轮到某成员发言时，如果他当时没有想法，可以说"过"。他可以在下一轮中增加想法。④过程一直持续到所有成员说"过"，或者到了规定的时间。

4. 小组讨论

轮流讨论每个想法。在讨论的过程中，只有当想法的提出者同意时才可以修改它，或者只有一致同意后才可以把想法从列表中删除。讨论可以解释意义、阐明逻辑或者分析过程，提出并回答问题，或者表示同意与否。

5. 形成决策

经过几轮讨论后，大家对问题和列出的方案都已经比较熟悉，最后由小组成员单独对每一项评分，分值可以由 1 分到 10 分，辅导者最后对所有的评分汇总，然后找出分值最大的几项，作为决策结果。

4.2.3 德尔菲法

1. 实施步骤

德尔菲法一般按以下步骤进行。

（1）组成专家小组。按照课题所需要的知识范围，确定专家。专家人数可根据讨论课题的大小和涉及面的宽窄而定，一般不超过 20 人。

（2）提出预测问题。向所有专家提出所要讨论的问题及有关要求，并附上有关这个问题的所有背景资料，同时请专家提出还需要什么资料。然后由专家进行书面答复。

（3）专家提出预测意见。各个专家根据他们所收到的材料，提出各自的预测意见，并说明自己是怎样利用这些材料提出预测意见的。

（4）汇总预测意见。将各位专家第一次判断意见汇总，列成图表，进行对比，再分发给各位专家，让专家比较自己同他人的不同意见，修改自己的意见和判断。也可以把各位专家的意见加以整理，或请身份更高的其他专家加以评论，然后把这些意见再分送给各位专家，以便他们参考后修改自己的意见。

（5）反馈意见。将所有专家的修改意见收集起来并汇总，再次分发给各位专家，以便做第二次修改。逐轮收集意见并为专家反馈信息是德尔菲法的主要环节。收集意见和信息反馈一般要经过三四轮。在向专家进行反馈的时候，只给出各种意见，并不说明发表各种意见的专家姓名。这一过程重复进行，直到每一位专家都不再改变自己的意见为止。

（6）对专家的意见进行综合处理。德尔菲法同常见的召集专家开会、通过集体讨

论、得出一致预测意见的专家会议法既有联系又有区别。

2. 优缺点

德尔菲法的主要优点，一是能充分发挥各位专家的作用，集思广益，准确性高；二是能把每位专家意见的分歧点表达出来，取各家之长，避各家之短；三是能有效避免权威人士的意见影响，或有些专家碍于情面不愿意发表与其他人不同的意见。其主要缺点是过程比较复杂，花费时间较长。

管理故事

> **德尔菲法的由来**
>
> 德尔菲法也称专家调查法，1946年由美国兰德公司创始实行。该方法是由企业组成一个专门的预测机构，其中包括若干专家和企业预测组织者，按照规定的程序，背靠背地征询专家对未来市场的意见或者判断，然后进行预测的方法。德尔菲是古希腊地名。相传太阳神阿波罗在德尔菲杀死了一条巨蟒，成为德尔菲主人。在古希腊传说中，阿波罗具有卓越的预测未来的能力。他常常带领众神在德尔菲的阿波罗神殿聚会占卜未来。至今仍有人相信阿波罗的灵魂仍然居住在德尔斐，仍旧随时能为困惑的人们解答问题并且对事件的状况提出建议。于是人们就借用此名，作为这种方法的名字，旨在通过卓越人物来洞察和预见未来。

4.2.4 电子会议分析法

1. 电子会议分析法的含义

电子会议分析法是一种将名义小组法与复杂的计算机技术结合的群体决策方法。在使用这种方法时，先将群体成员集中起来，每人面前有一个与中心计算机相连接的终端。群体成员将问题的方案输入计算机终端，然后将它投影在大屏幕上。

2. 电子会议分析法的优缺点

电子会议分析法的优点有：①匿名。参与决策咨询的专家采取匿名的方式将自己的方案提出来，参与者只需把个人的想法输入计算机即完成了参与决策的过程。②可靠。每个人提出的有关解决公共问题的政策建议都能如实地、不会被改动地反映在大屏幕上。③迅速。在使用计算机进行政策咨询时，不仅没有闲聊，而且人们可以在同一时间中互不干扰地交换见解，它要比传统的面对面决策咨询的效率高出许多。佛尔普斯道奇采矿公司运用这种方法，使它的年度计划会议从几天缩短到12小时。

这种方法也存在一定的缺陷。例如，打字速度快的人，与口才好但打字速度慢的人相比，能够更好地表达自己的观点，而且这种方法得到的信息也不如面对面沟通得

到的信息丰富。但随着对方法的不断完善，未来的群体决策很可能会采用电子会议分析法。

班级里非常热闹，大家都在争先恐后地发表意见。

有的说可以制定罚款制度；有的说可以将剩余的饭菜冷藏起来，下餐再吃；有的说可以建立剩饭记录，将是否"光盘"纳入评定奖学金标准。

"我觉得食堂应当收浪费押金。"小关不急不躁地说。

"相信绝大多数人都吃过自助餐，只要交上一笔钱，就可以放开吃。自助餐因为饭菜品种丰富、不限量供应这两个特点，得到了消费者的青睐，但是吃自助餐带来的一个问题就是严重的浪费，很多消费者认为反正钱已经交了，能多拿就多拿，尽管多数餐厅都会提醒消费者吃完再拿，但很多消费者并不把这种提醒当回事。收取押金就能起到有效的控制作用。"

"关状元厉害了！"有同学小声唏嘘。由于小关学习好，上课发言多，上学期班级总排名第一，大家给他取了个外号叫"关状元"。

最后，薛老师对这次有意义的头脑风暴进行了总结，表扬了那些发言积极踊跃的同学，尤其是小关。

"我还有一个疑问，除了这些以外，还有哪些决策方法呢？"会后，小李仍意犹未尽地问薛老师。

"除了我们前面提到的这些定性分析法，还有定量分析法。"

"那是不是得用数学算啊，我最讨厌数学了。"

"好吧，那你们就什么时候感兴趣了再去认真了解。"

问题4.3

什么是计划

我想考四级

四月正是各种考试报名的季节,小关毫不犹豫地报考了英语四级,因为他认为,在国际化环境下,用人单位往往很注重应聘者的英语水平,尤其是外资企业,英语好无疑能为毕业生在竞争激烈的职场中增添一定的取胜筹码。可是,毕竟是第一次考,小关心里没底。于是,他找到薛老师,看看能不能得到一些指点。

"薛老师,我想考英语四级,还有两个月就要考试了,心里一点底都没有,我该怎么冲刺呢?"

"好事呀,英语呢,可分为单词、听力、阅读、作文,这几个大块你要首先清楚自己的弱项在哪里,现在剩余的复习时间已经不多了,要专攻弱项。如果你还不知道自己的弱项是什么,建议到网上做个水平测试,系统会给你一个测评答案。在了解自己的水平和弱项后,就可以有针对性地制订计划了。"

"计划?"

"孙子兵法上说,'凡事预则立,不预则废。'这句话的意思是无论做什么事,只要事先有准备,就能取得成功,不然就会失败。所以,你就先从制订计划开始吧。"

4.3.1 计划的定义

计划是指根据实际情况,通过科学预测,权衡客观需要和主观可能,提出在未来一定时期内要达到的目标,以及实现目标的途径。

计划工作就是根据社会需要和组织的自身能力,在科学预测未来的基础上确定组织在一定时期内的奋斗目标,通过计划的编制、执行和检查,协调和合理安排组织中各方面的经营和管理活动,有效地利用组织的人力、物力和财力资源,取得最佳经济效益和社会效益的组织活动过程。

"驴友"遇难

2006年5月4日,全国"五一"长假的第三天,正当各地的人们休闲旅游兴致正高的时候,一则游客遇难的消息震惊全国。这是一个由40多人自发组成的旅游探险队,他们在"五一"之前就在网络上联系"驴友",准备利用7天长假穿越内蒙古的库布齐沙漠。他们5月1日从北京出发,5月2日进入沙漠腹地。5月3日,内蒙古和北京的有关部门都接到了遇险的报警电话,他们被困在了库布齐沙漠,情况紧急。后经北京、内蒙古、鄂尔多斯等多方力量连夜近15个小时的搜救,最终在沙漠深处找到了这支遇险旅游队。然而,其中一位女孩小倩还是不幸遇难了。这是一片什么样的区域,是什么原因导致探险者遇难呢?

事后专家总结,悲剧发生的主要原因是准备不足、计划不周。第一,对沙漠了解不够,不熟悉地理环境和气候规律,一般在沙漠中是昼伏夜行较好,但他们是在白天气温最高的时候行走,这才导致小倩中暑身亡。他们的探险只是凭借一腔热情,认为人定胜天,不尊重客观规律。第二,过高地估计了自身的内在条件。小倩之所以遇难,主要是平时缺乏锻炼,体质较弱,不适合在这种恶劣环境下长途旅行。第三,在计划执行中不善于借助外力。本来出发时,他们聘请了一个当地的老乡做向导,而且租了一匹骆驼帮助他们驮运物资,后来中途为节省费用,就取消了向导,自己背水和行李。每个人携带较重的物品,在大沙漠里行进非常艰难。那个遇难小女孩的体重只有90斤,却背了40斤的物品,能走多远?第四,团队成员之间相互不了解各自的经验和体能状况是又一个较大的隐患,因为探险活动往往要结成一个团队来进行,要依靠大家的力量来应付一些困难和挫折。在野外,有些时候会出现很多意想不到的情况,比如在不能说话的情况下,就需要一个眼神或者一个动作,对方必须有能了解到你传达信息的默契;否则,就存在很大的安全隐患。

这个真实的案例给了我们如下启示:如果探险的组织者和参加者能够在行动前对沙漠探险的限制条件做更多的了解,搜集更多的信息,对整件事情有一个周密的计划,对要做什么、如何去做、会出现什么情况、出现情况变化应该如何应对等都能了然在胸,那么,这样的悲剧或许可以避免。由此可见,制定一个合理的计划是非常重要的。

4.3.2 计划的性质

1. 首位性

首位性也可以称为先导性,计划工作相对于其他管理职能而言,处于首要地位。计划工作必须在组织工作、人员配备、指导与领导、控制之前进行,是进行其他各项

管理工作的基础，并贯穿于整个管理过程。

2. 目的性

组织通过精心安排去实现目标而得以生存和发展。计划工作旨在促使组织实现目标。计划工作的一个主要方面就是确立目标。

3. 普遍性

计划工作是各级主管人员的一个基本职能，具有普遍性。在一个高效的组织中，不同层次的管理者所从事的计划工作的侧重点和内容有所不同，高层管理者负责制订战略计划，中基层管理者负责制订战术计划或作业计划。由于资源的有限性，使得人们在从事各种活动时都要事先进行计划，只有这样才能有效地利用资源。

4. 效率性

计划工作要讲究效率，要考虑投入与产出之间的比例。计划的效率不仅体现在有形物上，还包括满意度等无形的评价标准。

5. 创新性

计划工作是针对需要解决的新问题和可能发生的新变化做出的决定，因此是一项创造性的管理活动。

4.3.3 计划的分类

1. 按时间期限划分

按时间期限，计划可分为长期计划、中期计划和短期计划。
长期计划一般是指计划期在 5 年以上的计划。
中期计划是指计划期在 1~5 年的计划。
短期计划是指计划期在 1 年及以下的计划，如年度计划、季度计划、月度计划。

2. 按时间长短及其范围划分

按时间长短及其范围，计划可分为战略性计划和战术性计划。
战略性计划是指对组织全部活动所做的战略安排，具有长远性、全局性和较大的弹性。
战术性计划是指对组织内某些部门的活动所做的安排，具有局部性和阶段性。

3. 按明确性程度划分

按明确性程度，计划可分为指导性计划和具体性计划。
指导性计划是指只规定某些一般的方针和行动原则，给予行动者较大自由处置权

的计划。

具体性计划是指具有明确规定的目标，不存在模棱两可情况的计划。

4. 按表现形式划分

按表现形式，计划可分为宗旨、目标、战略、政策、程序、规则、方案和预算。这些不同形式的计划构成了计划体系，并且，从宗旨、目标一直到预算，越来越具体。

（1）宗旨——指明一定的组织机构在社会上应起的作用和所处的地位。
（2）目标——宗旨的具体化，是活动的终点及结果。
（3）战略——为了达到组织总目标而采取的行动和利用资源的总计划。
（4）政策——指导或沟通决策思想的全面的陈述书或理解书。
（5）程序——为进行某项活动或过程所规定的途径。
（6）规则——详细阐明必需行动或非必需行动的计划。
（7）方案——包括目标、政策、程序、规则、任务分配、采取步骤等在内的综合性计划。
（8）预算——用数字表示预期结果的报表。

"薛老师，中国人有句话叫'计划没有变化快'，我以前都认为做计划没有什么用啊！"

"用变化快来否认计划的意义是不对的。因为有变化，所以才要计划，变化是计划的起因，不是否定计划的理由；只有计划了，才知道变化了，否则根本不知道变化；事情的发生发展不是我们可以控制的，你的计划一定要随着事情的发生发展调整，这样的计划才是完美的，不能因为事情发生变化了就否定计划的作用。"

"嗯，有道理，那计划到底怎么制订呢？"

4.3.4 计划的程序

计划的程序分为 8 个步骤，具体见图 4-2。

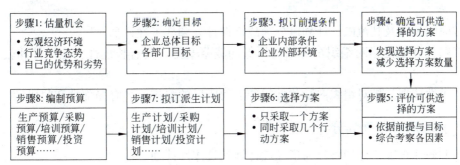

图 4-2　计划的程序

为何如此不同

曾经有人做过这样一个试验:组织三组人,让他们沿着公路步行,分别向10千米外的三个村子行进。

甲组不知道去的村庄叫什么名字,也不知道它有多远,试验人员告诉他们跟着向导走就行。

乙组知道去哪个村庄,也知道它有多远,但是路边没有里程碑,人们只能凭经验估计大约要走两小时。

丙组最幸运。大家不仅知道所去的是哪个村子,有多远,而且路边每千米处都有一块里程碑。

甲组刚走了两三千米,就有人叫苦了,走到一半时,有些人几乎愤怒了,他们抱怨为什么要大家走这么远,何时才能走到。有的人甚至坐在路边,不愿再走了。越往后,甲组的情绪越低,溃不成军。

乙组走到一半时才有人叫苦,大多数人想知道他们已经走了多远了,比较有经验的人说:"大概走了一半的路程了。"于是,大家又簇拥着向前走。当走到四分之三的路程时,大家又振作起来,加快了脚步。

丙组一边走一边留心看里程碑。每看到一个里程碑,大家便有一阵小小的快乐。这个组的情绪一直很高涨。走了七八千米后,大家确实都有些累了,但他们不仅不叫苦,反而开始大声唱歌、说笑,以消除疲劳。最后的两三千米,他们越走情绪越高,速度反而越快了。因为他们知道,要去的村子就在眼前。

结论:需要时做计划,必要时做书面计划。

谁也不知将来会怎样,但明天肯定会与今天不同。

计划并不能保证你成功,但能让你为将来做好准备。

计划是一种生存策略,它可以让你获得更多的成功机会。

一周后,小关兴冲冲地来到薛老师办公室,手里拿着计划书。

四级备考计划

四月:基础备考

核心:词汇及语法积累

时间安排:4月3日至4月30日,每日复习2~3小时

五月:强化备考

核心:真题训练

时间安排:

第一轮：5月1日至6月20日，每日复习2.5~3小时
第二轮：5月21日至5月31日，每日复习2.5~3小时
六月：冲刺备考
核心：回顾错题，模拟考试
时间安排：6月1日至6月19日，每日复习2.5~3小时

"嗯，计划做得不错，时间规划很好，但还应更加明确、具体，例如任选一本四级词汇书，制订15~20天的背词计划。背词时，需要特别训练'眼熟'的能力，不用刻意强调拼写和多重含义，不停地用翻书或重复识别的方式加强印象即可。做题时，我推荐的方法是：第一，买两套真题，按照约4天1套题目的速度练习；第二，按照考试时间完成所有题目，包括作文和听写；第三，确认答案，估计分数，标记错题；第四，分析所有错题和不确定的题目，并且总结错题原因，将相应的知识漏洞补齐；第五，尝试翻阅所有题目的准确答案项以及对应原文；第六，适当复习常考的语法知识，例如虚拟语气、被动语态和定语从句等。"

"嗯，薛老师，我会努力的！"

问题4.4

什么是目标管理

毕 业 季

六月,又是一个毕业季,整个校园都充满了悲伤和别离,各种离别宴、分手饭接连不断,兄弟情、姐妹情、爱情等各种感情正在接受考验。毕业季是繁忙的、惆怅的,也是充满希望的。找工作是毕业季永恒的主题,同学们奔走于各大招聘会,浏览各大招聘网站,投简历、去面试,真是个浪漫又紧张的毕业季。

就连刚读大一的小关和小李也受到了影响。

"听说今年工作不好找,真担心我们的未来,听说有的学长成绩非常出色,当过学生会干部,拿过奖学金,获得过各类比赛大奖,求职时居然找不到太满意的工作。"小关焦虑地说。

"也不能这样想,有的学生一心想在大城市,想去体制内,嫌弃招聘单位薪水低、没发展,但由于自己'眼高手低',导致竞聘不上条件待遇好的职位。美国潜能大师伯恩·崔西曾说过,'成功就等于目标,其他的一切都是这句话的注解'。如果我们不提前确定目标,为目标努力,而是临近毕业才开始盲目地找工作,怎能不四处碰壁?今天的工作状况不由今天决定,它是我们过去学习的结果!"小李顿了顿接着说。

"美国哈佛大学曾对一群智力、学历、环境等客观条件都差不多的年轻人做过一个长达25年的跟踪调查,调查内容为规划对人生的影响,结果发现:毕业时,27%的人没有人生目标;60%的人目标模糊;10%的人有清晰但比较短期的目标;3%的人有清晰且长远的目标。25年后的跟踪调查显示:60%目标模糊的人,他们能安稳地生活与工作,但几乎没有什么特别的成绩;27%没有什么目标的人,几乎都生活在社会底层,过得非常不如意,常常失业,还经常抱怨他人、抱怨社会;10%有清晰的短期目标的人,大都生活在社会中上层,他们的共同特点是不断完成短期目标、职业成就稳步上升,他们成了各行业不可或缺的专业人士,如医生、律师、工程师、高级主管等;3%有清晰且长远目标的人,总是朝着同一个方向不懈努力,25年后成了社会各界的顶尖人士,他们当中不乏创业者、行业领袖、社会精英。美国其他几所著名大学也曾做过类似的

调查研究，耶鲁大学的调查结果为：3% 有清晰且长远目标的毕业生，20 年后挣的钱比剩下 97% 的毕业生挣的钱的总和还多。目标就像分水岭一样，轻而易举地将智力和教育水平相似的人分为少数卓越精英和多数普通工薪族，前者主宰了命运，后者随波逐流。这些例子足以证明确定目标的重要性，我们现在只是大一，一切都还来得及。我们现在要及时确定目标，这样才不至于到毕业时后悔。"小李的一番话，让小关有种三日不见当刮目相看的感觉。

"别这样用崇拜的眼神盯着我，我会骄傲的！"小李嘿嘿一笑。

"你在哪里学到这么多的，是薛老师给你单独开小灶了吗？"

"我怎么感觉你这话里有股醋味，我这不是以后想创业嘛，薛老师就给我推荐了几本书。"小李解释道。

"果真还得多看书啊！"

"走，咱们现在就去图书馆！"

"你可真是雷厉风行啊！"

4.4.1 目标管理的定义

目标管理是以目标为导向，以人为中心，以成果为标准，从而使组织和个人取得最佳业绩的现代管理方法。1954 年，美国管理大师彼得·德鲁克在《管理实践》中最先提出了"目标管理的概念"，其后他又提出了"目标管理和自我控制"的主张。目标管理提出以后，便在美国迅速流传。时值第二次世界大战后西方经济由恢复转向迅速发展的时期，企业急需采用新的方法调动员工积极性以提高竞争能力，目标管理的出现可谓应运而生，于是被广泛应用，并很快为日本、西欧国家的企业所仿效，在世界管理界大行其道。

4.4.2 目标管理的特点

1. 全员参与管理

目标管理是员工参与管理的一种形式，各级各类目标都由上下级共同商定，体现了充分的民主性和群众性。

2. 以自我管理为主

目标管理的基本精神是以自我管理为主，即目标的实施主要由目标责任者自我进行，通过自身监督与对比，不断修正自己的行为，从而实现目标。

3. 注重自我评价

目标管理注重自我评价，无论哪个层级的员工，都要对自己工作中的成绩、不足或问题进行自查自检和评估，以提高工作效率和效益。

4. 侧重结果评价

目标管理将过程评价放给个人，组织重视的是工作成效，重点评价员工实际完成任务的质和量，使评价更具可操作性。

4.4.3 目标管理的实施

1. 明确目标

研究人员和实际工作者早已认识到制定个人目标的重要性。美国马里兰大学的早期研究发现，明确的目标要比只要求人们尽力而为有更高的业绩，而且高水平的业绩是和高的目标相联系的。在企业中，目标技能的提升会继续提高生产率。

2. 参与决策

目标管理中的目标不是像传统的目标设定那样，单向由上级给下级规定目标，然后分解成子目标，落实到组织的各个层次上，而是用参与的方式决定目标，上级与下级共同参与选择设定各对应层次的目标，即通过上下协商逐级制定出整体组织目标、经营单位目标、部门目标直至个人目标。因此，目标管理的目标转化过程既是"自上而下"的，又是"自下而上"的。

3. 规定时限

目标管理强调时间性，制定的每一个目标都有明确的时间期限要求，如一个季度、一年、五年，或在已知环境下的任何适当期限。在大多数情况下，目标的制定可与年度预算或主要项目的完成期限一致。但并非必须如此，这主要是要依实际情况来定。某些目标应该安排在很短的时期内完成，而另一些则要安排在更长的时期内。

4. 评价绩效

目标管理寻求不断地将实现目标的进展情况反馈给个人，以便调整各自的行动。也就是说，下属人员承担为自己设置具体的个人绩效目标的责任，并负有同自己的上级领导一起检查这些目标的责任。因此，每个人对其所在部门的贡献就变得非常明确。尤其重要的是，管理人员要努力吸引下属人员对照预先设立的目标来评价业绩，积极参加评价过程，用这种鼓励自我评价和自我发展的方法，鞭策员工对工作投入，创造一种积极向上的环境氛围。

年轻人要做到"四个学会"

21世纪的大学生必须适应未来社会的需要。1996年，国际21世纪教育委员会向联合国教科文组织提交了一份名为《教育——财富蕴藏其中》的报告，提出：适应未来社会需要，年轻人要做到"四个学会"。

一是要"学会认知"。即学习不仅仅是要掌握知识，更重要的是学会掌握知识的能力（观察力、注意力、记忆力、思维能力等）和方法，学会如何去学习。

二是要"学会做事"。即学会应用所获得的知识去分析和解决实际问题的能力。这种实践能力实际上还同具有创造精神、勇于克服困难和善于同别人协作等心理品质联系在一起，是一种综合能力。

三是要"学会共同生活"。这不仅仅是指具有处理人际关系的能力，善于同别人和睦相处，而且是指在地球"变小"，世界上不同国家、民族和种族之间的交流与协作日益增多的情况下，要学会与不同文化、不同政治观点和宗教信仰的人们和平相处，共同发展。

四是要"学会生存"。在现代社会，学会生存，就要使个人的身心获得全面的发展。即不但要有健康的身体、发达的智力，而且要有劳动的技能，维护社会安宁的品德，审美的意识和情操，以及在复杂的社会环境中自我防卫的能力等。

4.4.4 目标管理的原则

在管理学中有一个非常重要的目标管理原则——SMART原则。

S代表specific，即设定目标时一定要具体，不可以是抽象、模糊的目标，例如要提高销售量，一定要说目标是销售量提高多少个百分点。

M代表measurable，即目标要可衡量，要能量化。任何一个目标都应有可以用来衡量目标完成情况的标准，目标越明确，就越能提供指引。

A代表attainable，即设定的目标要高，要有挑战性，但一定是可达成的。无法达成的目标只能说是幻想，太轻易达到的目标又没有挑战性。

R代表relevant，即设定的目标要与该岗位的工作职责相关。所设定的目标要和自己的生活、工作有一定的相关性。

T代表time bounding，即对设定的目标要规定完成时间。任何一个目标的设定，都应该考虑时间限制。

管理故事

跳高试验

有人曾经做过一个试验,他把人分成两组,让他们去跳高。两组人的个子差不多,先是一起跳过了1米。他对第一组说,你们能够跳过1.2米;对第二组说,你们能够跳得更高。经过练习后,两组分别再跳,由于第一组有具体的目标,结果每人都跳过了1.2米,而第二组的人因为没有具体的目标,所以他们中大多数人只跳过了1米,只有少数人跳过了1.2米。这就是有具体目标和没有具体目标的差别所在。

管理后记

大学是人生的关键阶段

下面这段话摘自一名大学生写的一封信。

"就要毕业了,回头看自己所谓的大学生活,我想哭,不是因为离别,而是因为什么都没学到。不知简历该怎么写,若是以往我会让它空白。最大的收获也许是……对什么都没有的忍耐和适应……"

这封来信道出了不少大三、大四学生的心声。大学期间,有许多学生放任自己、虚度光阴,还有许多学生始终找不到正确的学习方向。当他们被第一次补考通知唤醒时,当他们收到第一封来自应聘企业的婉拒信时,这些学生才惊讶地发现,自己的前途是那么渺茫,一切努力似乎都为时已晚……

对于那些想早些从懵懂中清醒过来的大学生,那些从未贪睡并希望把握自己的前途和命运的大学生,以及那些即将迈进大学门槛的未来大学生们,我想说:大学是人一生中最为关键的阶段,我们不能盲目虚度。从入学的第一天起,就应当对大学有一个正确的认识和规划。为了在学习中享受到最大的快乐,为了在毕业时找到自己最喜爱的工作,每一个刚进入大学校园的人,都应当学会自修之道、基础知识、实践贯通、兴趣培养、积极主动、掌控时间、为人处事。只要做好了这七点,大学生临到毕业时的最大收获就绝不会是"对什么都没有的忍耐和适应",而应当是"对什么都可以有的自信和渴望"。只要做好了这七点,你就能成为一个有潜力、有思想、有价值、有前途的快乐的毕业生。

资料来源:https://learning.sohu.com/20060925/n245524061.shtml

分享与讨论

1. 在你的成长过程中,你做过哪些决策?决策的依据是什么?
2. 你是否有做书面计划的习惯?说说你的理由。
3. 如果你的投资有两种选择,第一种是无论怎样都可得到一定收益,第二种是如果努力就可以得到双倍收益,你会选择哪一种?

第5部分　组　织

学 习 主 题

- 组织的概念、分类
- 组织工作的内容、特点、原则
- 组织设计的含义、目的、影响因素、原则
- 组织设计的层级、幅度、部门化
- 直线制、职能制、直线职能制、事业部制、矩阵制等组织结构类型
- 组织设计的职权化
- 招聘、培训、绩效考核和薪酬管理

学 习 收 获

- 了解组织的概念，认识组织设计在企业中的重要性
- 了解组织设计的关键要素，为以后的组织设计做准备
- 能够用实例说明组织工作原理的应用
- 能够针对不同的组织设计合理的组织结构
- 帮助人力资源工作者树立有关招聘和内部选拔的先进理念，了解主要的方法，建立起对构建人员评价体系的系统认识

问题5.1	什么是组织
问题5.2	如何设计组织结构
问题5.3	组织中有哪些职权
问题5.4	如何配备组织人员

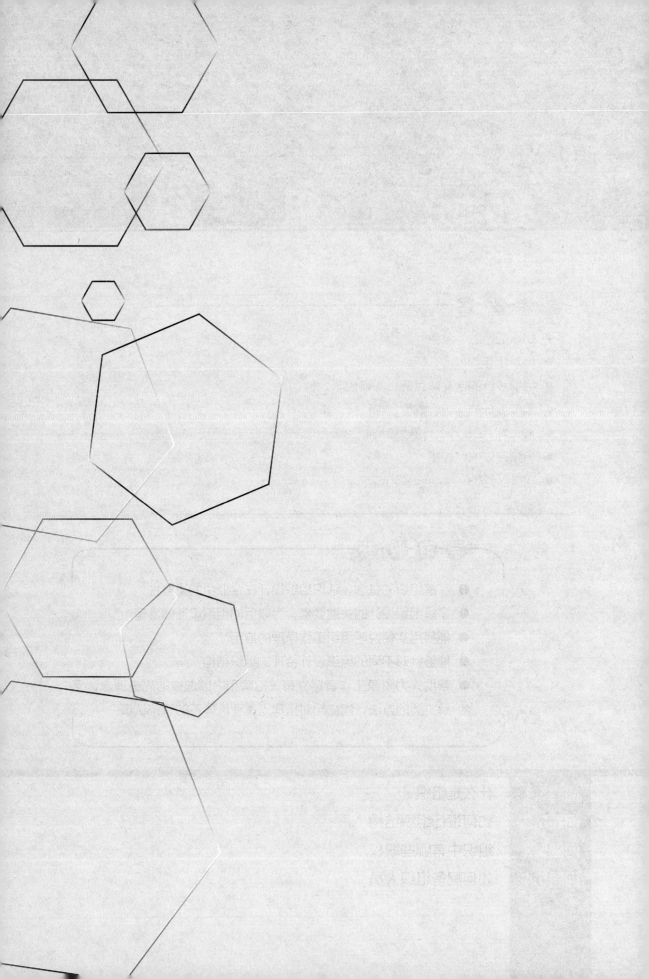

问题 5.1

什么是组织

组织结构图

转眼间，一个学期过去了，迎来了烈日炎炎的暑假。

小关看到小李兼职做得风生水起，也准备应聘一家新开餐饮企业的兼职服务员。面试前几天，小关做了充分的准备，比如自己的优势、应聘企业的情况、应聘岗位的职责、面试时可能提及的问题等。胸有成竹的他，在面试中表现得非常好，被人力资源总监破格任命为自己的助理。

刚上班的第一天，人力资源总监就对小关说："小关啊，我看你是大学生，还挺有水平的，我们这个企业刚刚成立，一切工作都得从头做起，这样，你先了解一下公司的组织结构，给我画一张组织结构图。"

"呃……"小关在慌乱中答应了总监交代的任务。其实他心里一点儿底也没有，但是他想，总得试试，要不岂不是一事无成了？

带着这个任务，小关找到了薛老师。

"没想到我们的小关刚刚工作就得到了上级的赏识，可喜可贺呀！不过要想完成这个任务，我还得先从组织开始给你讲讲。"

"老师，我想问一下，为什么要有组织呢？"

"因为组织是人们为了实现共同的目标而组成的有机整体，是一切管理活动赖以存在的物质载体。"

5.1.1 组织的概念

哈罗德·孔茨曾说过："为了使人们能为实现目标而有效地工作，就必须设计和维持一种职务结构，这就是组织管理职能的目的。"组织工作作为一项管理职能，是指在组织目标已经确定的情况下，将实现组织目标所必须进行的各项业务活动加以分类组合，并根据管理宽度原理，划分出不同的管理层次和部门，将监督各活动所必需的职

权授予各层次、各部门的主管人员，以及规定这些层次和部门间的相互配合关系。

从管理学的角度看，组织有以下含义。

（1）作为静态的组织，是指为实现一定目的而建立起来的人与单位的有序结构，使人能在这种结构里进行有效的协同工作。

（2）作为动态的组织，是指把分散的人或事物进行安排，使之具有整体性、连续性和比例性，形成一个协调系统。

管理故事

蜜蜂和苍蝇的故事

蜜蜂与苍蝇谁更聪明？大多数人都会不假思索地脱口而出："当然是蜜蜂！"然而，美国密西根大学教授卡尔·韦克做过的这个实验却发人深思：他把6只蜜蜂和6只苍蝇装进一个长筒型的玻璃瓶中，然后将瓶子横放，瓶底对着亮光口，瓶口朝着黑暗处，打开瓶口。不一会儿，6只苍蝇便从瓶口"胜利逃亡"；而6只蜜蜂却一直朝着亮光处的瓶底一端苦苦寻找出路，直到全部累死或饿死在瓶中。

为什么看似智力较高的蜜蜂反而不如那些愚蠢的苍蝇聪明呢？因为蜜蜂在生活中从没遇到过玻璃这种超自然的东西，以它们的智力和经验，出口只可能在光线最亮的地方，所以它们根本就没想到要去别的地方试探一下。而苍蝇呢，发现光亮处行不通后，便在瓶中四处乱飞，结果误打误撞，飞出了瓶口。

苍蝇虽为人类所不齿，但它随机应变、敢于尝试的探索精神却值得学习和借鉴。蜜蜂虽是人类的朋友，但它思维僵化、宁可累死也不寻找新出路的做法却让人摇头叹息。

蜜蜂与苍蝇的故事形象地说明了，在瞬息万变的市场环境中，像蜜蜂那样墨守成规、思想僵化，只能是死路一条。要敢于打破"只有光亮处才有出路"的思维定式，不断调整思路，通过营造一种宽松开放、生气勃勃、不拘一格的内部环境，不断激发员工的探索和创新精神。唯有创新、求变、以变应变才是企业永恒的"法宝"。因此，面对瞬息万变的市场环境，企业必须快速反应，适时调整组织结构，否则一着不慎，就会满盘皆输。

5.1.2 组织的分类

1. 按照组织规模大小分类

按照组织规模大小，可以把组织划分为小型组织、中型组织和大型组织。例如，医院组织按规模大小可分为个人诊所、小型医院和大型医院；行政组织可分为小单位、中等单位和大单位。按这个标准进行分类具有普遍性，无论哪类组织都可以这样

分类。再如，客房 300 间以下的酒店是小型酒店，客房 300~600 间的酒店是中型酒店，客房 600 间以上的是大型酒店。按照组织规模划分组织类型，是对组织现象的表面认识。

2. 按照组织性质分类

按照组织性质，可以把组织分为文化组织、经济组织和政治组织。文化组织是人们之间相互沟通思想、联络感情、传递知识和文化的社会组织。各类学校、研究机关、艺术团体、图书馆、艺术馆、博物馆、展览馆、纪念馆、出版单位、影视电台机关等，都属于文化组织。文化组织一般不追求经济效益，属于非营利性组织。经济组织是专门追求物质财富的社会组织，它存在于生产、交换、分配、消费等不同领域，工厂、商业企业、银行、财团、保险公司等，都属于经济组织。政治组织是为某个阶级的政治利益服务的社会组织，立法机关、司法机关、行政机关，以及政党、监狱等，都属于政治组织。

3. 按照组织是有意建立的还是自发形成的分类

按照组织是有意建立的还是自发形成的，可以把组织划分为正式组织和非正式组织。

正式组织是指为了完成组织所规定的目标与特定工作而产生的法定组织机构。正式组织具有以下特征。

（1）经过规划而不是自发形成的，其组织结构的特征能反映出一定的管理思想和信念。

（2）有十分明确的组织目标。

（3）讲究效率，明确分工。

（4）建立权威，组织赋予领导以正式的权力，下级必须服从上级。

（5）通过制定各种规章制度约束个人行为，实现组织的一致性。

非正式组织是人们在交往或工作过程中自然形成的以感情、喜好等情绪为基础的、松散的、没有正式规定的群体。非正式组织具有以下特征。

（1）具有不稳定性和自发性，对环境具有依赖性。

（2）具有较强的凝聚力。

（3）具有自发形成的核心或领导人物且其作用突出。

（4）成员之间的沟通方式呈多样性，非常灵活，但是具有片面性和失真性。

正式组织与非正式组织的对比见表 5-1。

表5-1　正式组织与非正式组织的对比

正 式 组 织	非正式组织
技术—经济系统	社会系统
工作关系	社会关系
讲求效率的逻辑	推崇感情的逻辑

续表

正 式 组 织	非正式组织
命令型的纵向沟通	非命令型的横向沟通
管理依赖的是职权	管理更多地依赖于领袖个人的人格魅力
领导者选择	个人自愿加入
成文的、强制性的规则约束	不成文的自我约束
正式组织的管理一般采用经济和技术手段,偏重于技术科学	非正式组织的管理一般采用社会和心理手段,偏重于社会科学

4. 按照组织形态分类

按照组织的形态,可以把组织划分为实体组织和虚拟组织。实体组织是指一般的组织,组织的最初形态就是实体组织。虚拟组织只是社会及组织发展到一定阶段才出现的产物。特别是自从数字化网络出现之后,虚拟组织更是成为一般的学术名词及操作术语,为大众所认同和接受。值得指出的是,实体组织的构成人员大多归属于该组织,而虚拟组织的构成人员则一般不归属于该组织。虚拟组织是为了某个目标而临时把人员快速组合起来,以利用特定的机遇完成目标,目标完成后就自行解散的一种临时性组织。例如,某科研所的科研人员主要归属于该科研所,而实施虚拟经营的某管理顾问公司的咨询人员大多不归属于该公司。

管 理 故 事

历史上著名的非正式组织

自古以来,非正式组织一直存在于正式组织之中。历史上著名的非正式组织,要数东汉外戚与清朝八爷党。东汉时期的外戚(即通过家族与皇室联姻的那些人)和宦官常常联合自己的势力,与皇权对立。皇权力量强大时,外戚的势力尚受到皇室牵制,直到东汉皇室式微后,外戚作为一种独立的政治力量活跃起来,比如跋扈将军梁冀、大将军何进等人。东汉时期,由于外戚势力庞大,皇帝不得不寻求宫中宦官的支持,以对抗外戚权臣,于是宦官崛起,有了后来的"十常侍之乱",进而因为争权引发了政变。清康熙年间,皇子众多,其中以八皇子为代表,笼络了一大批皇子和朝臣,形成了与太子党对立、试图争夺皇权的八爷党。

5.1.3 组织工作的内容

组织工作这个职能是由于人类在生产劳动中需要合作而产生的,正如巴纳德所强调的那样,人类由于受到生理的、心理的和社会的种种限制,为了达到某种目的就必须进行合作,而合作之所以能有更高的效率、能更有效地现某种目标,在多数情况下就是由于有了组织结构。因此,从组织的含义看,设计、建立并保持一种组织结构,

基本上就是主管人员的组织工作职能的内容。具体地说，组织工作职能的内容包括以下4个方面：①根据组织目标设计和建立一套组织机构和职位系统；②确定职权关系，从而把组织纵向和横向联系起来；③与管理的其他职能相结合，以保证所设计和建立的组织结构有效运转；④根据组织内外部要素的变化，适时调整组织结构以及职权配置。

5.1.4 组织工作的特点

1. 组织工作是一个过程

设计、建立并维持一种科学的、合理的组织结构，是为成功地实现组织目标而采取行动的一个连续的过程，这个过程由一系列的逻辑步骤所组成。

（1）确定组织目标。
（2）对目标进行分解，拟定派生目标。
（3）明确为了实现目标所必需的各项业务工作或活动，并加以分类。
（4）根据可利用的人力、物力以及利用它们的最佳途径来划分各类业务工作或活动。
（5）授予执行各项业务工作或活动的各类人员职权。
（6）通过职权关系和信息系统，把各层次、各部门联结成为一个有机整体。

上述过程中的前两步是组织工作的依据，有了这个依据，组织工作才有必要和可能进行，其后几步是组织工作的实质内容。一般地，组织工作实务同这个过程相吻合。主管人员通过这一过程来消除混乱，消除人们在工作或职责方面的矛盾和冲突，建立起一种适合组织成员互相配合的组织结构。

2. 组织工作具有动态性

通过组织工作建立起来的组织结构不是一成不变的，而是要随着组织内外部环境的变化而变化。随着时间的推移，原来的目标由于环境变化，可能不太适宜了，那么这时必须根据环境条件的变化，不断地修正目标。目标的变化自然会影响到随同目标而产生的组织结构，为使组织结构能切实起到促进组织目标实现的作用，就必须对组织结构做出相应调整。此外，即使组织的内外部环境的变化对组织目标影响不大，但随着社会的进步、科学技术的发展，原有的组织结构已不能高效地适应实现目标的要求时，也需要进行组织结构的调整和变革。

3. 组织工作要充分考虑非正式组织的影响

组织工作应重视非正式组织。由霍桑实验以及巴纳德等人的研究成果可知，组织有正式组织和非正式组织之分。在组织工作中，主管人员应考虑非正式组织的影响，一是因为非正式组织在满足组织成员个人的心理和感情需要上，比正式组织更具有优越性；二是因为非正式组织形式灵活、稳定性弱、覆盖面广，几乎所有的正式组织的员工都会介入某种类型的非正式组织。

5.1.5 组织工作的原则

1. 目标统一原则

组织中每个部门或个人的目标与组织目标越一致,越有利于组织目标的实现。因此,最大限度地使每个部门或个人的目标与组织目标趋于一致,组织目标实现得越好,组织结构就越合理有效。

2. 分工协作原则

组织结构越能反映为实现组织目标所必需的各项任务和工作分工,以及相互间的协调,组织结构就越是精干、高效。分工协作原则规定了组织结构中管理层次的分工、部门的分工、职权的分工。管理层次的分工,即分级管理;部门的分工,即部门划分;组织结构中的职权类型包括直线职权、参谋职权、职能职权。

3. 管理幅度适当原则

组织中管理者监督管辖的直接下属的人数越是适当,就越能够保证组织的有效运行。因此,组织中的管理幅度要适当,不宜过大。

4. 责权一致原则

在组织结构中,职位的职权和职责越是对等一致,组织结构就越有能效。职务、职责和职权三者应该相对等或相统一。

5. 集权与分权相结合原则

过于集权不利于下属积极性的发挥,过于分权不利于集中统一指挥。因此,集权与分权结合得越好,就越有利于组织的有效运行。

6. 稳定性与适应性相结合原则

越是能在组织结构的稳定性与适应性之间取得平衡,就越能保证组织的正常运行。

管理故事

故 事 两 则

故事一

说起结构,我们很容易想到石墨与金刚石,金刚石的化学成分是纯碳,石墨的化学成分也是纯碳,何以金刚石坚硬无比,而石墨质地非常软呢?科学家们把石墨和金刚石称为"同质多象变体",也有人称"同素异形体"。从这种称呼可以知道它

们具有相同的"质",但"形"或"性"却不同,且有天壤之别,金刚石是目前最硬的物质,而石墨却是最软的物质之一。矿物学家用摩氏硬度来表示相对硬度,金刚石为10,而石墨的摩氏硬度只有1。它们的硬度差别如此大,关键在于它们的内部结构有很大的差异。石墨内部的碳原子呈层状排列,一个碳原子周围只有3个碳原子与其相连,碳与碳组成了六边形的环状,无限多的六边形组成了一层。层与层之间联系力非常弱,而层内3个碳原子联系很牢,因此受力后层间就很容易滑动以致破裂。而金刚石内部的碳原子呈"骨架"状三维空间排列,一个碳原子周围有4个碳原子与其相连,排列方向一致,因此在三维空间形成了一个骨架状,这种结构在各个方向联系力均匀,联结力很强,因此使金刚石具有高硬度的特性。

故事二

福特汽车公司是由美国亨利·福特一世在1905年创立的,经过15年奋斗,成为世界上最大的企业之一,到20世纪20年代差不多垄断了美国的汽车市场,并在世界其他重要市场上占有主导地位,利润积累了10亿美元。但是,由于整个公司就福特一人掌权,到1927年,福特公司衰落下来,在市场上的份额降到了第三位。其后20年间几乎是亏损经营。

1944年,亨利·福特二世接管公司,改组了公司高度集权的组织结构,更换了全新的领导班子,这才扭转了公司的局面,使公司又迅速发展起来。

亨利·福特一世之所以失败,原因在于他认为一个公司不论规模多大,只需一个老板和一些助手,而不需要专业管理人员,他的助手只能照他的决定和命令行事,而不能像个经理那样行事。实际上,这种高度集权的组织结构无法适应福特汽车公司这样一个庞大的组织。

由此可见,公司组织是否合理对于公司的发展与生存起着至关重要的作用。公司组织结构的重要性仅次于对公司最高领导人的挑选。对各层管理人员来说,在一个结构设计良好的公司中工作,能保持较高的效率,并且能充分显示其才能;而在一个结构紊乱、职责不明的公司工作,管理人员无所适从,对公司产生失望乃至不满情绪,最终导致公司效率低下、人员纷纷离开。

建立适当的组织结构,可以使公司的各项业务活动顺利进行,可以减少矛盾与摩擦,避免不必要的、无休止的协调工作,从而提高公司效率。

问题5.2

如何设计组织结构

发 现 问 题

经过一段时间深入细致的了解，再加上努力学习，小关总算把组织结构图画好了。但是，在制作的过程中，小关也发现了一些问题。首先，公司现有组织结构严重阻碍了信息传递，管理人员的权力和责任模糊，各自为政，缺乏沟通。有的管理人员很散漫，组织效率低下，目标不明确。其次，组织结构的缺陷直接影响了良性企业文化的建设，表现为管理者与员工及企业的关系不明晰，缺乏向心力，没有形成有效的激励机制，没有建立公平竞争、公平晋升的制度，一线员工、中层管理者的建议反馈不顺畅，员工积极性不高。最后，营销管理缺失，市场意识淡薄。自成立以来，公司在营销上一直很保守，过分强调市场的客观性，将营销部门放在次要位置，未能给予足够的重视，导致公司长期处于自我封闭的经营状态，市场开拓意识较弱，客源结构单一，难以应付市场环境变化的冲击。此外，组织结构不合理还使经营成本难以有效控制，各个部门互相扯皮的事件时有发生。

小关想将发现的问题形成书面材料，给上级领导提供一些解决方案。可由于知识不够，小关觉得难以完成。例如，在写材料的过程中，小关就遇到了这样的问题：一个管理者究竟能够有效地直接指挥、监督、控制多少个下属呢？这一次，小关决定不去麻烦薛老师，而是通过自己查找资料来解决问题。

5.2.1 组织设计的含义
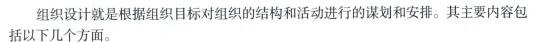

组织设计就是根据组织目标对组织的结构和活动进行的谋划和安排。其主要内容包括以下几个方面。

（1）根据任务和目标的要求，进行职能与职务的分析，设计组织机构。

（2）进行部门设计和层级设计，划分各机构间的上下左右关系、职责权限和分工协作范围。

（3）建立机构间的工作流程和沟通渠道。

(4)制定相关的政策方针和措施，使机构有序运转。

5.2.2 组织设计的目的

组织设计的目的主要有以下 4 个方面。
（1）通过建立柔性组织，反映外在环境变化的要求。柔性组织是指与动态竞争条件相适应的，具有不断适应环境和自我调整能力的组织。柔性组织无论是在管理体制上，还是在机构的设置上都具有较大的灵活性，对企业的经营环境有较强的应变能力。
（2）在组织演化发展的过程中，能够积聚新的组织资源。
（3）协调组织中各部门之间、人员之间的关系。
（4）保证组织目标的实现，这是组织设计的最根本目的。

5.2.3 组织设计的影响因素

1. 环境

环境是组织设计的重要影响因素之一，对于企业的创建和发展具有重要影响，因此，在对企业组织结构进行设计时，要充分考虑到环境对企业的影响。企业所面临的环境包括外部环境和内部环境。外部环境按照是否简单和稳定又可分为以下 4 种情况（或类型）。
（1）简单而稳定的环境。只有少数的外部因素影响组织，且这些因素相同、相似或变化缓慢。软饮料瓶制造商、啤酒分销商、容器制造商、食品加工企业等组织所处的外部环境都属于这种类型。
（2）简单但不稳定的环境。只有少数的外部因素影响组织，但这些因素变化频繁、不可预测。化妆品生产商、流行服装制造商、音乐行业、玩具制造商等组织所处的外部环境都属于这种类型。
（3）复杂但稳定的环境。存在大量的外部因素影响组织，但是这些因素相同、相似或变化缓慢。大学、用具制造商、化学公司、保险公司等组织所处的外部环境都属于这种类型。
（4）复杂且不稳定的环境。存在大量不相似的外部因素影响组织，且这些因素变化频繁、不可预测。航空企业、电信企业等组织所处的外部环境都属于这种类型。

各级各类组织要根据自身所面临的环境，做出积极的对策调整。一般来说，企业提高对环境应变性的方法有：①对传统的职位和职能部门进行相应的调整；②根据外部环境的不确定程度，设计不同类型的组织结构；③根据组织的差别性、整合性程度，设计不同的组织结构；④通过组织间的合作，尽量减少组织自身要素、资源对环境的过度依赖。

当外界环境较为稳定时，管理者可以采用机械式组织结构；当外界环境难以确定时，管理者可以采用有机式组织结构。

机械式组织结构也称官僚行政组织，是综合使用传统组织设计原则的自然产物。传统组织坚持统一指挥的结果，产生了一条正式的职权层级链，每个人只受一个上级的控制和监督。而组织要保持较窄的管理幅度，并随着组织层次的提高而缩小管理幅度，从而形成了一种垂直的结构。当组织的高层与低层距离日益扩大时，无法对低层次的活动通过直接监督来进行控制，就会增加使用规则条例，来确保标准作业行为得到贯彻。

机械式组织结构对任务进行了高度的劳动分工和职能分工，以客观的不受个人情感影响的方式挑选符合职务规范要求的合格任职人员，并对分工以后的专业化工作进行集权严密的层次控制，同时制定出多种程序、规则和标准。

有机式组织结构也称适应性组织结构，具有低复杂性、低正规化和分权化的特点。有机式组织结构是一种松散、灵活的具有高度适应性的组织形式。它因为不具有标准化的工作和规则条例，所以是一种松散的结构，能根据需要迅速做出调整。

有机式组织内部也会进行劳动分工，但人们所做的工作并不是标准化的。员工多是职业化的，具有熟练的技巧，经过训练能处理多种问题。他们所受的教育已经使他们把职业行为的标准作为习惯，所以不需要太多正式的规则和直接监督。例如，给计算机工程师分配一项任务，无须告诉他如何做，他对大多数的问题都能够自行解决或通过征询同事后得到解决。这是因为工程师依靠职业标准来指导自己的行为。

2. 战略

战略是指决定和影响组织性质及方向的总目标，以及实现这一目标的路径和方法。企业史学家艾尔弗雷德·钱德勒在《战略与结构》一书中提出了组织结构因战略而变的观点。他认为战略分为4个不同的阶段，每个阶段应设计与之相适应的组织结构。

第一阶段：数量发展阶段，该阶段企业产品品种单一，目标是扩大组织规模。

第二阶段：地区开拓阶段，该阶段企业注重组织协调和标准化、专业化建设，目标是建立新的组织结构并协调各个业务单元。

第三阶段：纵向联合发展阶段，该阶段企业在原有行业的基础上向其他领域扩展，需要建立与相关部门适应的职能部门。

第四阶段：产品多样化阶段，该阶段利用现有资源实施组织转型，这也要求创立转型所需的职能部门。

根据外部环境对企业的影响，企业的经营战略可分为保守型战略、风险型战略与分析型战略。各种类型经营战略的结构特征对比见表5-2。

表5-2　企业经营战略的结构特征对比

结构特征	保守型战略	风险型战略	分析型战略
集权和分权	集权为主	分权为主	适当结合
计划管理	严格	粗放	有严格也有粗放
高层管理人员构成	工程师、成本专家	营销、研发专家	联合组成
信息沟通	纵向为主	横向为主	—

3. 技术

技术是指把原材料等资源转化为最终产品或服务的机械力或智力，根据复杂程度可分为单件小批量生产技术、大批量生产技术和连续生产技术。技术对组织设计的影响见表5-3。

表5-3 技术对组织设计的影响

技 术	管理层次	基层管理幅度	行政管理幅度	工人与参谋比例
单件小批量生产	3	23	4	8∶1
大批量生产	4	48	7	5∶1
连续生产	6	15	10	2∶1

随着技术复杂程度的提高，管理层次的数量、管理人员占员工的比例提高，直接工人与间接工人的比例降低；大批量生产下，规范化程度、集权化程度高，管理幅度大；单件小批量生产与连续生产下，组织更倾向于采用有机式组织结构；大批量生产下，组织更倾向于采用机械式组织结构。

4. 规模

组织设计受组织规模、发展阶段的影响，很显然，一个小型计算机公司的组织结构与 IBM 公司会有很大的差异。一些学者建立了一些组织发展阶段模型，这些模型的基本思想是：组织是从简单到复杂不断向前发展的，人们在这条连续发展线上确定各阶段的位置；组织发展到了连续线上某一特定点时，就应当实行不同的组织设计；随着企业规模的日渐扩大，组织越来越规范化、分权化、复杂化。

帕金森定律

帕金森定律是指企业在发展过程中往往会因业务扩展或其他原因而出现一种现象——机构迅速膨胀、资源浪费、员工积极性下降。

帕金森定律是英国历史学家、政治学家西里尔·诺斯古德·帕金森（Cyril Northcote Parkinson）提出的。他在1958年出版的《帕金森定律》一书中，阐述了这样的观点：一个人做一件事所耗费的时间差别非常大，可以在10分钟内看完一份报纸，也可以看半天；一个忙人20分钟可以寄出一叠明信片，但一个时间充足的老太太为了给远方的外甥女寄张明信片，可以足足花一整天，找明信片一个钟头，寻眼镜一个钟头，查地址半个钟头，写问候的话一个钟头零一刻钟……特别是在工作中，工作会自动地膨胀，占满一个人所有可用的时间，如果时间充裕，他就会放慢工作节奏或是增添其他项目，以便用掉所有时间。

帕金森定律揭示了各部门用人越来越多的秘密：部门负责人宁愿找两个比自己水平低的助手也不肯找一个与自己势均力敌的下属。这样必然陷入机构越来越多、扯皮

越来越多、人员越来越多的恶性循环之中。如此恶性循环，就会形成机构重叠、人浮于事、扯皮推诿、效率低下的行政管理体系。

由此得出结论：在行政管理中，行政机构会像金字塔一样不断增多，行政人员会不断膨胀，每个人都很忙，但组织效率越来越低下。这条定律又被称为"金字塔上升"现象。

资料来源：卢英.帕金森定律与政府组织[J].科技创业月刊，2006（7）；张铭钟，曹雪梅.从"帕金森定律"看现代人力资源管理[J].理论导刊，2005（2）

5.2.4 组织设计的原则

1. 目标统一原则

任何一个组织都应有其特定的目标和任务，组织及其每一个部门都应该与该任务目标相关联，以实现组织的战略目标为最终目的。根据这一原则，企业在进行组织设计时首先应当明确组织的发展方向、任务目标等问题，然后分析为了保证组织任务目标的实现需要做哪些事，设置什么样的机构，赋予什么样的职能，再据此做到因事设职、因职设人，以目标和任务为主要依据和落脚点。

2. 专业化分工原则

组织部门的划分、业务的归属，应兼顾专业分工及协作配合，做到分工合理、协作明确。根据这一原则，首先要做好分工，明确组织需要做哪些事，分别归哪个部门、哪个岗位完成。同时应该注意分工的粗细适当，一般来说，分工越细越专业化，责任越明确，效率也会越高，但过细的分工会导致机构增多、协作困难、协调成本变高等问题。而分工过粗可使员工技能多样化发展，同时减少机构、降低协调工作量，但会导致责任不明确、各部门之间相互推诿、效率较低的问题。企业领导者在进行组织设计时可根据实际情况，如组织管理工作的繁简程度、人员素质高低等来具体确定。同时，这一原则也要求把协调中的各项工作规范化、程序化，形成具体可行的协调配合方法，以及相应的奖惩措施。

3. 统一指挥原则

只有在管理工作中实行统一领导，才能保证组织协调，消除多头领导和无人负责的现象。此外，分级管理有利于发挥各级组织成员的积极性和创造性，保证组织的高效率和灵活性。这一原则要求任何一级组织只有一个人负责，实行首长负责制，同时各个等级形成一个连续、明确的等级链。下级由其直接上级负责，对其直接上级汇报工作，听其直接上级指挥，原则上不得越级请示或越级指挥。

4. 权责对等原则

整个组织中的权责应是对等的，必须严格保证组织中每一职位拥有的权力与其承担的责任相称，权责相符是发挥组织成员能力的必要条件。权责的不相适应对于组织的危害较大，有权无责或是权大责小容易造成瞎指挥或是权力滥用，而有责无权或责大权小则会导致职责不能顺利实现，束缚管理人员的积极性、主动性和创造性。在组织结构中，除了要协调不同职位的权责关系，还应注意做好职责和利益的统一，避免职责和利益不统一现象的发生。

5. 有效管理幅度原则

管理幅度同管理层次相互联系、相互制约，二者成反比例的关系，即管理幅度越大，则管理的层次越少。一个领导者的管理幅度到底多大为宜，至今没有具体的数量标准，而这一问题对于确定组织的管理层次等至关重要。从理论上来说，当直接指挥的下级人数呈算术级数增长时，主管领导需要协调的关系呈几何级数增长。

6. 集权与分权相结合原则

集权与分权是辩证统一的两个概念。集权有助于加强组织的集中统一领导，提高管理工作效率，同时能够精简机构，充分发挥领导者的领导才干和工作能力。分权则使组织更加灵活，更能发挥基层领导者的聪明才智，从而培养一批精干的管理队伍。这一原则要求组织进行统一领导、分级管理，具体权力该集中到何种程度则需要根据组织实际情况来看，做到适当集中而又不影响基层人员的积极性。

7. 稳定性与适应性相结合原则

一方面，一个企业的组织应该保持一定的稳定性。组织是保证企业正常运行的重要机构，其变动将引起人员、分工、职责、协调等各个方面的调整，对组织内人员的情绪、工作习惯、工作效率都会带来影响，需要一段时间的适应期，所以相应的组织设计稳定性是组织运行稳定的需要；另一方面，随着组织的环境、资源、技术、规模等条件的变化，组织的战略目标是不可能一成不变的，当组织战略发生改变时，组织就需要进行相应的调整，以保持与经营战略的适应性。

因此，企业领导的责任就是把企业组织的稳定性与适应性较好地结合起来，使企业不至于因为一成不变而导致僵化，也不至于因为经常变动而缺乏业绩。

8. 精简高效原则

精干高效不仅是组织设计的原则，也是组织联系和运转的要求。队伍精干不是指越少越好，而是在满足组织运行发展需要的前提下尽可能地少。这一原则可以使组织成员有充分施展才能的空间，在能力和职位对应的基础上，促使组织具有高效率和灵活性。

5.2.5 组织设计的层次

1. 管理层次

管理层次是指从最高管理人员到最低工作人员中间所拥有的级次。良好的层次既能使信息畅通,真正准确地做到上情下达、下情上传,又能实现有效的控制,还能使下级人员的积极性和主动性得到充分发挥。

2. 垂直结构与扁平结构

(1)垂直结构。垂直结构即多层次结构,在最高层与作业层之间存在较多的管理层次,而每个管理层次的管理幅度较小。其优点是:可以严密监督控制,能体现上级意图,组织的稳定性强。但这种结构容易妨碍下属的主动性发挥;增加管理费用;信息传递渠道长,管理效率低;适用于比较稳定的环境。

(2)扁平结构。扁平结构是管理层次少、管理幅度大的一种组织结构形态,属于分权型组织。其优点是:有利于缩短上下级距离,密切上下级关系;信息纵向流通快,管理费用低;管理幅度较大,被管理者有较大的自主性、积极性和满足感。但这种结构不能严密地监督下级,容易失控;管理幅度的增大,造成了同级间沟通困难;适用于变化较快的环境。

图 5-1 所展示的是垂直结构与偏平结构的区别。假设该公司共有非管理人员 4096 人,如果管理幅度为 4,则该公司共有 6 级管理层,管理者人数为 1365 人,为垂直结构;如果管理幅度为 8,则该公司共有 4 级管理层,管理者人数为 585 人,为扁平结构。

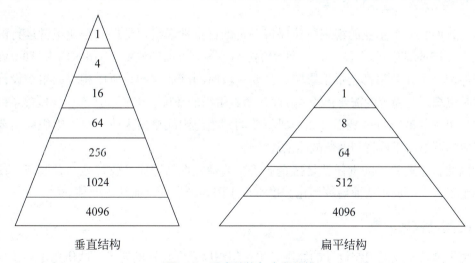

图 5-1 垂直结构与扁平结构

5.2.6 组织设计的幅度

1. 管理幅度

管理幅度也称管理宽度、控制幅度、管理跨度,是指一个上级能有效地直接领导与指挥的下属数量。管理幅度的大小与组织层次多少有直接关系,组织层次越多,管理幅度越小;反之,组织层次越少,管理幅度越大。

2. 影响管理幅度的因素

管理幅度的大小,与以下诸因素有关。

(1)上下级的素质与能力。组织中管理者的素质高、能力强,管理幅度可以大些;如果下级的素质低、能力弱,管理幅度就要小些。下属的成熟度越高,管理者可以管理的人员就可以越多。

(2)计划的完善程度。在一定条件下,计划越完善,管理幅度可以越大;否则,管理幅度应小些。

(3)面临变化的激烈程度。组织面临变化越激烈,管理幅度要越小;如果组织面临变化不大,较平稳,管理幅度可以大些。

(4)授权情况。给下属的授权越多,管理幅度可以越大;反之,如果权力集中在高层,管理幅度应小些。有效的授权是一项重要的管理技巧。

(5)沟通的手段和方法。沟通的手段和方法科学得当,就可以节省时间,效率就高,管理幅度就可以大些;反之,管理幅度就要小些。

(6)面对问题的种类。管理者面对的问题越复杂,管理者就需要花费一定的时间解决问题,管理幅度就应该越小;反之,管理者面对的问题较简单,管理幅度可以大些。

(7)个别接触的必要程度。如果需要个别接触的人很多,管理幅度就不可过大;否则,无法实现真正意义上的接触和交流。

(8)其他因素。

管理幅度实例

管理幅度的概念出自摩西组织以色列人逃出埃及的故事。摩西和十几名长老带领20余万人,在埃及沙漠中迁徙,但行进速度极为缓慢,每天行程不到20公里,而且迁徙队伍长达数十里。摩西的岳父注意到摩西和十几名长老费了这么多的时间去管理这么多人,于是劝告他:"你这样做不好。你和这些百姓都很疲惫,因为这事情太重,你独自一人办理不了。现在你要听我的话,我为你出个主意,要从百姓中挑选有才能的人,派他们当千夫长、百夫长、五十夫长、十夫长,叫他们随时管理百姓,大事都要呈到你这里,小事他们自己可以审判。这样,你就轻省些,他们

也可以担当此任。你若这样做,就能受得住,这些百姓也都能平平安安地到达他们的住处。"

摩西听从了岳父的话,挑选了有才能的人,立他们为百姓的首领,做千夫长、百夫长、五十夫长、十夫长。他们随时审判百姓,有难断的案子就呈到摩西那里,但各种小事则由他们自己审判。

第二次世界大战时,艾森豪威尔任盟军欧洲部最高司令,有3名直属下级,而这3名下属没有一个有超过4名下属的。

1975年,通用汽车公司的总经理有2名执行副总经理和13名副总经理,由这些人组成的小组直接向总经理汇报工作。

美国管理协会曾对100家大公司和41家小公司进行调查,发现:100家大公司中,向总裁汇报工作的人数从1人到24人不等,只有26位总裁拥有不到6人或6人的下属,中间数字为9人;41家小公司中,25位总裁有7个以上的下属,最常见的人数是8人。

5.2.7 组织设计的部门化

1. 组织设计部门化的含义

组织设计部门化是根据专业化原则把性质类似或有密切关系的活动划分在同一部门内,以提高工作效率。

2. 部门划分的方法

(1)按职能划分部门。按职能划分部门是最普遍采用的一种划分方法,是以工作或任务的性质为基础来进行的部门划分,在一个职能部门里执行一项特定的工作。按其重要程度,部门可分为基本的职能部门和派生的职能部门。按职能划分部门见图5-2。

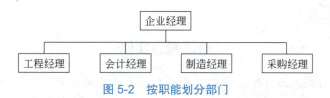

图 5-2 按职能划分部门

这种划分方法的优点是:符合专业化原则;有利于专业人员的归口管理;易于监督和指导;可以有效地利用资源,以达到规模经济;有利于员工职业生涯发展;有利于提高工作效率。其缺点是:容易出现部门的本位主义,协调困难;决策缓慢,管理较弱,较难检查责任与组织绩效;各部门易产生"隧道视野";适应性差;不利于培养综合管理者。

（2）按产品划分部门。按产品划分部门是根据生产经营的不同产品或产品系列进行的部门划分，适合于多元化经营的大型企业。例如，家电企业可能会依据其产品类别划分出彩电部、空调部、冰箱部、洗衣机部等部门。按产品划分部门见图5-3。

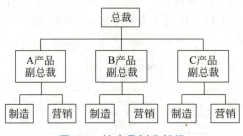

图5-3　按产品划分部门

按产品划分部门的优点是：有利于深入研究各业务的特点，提高产品质量和增加产品功能，有利于业务的改进，更好满足顾客的需要；有利于部门内协调；可提高决策的效率；便于对绩效的测评；有利于综合管理者的培养。其缺点是：容易出现部门化倾向；形成部门的本位主义；需要更多具有全面管理能力的人，造成行政管理人员过多，管理费用增加。

（3）按地区划分部门。按地区划分部门是根据地理因素设立管理部门，把某一地区的业务集中于某一部门全权负责。按地区划分部门见图5-4。

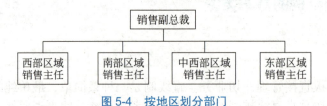

图5-4　按地区划分部门

按地区划分部门的优点是：针对性强，能对本地区环境变化迅速做出反应；便于区域间的协调；便于对绩效的测评；有利于综合管理者的培养。其缺点是：与总部之间的管理职责划分较困难；可能造成某些活动的重复、机构重叠；地区间会相互竞争，形成地区的本位主义；总部协调困难；需更多具有全面管理能力的人。

（4）按顾客划分部门。按顾客划分部门是根据不同顾客群而进行的部门划分。当某一顾客群的需求与其他顾客群大相径庭时，常常会采用按顾客划分部门。按顾客划分部门见图5-5。

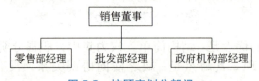

图5-5　按顾客划分部门

按顾客划分部门的优点是：有利于深入研究特定顾客的需求，对顾客更了解，针对

性强,服务更到位,在明确规定的服务项目方面满足顾客特殊和广泛的需求。其缺点是:有可能使企业的某些资源如设备、专业人员等不能达到充分利用,忙闲不均,有时对顾客明确分类有难度,而且随着顾客类型和需求的变化往往要求部门进行变化,而有些变化难以适应。

(5)按流程划分部门。按流程划分部门是根据组织活动在时间上的先后次序进行的部门划分。如机械制企业划分出铸工车间、锻工车间、机加工车间、装配车间等部门。按流程划分部门见图5-6。

图5-6 按流程划分部门

按流程划分部门的优点是:符合专业化原则,能够有效利用专业技术和特殊技能,简化员工培训,能取得经济优势;部门间的关系清晰,责任明确。其缺点是:部门间的协作较困难,不利于培养全面的综合管理人才;各部门都只对本过程或环节的生产和质量负责而不对最后成果负责,一个部门发生问题将直接影响到整个组织目标的完成,同时需要部门间的紧密协调和高层的严格控制。

5.2.8 组织结构的基本类型

1. 直线制

直线制是老板直接管理一切业务。直线制是一种最简单、最单纯的组织形式,组织中各种职位是按垂直直线排列的,各级管理者执行统一的管理职能,不设专门职能机构。直线制组织结构见图5-7。

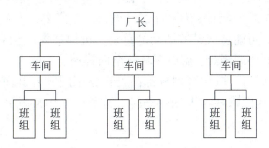

图5-7 直线制组织结构

直线制组织结构的优点是:结构简单,权力集中,职责分明;信息沟通方便,便于统一指挥,集中管理。其缺点是:缺乏横向协调关系,没有职能机构当领导的助手。

直线制组织结构适用于组织规模不大、职工人数不多、任务比较单一的企业。

2. 职能制

职能制起源于 20 世纪初法约尔在其经营的煤矿公司担任总经理时所建立的组织结构形式，故又称"法约尔模型"。它是按职能对部门进行分工，即每个部门的业务性质和基本职能相同，但互不统属、相互分工合作的组织体制。在这种结构下，行政主管把相应的管理职权交给相关的职能机构，各职能机构在自己的职权范围内，有权向下发布命令和通知。职能制组织结构见图 5-8。

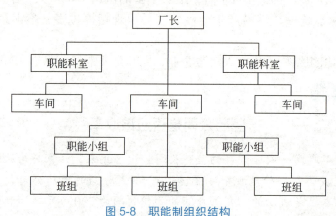

图 5-8　职能制组织结构

职能制组织结构的优点是：职能部门任务专业化，避免人力和物质资源的重复配置，降低管理费用；职责明确；组织系统稳定性高；实行专业化分工，便于发挥职能专长，提高工作效率。其缺点是：多头领导，违背统一指挥原则；职能部门之间的协调性差；不利于培养素质全面的、能够经营整个企业的管理人才；企业领导负担重。

职能制组织结构适用于只有单一类型产品或少数几类产品，且面临相对稳定市场环境的中小型企业。

3. 直线职能制

直线职能制是主管统一指挥与职能部门参谋、指导相结合的组织结构形式。具体来说，直线职能制是在各级行政负责人之下设置相应的职能部门，分别从事专业管理，作为该领导的参谋，实行主管统一指挥与职能部门参谋、指导相结合的组织结构形式。直线职能制组织结构见图 5-9。

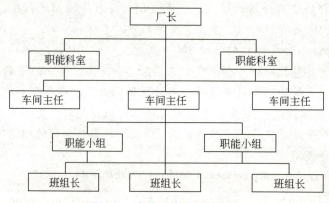

图 5-9　直线职能制组织结构

直线职能制组织结构的优点是：既能保持集中统一指挥，又能发挥参谋人员的作用，分工明确，责任清楚，管理工作效率较高；组织的稳定性较高，易于发挥组织的集团效率。其缺点是：权力集中于最高管理层，下级缺乏必要的自主权；各职能部门之间缺乏交流，不利于集思广益地做出决策；各职能部门之间横向联系较少，信息传递路线较长，容易产生脱节与矛盾，上层主管的协调工作量大；各参谋部门与指挥部门之间的目标不统一，容易产生分歧，容易出现指挥过多、参谋意见吸收较少的现象。

直线职能制组织结构适用于大多数企业，尤其是大中型企业。

管理案例

医药公司是否应该改革

D公司原是我国一家地方性的医药公司，近8年来，这家公司从一个小城镇的医药企业发展成为一个跨越9个地区、拥有56家分店的医药公司。多年来，公司的经营管理基本上是成功的。每家分店的年销售额为230万元，净利润达30万元。但是近2年来，公司的利润开始下降。

1个月前，公司新聘张亮担任总经理。经过一段时间对公司历史和现状的调查，张亮与公司的4位副总经理和9个地区经理共同讨论公司形势。

张亮认为，他首先要做的是对公司的组织进行改革。就目前来说，公司的9个地区经理都全权负责各自地区内的所有分店，并且掌握各分店经理的任免、有关资金的借贷、广告宣传和投资等权力。在阐述了自己的观点以后，张亮便提出了改组公司的问题。

一位副总经理发言道："我认为我们不需要设什么分店的业务经理。广告工作应由公司统一规划，而不是让各分店自行处理。而且我们公司的规模这么大，应该建立管理信息系统，我们可以通过信息系统在总部进行统一的控制指挥。如果统一集中的话，就用不着聘请这么多的分店经理了。"

另一位副总经理说道："我认为我们需要的是分权而不是集权。就目前的情况来说，我们虽聘任了各分店的经理，但是我们却没有给他们进行控制指挥的权力，我们应该使他们成为有职有权、名副其实的经理。"

"你们两位该不会忘记我们了吧？"一位地区经理插话说，"如果采用第一种方案，那么总部就要包揽一切。如果我们采用第二种方案，那么所有的工作都推到分店经理的身上。我认为，如果不设立一些地区性的部门，要管理好这么多的分店是不可能的。"张亮插话说："我只是想把公司的工作做得更好。我要对组织进行改革，并不是要增加人手或是裁员。我只是认为，如果公司某些部门的组织能安排得更好，工作的效率就会提高。"

资料来源：http://www.netkao.com/shiti/410777/19475725896.html

> 问题：
> （1）该医药公司为什么要进行组织改革？
> （2）你认为该公司应如何进行组织改革？
> 分析：
> （1）随着公司业务的扩张，该公司实行了跨地域经营，拥有了众多分店，这对总公司与分店的经营模式提出了新的挑战。为了适应公司的发展，调动总部和各分店的积极性，实现有效的信息对称和管理，D公司有必要进行改革。
> （2）公司改革应该根据围绕战略目标这一原则，正确处理好集权与分权、总部与分店的角色定位问题。D公司实行的是直线制组织结构，目前来看，D公司应该将直线制转变为直线职能制。总部定位于财务、人事、投资、公共服务（含广告管理）等宏观管理，授权地区分店在遵照总部管理要求的情况下，有一定的自主权，比如一定的人事权、销售政策建议权、额度范围内的促销活动等。

4. 事业部制

事业部制是按照企业所经营的事业设立若干事业部，事业部在企业的宏观领导下，拥有完全的经营自主权。事业部制是建立在产品部门化的基础上的，各个事业部分散经营。事业部制组织结构见图5-10。

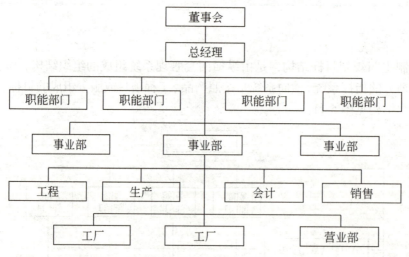

图5-10 事业部制组织结构

事业部制组织结构的优点是：提高了管理的灵活性和适应性；利于最高管理层摆脱日常行政事务，集中精力做好有关企业大政方针的决策；便于组织专业化生产，采用流水作业和自动线等先进的生产组织形式。其缺点是：增加了管理层次，造成机构重叠，管理人员和管理费用增加；各事业部独立经营，各事业部之间人员互换困难，相互支援较差；各事业部容易滋长本位主义和分散主义倾向。

事业部制组织结构一般适用于具有较复杂的产品类别或有广泛地区分布的企业。

事业部制

事业部制是由美国通用汽车公司于20世纪20年代创立的。1908年,当杜兰特创建通用汽车公司时,奉行的是广泛收购、急速扩张的战略和独断专行的原则。到1920年,已先后收购了50多家公司,但被收购的公司大部分依然像原来一样是"独立企业",总公司除杜兰特本人和几个助手外,没有专门的职能管理机构,各子公司又互不通气,通用汽车有限公司犹如一个"大拼盘"。

这种独断专行和缺乏全面管理机构的组织使通用汽车公司险遭灭顶之灾。1920年秋,面对全美的经济恐慌,通用汽车的销售量只及高峰时的1/4,而库存却超过了2亿美元,加上通用汽车公司的股票暴跌,使公司陷入了资金周转不灵的困境。

出于无奈,杜兰特不得不请求杜邦公司和摩根财团对通用汽车公司进行全面改组,随即杜邦公司的皮埃尔·杜邦入主通用汽车公司,在阿尔弗雷德·斯隆(1923年升任通用汽车公司总经理)的协助下进行改革,实行分权管理的事业部制,使通用汽车公司从杜兰特的"个人专断式的支配与管理"转变成"实行经营管理制度化的企业"。由斯隆创造的事业部制分权管理组织形式,不仅使通用汽车公司起死回生,也为现代大型企业的组织结构设计树立了典范。

5. 矩阵制

矩阵制也叫规划目标结构,是由纵横两套管理系统组成的组织结构,纵向系统是按照职能划分的指挥系统,横向系统是按照产品、工程项目或服务组成的目标管理系统。矩阵制组织结构见图5-11。

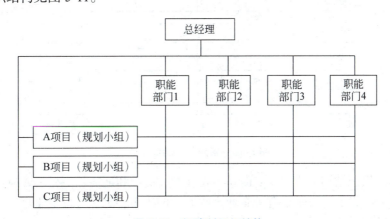

图5-11 矩阵制组织结构

矩阵制组织结构的优点是:有利于加强各职能部门之间的协作和配合;具有灵活性和应变性;能最大限度地集思广益,发挥人的才能。其缺点是:违背了统一指挥原则;

稳定性差;权责不清。

矩阵制组织结构适用于需要对环境变化作出迅速而一致反应的企业。

虚拟组织与虚拟企业

虚拟组织是一种有别于传统组织的,以信息技术为支撑的人机一体化组织。虚拟企业是指当市场出现新机遇时,具有不同资源与优势的企业为了共同开拓市场、共同对付其他竞争者,以外包、合作协议、战略联盟、特许经营、成立合资企业等方式组织,建立在信息网络基础之上的共享技术与信息、分担费用、联合开发的互利动态网络型经济组织。

1992年,威廉·戴维多(William Davidow)和迈克尔·马隆(Michael Malone)给出了虚拟企业的定义:"虚拟企业是由一些独立的厂商、顾客,甚至同行的竞争对手,通过信息技术联成临时的网络组织,以达到共享技术、分摊费用以及满足市场需求的目的。虚拟企业没有中央办公室,也没有正式的组织图,更不像传统组织那样具有多层次的组织结构。"由此可见,虚拟企业是由几个有共同目标和合作协议的企业组成的,成员之间可以是合作伙伴,也可以是竞争对手。这就改变了过去企业之间完全你死我活的输赢关系,而形成一种共赢的关系。虚拟企业集合各成员的核心能力和资源,在管理、技术、资源等方面拥有得天独厚的竞争优势,通过分享市场机会和顾客,实现共赢的目的。虚拟企业是工业经济时代的全球化协作生产的延续,是信息时代的企业组织创新形式。其特征以现代通信技术、信息存储技术、机器智能产品为依托,实现传统组织结构、职能及目标。在形式上,虚拟企业没有固定的地理空间,也没有时间限制,组织成员通过高度自律和高度的价值取向共同实现团队目标。

世界上最典型的虚拟企业当属耐克公司。耐克公司在1972年创建时规模很小,与当时已经具有上百年历史的阿迪达斯、彪马、锐步等品牌相比,只是体育用品领域的小字辈。但在此后短短的30年里,耐克公司凭借独到的虚拟经营策略,后来居上,成为世界上最畅销的体育用品品牌之一,缔造了在商界急速发展的神话。

一、贴牌生产

耐克公司本身不生产任何产品,公司总部只是将设计图纸交给负责承包的生产厂家,让厂家严格按图纸式样进行生产,然后贴上耐克的牌子,再将产品通过公司的行销网络销售出去。就这样,耐克公司不用一台生产设备,却缔造了一个遍及全球的体育用品王国。每双耐克鞋,其生产者获得的收益只有几美分,而凭借全球的营销网络,耐克公司却能从每双鞋中获得几十甚至上百美元的收入。

耐克公司没有堆积如山的原材料,也没有庞大的运输车队,甚至没有一间厂房、一条生产线和一个生产工人,因为这些它都不需要。耐克公司所拥有的是非凡的品牌、卓越的设计能力、合理的市场定位以及广阔的营销网络,有了这些在传统企业眼中"虚"的东西,就可以选择市场上最好的制鞋厂家作为供应商,按照自己的设计和要求生产

耐克运动鞋。并且，因为没有有形资产的束缚，耐克公司可以随时根据市场环境和公司战略的需要转换生产基地。这种模式充分体现了虚拟经营的优势。

二、重视营销和研发

耐克公司在生产经营上广泛采取虚拟经营方式，从而使本部的职能部门和人员相当精简，这使耐克公司极大地提高了工作效率，降低了管理成本，并使公司始终保持活力。在美国俄勒冈州的比弗顿市，销售渠道遍及世界每个角落的耐克公司总部只有四层楼，而且在这里看不见一双鞋，公司将所有人力、物力、财力都集中投到产品的设计和市场营销中，大力培植公司的产品设计和市场营销能力。耐克公司集中精力关注产品设计和市场营销等方面的问题，及时收集市场信息并将之反映到产品设计上，然后再由世界各地的签约厂商生产产品以满足市场需求。

除了独特的营销，专注于产品设计无疑也是耐克公司获得成功的法宝。耐克公司1980年成立了研发实验室，其带头人汤姆·麦格沃克是生化和生理学专家，他甚至参与过计划修补北极海床沉淀物工程的"核心系统"。在耐克公司的研发实验室里，到处可见生理学研究专家，而这些天才们要做的就是设计出令顾客满意并有利于人体健康的鞋子。

在市场竞争日趋激烈的当今社会，对于一些现代企业而言，像厂房、设备等实物资源在某种程度上已不再重要，因为任何实物资产都会折旧，甚至过时成为包袱，而制胜的关键却是那些所谓"虚"的东西，如设计人才、营销网络等。所有实物资源都可以通过外部合作来获得，而具有竞争力的知识产权、标识等独有资源才是核心价值，这也是虚拟经营能够大获成功的原因所在。

资料来源：https://www.docin.com/p-2010452763.html

经过认真学习，小关基本上了解了组织结构设计的内容，他在自己的学习手册上这样写道：总之，合理的组织结构设计应该是部门结构清晰、人员精简、集权与分权合理、控制幅度适中。

问题5.3

组织中有哪些职权

吸烟风波

小关所在的餐饮企业最近发生了这样一件事。两星期前,老板发现有一些后厨员工上班时间在员工通道吸烟,于是召集所有员工一起开会,强调吸烟的危害性,当场制定了一项政策:第一次被老板发现吸烟,没收香烟;第二次被发现,罚款100元。

自此之后,出现了一个很有意思的现象:所有人想吸烟的时候就看老板在不在,只要老板不在,就放心大胆地吸。即使经理制止,他们也有说辞:老板说他发现才罚款,你发现了凭什么罚我款?经理也有苦衷,因为经理很能理解厨房员工忙碌紧张而又枯燥的工作,偶尔吸根烟也可以理解,毕竟经理自己也吸烟,对吸烟并不反感。所以,经理对下属吸烟也就睁一只眼闭一只眼。

某日,一名员工脚底下有个烟头。老板发现后,问厨房里的人,谁也不承认是自己抽的。老板一发怒,就默认是烟头所在位置的员工吸的,罚款100元。这名员工非常委屈,又不敢在老板面前辩解,只能找经理理论。经理也很委屈:又不是我罚的款,你找我干嘛?

过了没几天,这名员工辞职不干了!

此时正是旺季,店里非常缺人。老板就问经理:"为什么他辞职了?"经理说:"好像是因为吸烟被罚那件事!"

老板说:"这点事就要离职?你没有给他做做思想工作?"

经理说:"他态度很坚决,我也说服不了。"

老板说:"作为管理者,你应该学会做思想工作……"

经理又很委屈:老板把员工罚走了,为啥批评我?

于是,经理每次见到老板,心里总有疙瘩,总认为:老板是管理员工吸烟的第一责任人,我管不了……

员工也认为:管吸烟这件事的是老板。

久而久之,老板很忙,中层很闲,下属很累……一切都乱套了!

小关认为,老板对自己不错,应该将这种状况告诉他,但自己也不知道问题到底出在哪里,就去找薛老师。

薛老师说:"这是越权指挥,要想充分理解,得先从职权讲起。"

5.3.1 权力的类型

如果把组织看成是具有特定功能的一台机器，各个部门就是组成机器的各种零部件，组织结构就是这台机器的构造。要使一台机器运转起来，只是把各种零部件组合在一起还不够，还必须供之以动力。同样，一个组织除了要对各个部门进行安排部署外，还必须具有动力，这样才能使组织运转起来。这里所说的"动力"，实际上就是权力。要使组织正常运转，就要求将权力在组织中进行合理而有效的分配。

一般来说，权力有以下 5 种类型。

1. 制度权

制度权也称法定权或法理权。它附属于某种职位，来自人们对权利、义务和责任的根本看法所形成的文化系统。在这样一个文化系统中，职位作为一种合理合法的存在而为人们所认可或接受。这种随职位而拥有的权力就是职权。

2. 专长权（专家权）

专长权（专家权）是指由于人们拥有某种特殊的知识或技能而对他人所产生的影响力。人们常常会受到医生、律师、科学家等的强烈影响，并尊敬他们，这是因为他们拥有着各自领域的专门知识。

3. 个人影响权

个人影响权又称参考权，是由于被人们信仰和崇拜而产生的权力。例如，一些宗教领袖、战斗英雄、电影明星等就常常拥有这样的权力。

4. 强制权

强制权也称惩罚权，是指对不服从领导者指示或要求的人进行控制和惩罚的权力。强制权是会给人们带来不愉快或不情愿后果的权力。这种权力是建立在惧怕基础上的。例如，某人若不服从指示或要求就可能受到惩罚，使自己的物质利益、事业前途、人身安全或心理受到损害，则发出指示或要求的人就获得了对这个人的强制权力。

5. 奖赏权

奖赏权是指管理者对下属进行表扬、奖励、晋升、加薪、休假或提供其他机会（如派出培训）等的权利。这种权力可以为他人带来某种期望的结果或好处。它是由职位权派生出来的。一般来讲，拥有一定职位权力的管理者才能拥有一定限度的奖赏权。

5.3.2 组织设计的职权化

管理者必须拥有职权才能履行职责。职权（authority）是权力（power）的一种。组织中管理者所拥有的权力主要是职权，也可以不同程度地同时拥有其他权力。

职权是一种制度权，它是指组织中的某一职位做出决策的权力，它只与组织中的管理职位有关，而与占据这个职位的人员无关。原先占据某一职位的主管一旦离职，其所拥有的职权也就随之消失。

1. 职权的概念

职权是职务范围以内的权力，是指管理职位所固有的发布命令和希望命令得到执行的一种权力。职权是组织设计中赋予某一管理职位的权力。这一概念包括以下几层含义：①职权的来源是组织，它由组织授予；②职权的基础是职位，获得职权必先获得职位；③职权以履行职责为前提，职权的大小取决于职责范围的大小。

2. 职权的来源

职权可以委让给下属管理人员，授予他们一定的权力，同时规定他们在限定的范围内行使这种权力。可见，职权有固有职权和授予职权之分。层级中居于某一特殊职位所拥有的命令指挥权和个人因为具备某些核心专长或高级技术能力而拥有的技术能力的职权，以及个人因为能够有效地激励、领导和奖惩他人而拥有的管理能力职权，都属于固有职权。上级委认给下属管理人员有效地激励、领导和奖惩他人而拥有的管理能力职权，则属于授予职权。

3. 职权的分类

（1）直线职权。直线职权是按照等级原则和指挥链，由上级对下级逐级发布命令和进行指挥的权力。直线职权是一种决策的权力，直线权力关系是组织中的主要关系。例如，董事长对总经理拥有直线职权，厂长对车间主任拥有直线职权，车间主任对班组长拥有直线职权，等等。

（2）参谋职权。参谋职权是一种服务和协助的关系。参谋职权是承担参谋职能的人所拥有的职权。例如，总经理秘书、助理拥有的职权就是参谋职权。直线职权是一种决策的权力，或者说是指挥和命令的权力，而参谋职权与直线职权不同，这种职权仅限于提供咨询和建议，是建议权。

（3）职能职权。职能职权是一种赋予个人或部门的，对某些特定的程序、业务、政策等进行控制的权力。例如，人力资源总监、销售部总监拥有的职权就是职能职权。职能职权必须只限于那些确实需要专门知识和技能的复杂问题。职能职权的产生还意味着对统一指挥原则一定程度的破坏，意味着多头指挥，因此，必须注意避免职能职权的过度和滥用。

上述三种职权中，直线职权意味着做出决策、发布命令并付诸实施，是协调组织的人、财、物，保证组织目标实现的基本权力；参谋职权则仅仅意味着协助和建议的权力，它的行使是保证直线主管人员做出的决策更加科学与合理的重要条件；职能职权由于是直线职权的一部分，因此也具有直线职权的特点，但职能职权的范围小于直线职权，它主要解决的是关于怎么做和何时做的问题，职能职权的行使者多是一些有一定专长的参谋人员。

4. 集权与分权

（1）集权。集权即职权的集中化，是指决策权在很大程度上向处于较高管理层次的职位集中的组织状态和组织过程。

集权的优点：具有对组织的绝对控制权，能确保坚持既定政策；它方便管理，易于分辨每一职能的重点；有可能在整个组织中拥有通用的标准；有可能雇佣一批十分称职的职能型专家；便于采用计算机管理。

集权的缺点：独裁，缺乏灵活性，组织适应能力低；员工易产生挫折感；由于刻板，组织的运行效率低；员工的工作热情低，缺少创新；影响决策的正确性、及时性，决策的质量低。

（2）分权。分权即职权的分散化，是指决策权在很大程度上分散到处于较低管理层次的职位上。从决策的频度、决策的幅度、决策的重要性和对决策的控制程度可以判断出组织的分权程度。

①决策的频度。组织中较低管理层次制定决策的频度或数目越大，则分权程度越高。

②决策的幅度。组织中较低管理层次决策的范围越广，涉及的职能越多，则分权程度越高。

③决策的重要性。决策的重要性可以从两个方面来衡量：一是决策的影响程度；二是决策涉及的费用。如果组织中较低管理层次的决策只影响该部门的日常管理，而不影响部门的未来发展，其决策对整个组织的影响程度较小，则组织的分权程度较低；反之，则较高。类似地，低层次管理部门决策涉及的费用越大，说明其分权程度越高。

④对决策的控制程度。如果高层次对较低层次的决策没有任何控制，则分权程度极高；如果低层次在决策后要向高一级管理部门报告备案，则分权程度次之；如果低层次在决策前要征询上级部门的意见，则分权程度更低。

分权的优点：灵活性强；管理者和员工们工作满足感强；能促进员工的个人发展；可以将操作层上的文档类工作降到最低水平。

分权的缺点：总部控制很困难；可能比集权需要进行更多的汇报或视察性工作；会造成较昂贵的经营成本；某些分权后的部门各自为政，从而导致各部门的关系紧张。

在现实中，既不存在绝对的分权，也不存在绝对的集权。绝对的集权意味着职权全部集中在一个人手中，因而不存在下级管理者，这实际上等于组织是不存在的；绝对的分权也不存在，因为这意味着没有管理者，组织也不可能存在。集权和分权是两个彼此相对、互相依存的概念。说一个组织集权或分权，要么是在同该组织的过去比较，要么是在同其他组织比较。

集权或者分权不能简单地用"好"或"坏"来加以判断。在成功的企业中，既有许多被认为是相对分权的企业，也有许多被认为是相对集权的企业。因此，不存在一个普遍的标准，可以使管理者据以判断应当分权到什么程度，或是应当集权到什么程度。

（3）影响集权与分权程度的因素。

① 决策的代价。一般来说，决策失误的代价越高，越不适宜交给下级人员处理，适合集权；反之，则适合分权。

② 政策一致性的愿望。如果高层管理者希望保持政策的一致性，则趋向于集权化；如果高层管理者不希望政策一致，则会放松对职权的控制程度，趋向分权。

③ 组织的规模和经营特点。组织规模大，决策数目多，协调、沟通及控制不易，宜于分权；相反，组织规模小，决策数目少，分散程度较低，宜于集权。

④ 管理人员的性格特点。组织中个性较强和自信的领导者往往喜欢所辖部门完全按照自己的意志来运行，善于运用集权；而相对较为崇尚自由、民主的领导者，则趋向分权管理。

⑤ 组织的历史。若组织是由小到大扩展而来，则集权程度较高；若组织是由联合或合并而来，则分权程度较高。

⑥ 环境的变化。环境越复杂，经营风险越大，分权程度越高；环境较为简单、稳定的企业，可以提高集权程度。另外，稳定型战略利于提高企业集权程度，收缩型战略也必须加强高层集权；而增长型战略则要求扩大分权。

⑦ 产品结构及生产技术特点。企业产品单一，生产过程连续性强，各环节协作紧密，企业高层应集权多些；企业跨多行业经营，产品生产技术差别大，市场销售渠道不同，应加大分权程度。

⑧ 组织规模。组织规模较小时，一般倾向于集权；当组织规模扩大后，组织的层次和部门会因管理幅度的限制而不断增加，从而造成信息延误和失真，为了加快决策速度、减少失误，最高管理者就要考虑适当分权。

⑨ 组织的成长。组织成立初期，绝大多数都会采取和维持高度集权的管理方式；随着组织逐渐成长，规模日益扩大，则会由集权的管理方式逐渐转向分权的管理方式。

⑩ 职能领域。组织的分权程度会因职能领域而有所不同，有些职能领域需要更大的分权程度，如销售等部门，有些则相反。

"你老板管理员工吸烟的行为是越俎代庖，它干预了正常的上下级关系，插手了下属的工作流程，这实际上就是一种越权。这样对工作横加干预，或有意无意地过问、插手、表态，时间长了，不但会造成事倍功半，还会打乱下级的正常工作秩序，使下属无所适从。所以，我的建议是更加明确职责范围，将员工吸烟的问题纳入管理规定，进行规范化管理。此外，你的老板还需要充分授权给下属，例如让经理去监督管理规定的执行。"薛老师耐心地解释道。

"那什么是授权呢？"小关接着问道。

5.3.3 授权

1. 授权的概念

授权是指管理者将自己的部分决策权或工作负担转授给下属的过程。授权是组织规模扩大的结果。任何人都无法承担实现组织目标所必需的一切任务,同样也没有人能够行使所有的决策权力。由于存在着管理幅度的限制,管理者必须将职权授予下属,以使他们在各自的职责范围内进行决策。职权在组织中的各个职位上的分配或配置,即指挥链的建立,要通过授权来进行。

2. 授权的过程

授权的过程共分 3 步。

第一步,将任务委派给接受授权的下属,并明确应当取得的成果。

第二步,将完成任务所必需的职权授予下属。

第三步,让下属明确所接受的任务、成果要求和职权的义务。

这三步不可分割,缺一不可。只要求某人完成某一任务而不授予相应的职权,或者授予职权却不清楚最终要取得什么成果,都不能算是真正的授权。

3. 授权的优点

授权的优点是可以使上级从日常事务中解脱出来;可以激发下级的工作热情;可以培养下级的才能;可以发挥下级的专长,弥补上级才能的不足。

4. 授权的原则

要使授权达到预期的效果,应遵循以下原则。

(1) 因事设人,视能授权。

(2) 明确责任,授权不等于授责,下级要负工作责任,上级要负最终责任。

(3) 直接、不越权授权。

(4) 适度授权。

(5) 用好监控权,既不能失控,又不能过度干预。

管理故事

国王和猴子

有一个国王老待在后宫里,感到很无聊,为了解闷,他叫人牵了一只猴子来给自己做伴。因为猴子天性聪明,很容易得到国王的喜爱。这只猴子到王宫后,国王给了它很多好吃的东西,渐渐就长胖了,国王周围的人都很尊重它。

国王对这只猴子十分相信和宠爱，甚至连自己的宝剑都让猴子拿着。在王宫附近，有一座供人游乐的树林。当春天来临的时候，这座树林简直美极了，成群结队的蜜蜂嗡嗡地"咏叹"着爱神的光荣，争芳斗艳的鲜花用香气把林子弄得芬芳扑鼻。国王被这里的美景所吸引，带着他的正宫娘娘到林子里去。他把所有的随从都留在树林的外边，只留下猴子给自己和正宫娘娘做伴。国王在树林里好奇地游了一遍，感到有点儿疲倦，就对猴子说："我想在这座花房里躺下睡一会儿，如果有什么人想伤害我，你要竭尽全力保护我。"说完这几句话，国王就睡着了。一只蜜蜂闻到花香飞过来，落在国王头上。猴子一看就火了，它想道："这个倒霉的家伙竟敢在我的眼前来蜇国王！"于是，它就开始阻挡。但是这只蜜蜂被赶了，又有一只飞到国王身上。猴子大怒，抽出宝剑就照着蜜蜂砍下去，结果把国王的脑袋给砍了下来。同国王睡在一起的正宫娘娘吓了一跳，爬起来大声喊道："哎呀！你这个傻猴子呀！你究竟干了什么事儿呀！"猴子把事情的经过原原本本地说了一遍，聚集在那里的人们把猴子骂了一顿，将它带走了。

这个寓言告诉我们：相信动物的程度超过了相信人，把自己的安危交给不具备人性思维的动物，这实在是很不理智的啊！

5. 授权的对象

授权是为了更好地开展工作，要使授权真正发挥作用，产生预期的效果，选对、选好授权对象至关重要。因此，授权对象应选择以下几类人：①忠实执行上司命令的人；②明白或知晓自己权限的人；③勇于承担责任的人；④上司不在能够留守履职的人；⑤随时准备回答上司提问的人；⑥致力于消除上司误解的人。

管理故事

不善授权的诸葛亮

诸葛亮于建安十二年（207年）初出卧龙岗，至建兴十二年（234年）病殁于最后一次北伐所进驻的五丈原营帐里，享年54岁，为刘备、刘禅父子，以及自己的理想劳累奔波了27年。

在他27年的职业生涯中，从最开始的未出茅庐即三分天下，"受任于败军之际，奉命于危难之间"的联吴抗曹，赤壁大战之际的智取荆州，西取益州，策划汉中争夺战，治理蜀地，发展生产，至白帝托孤后，五月渡泸，平定南郡，六出祁山，北伐中原，最后病殁于五丈原，安葬定军山，"马革裹尸，战死疆场"，结束了不平凡的一生。

可以说，诸葛亮的确做到了"鞠躬尽瘁，死而后已"，将自己的毕生精力都贡献给了光复汉室的"伟大"事业，视"工作"高于"生命"。特别是先主刘备白帝托孤，将后主刘禅和整个蜀汉的命运都托付给他后，他更是"夙夜忧叹，恐托付不效，以伤先帝之明"。

> 诸葛亮一手承担了蜀汉全国军政大计的决策甚至实施；亲自监督兴修水利、桥梁、道路、驿舍等工程；组织养蚕、织锦、煮盐、冶铁、铸钱等具体的生产；亲力亲为，规划木牛流马、连弩等新式作战工具及武器；"躬自校簿书，流汗竟日"，为行政上的小事而废寝忘食；事无巨细，二十杖以上的刑罚都要亲自审问裁定；著书立说，修身养性，教育子女……即使是在生命的最后时刻，他仍然垂死留下遗言，为自己死后选定接班人，甚至在他死后，还有"死诸葛吓走活仲达"的历史传说。其可谓"我不入地狱，谁入地狱"。
>
> 诸葛亮死时，不过54岁，而与其同为蜀汉效力的赵云则享年72岁，先主刘备也享年63岁，与这些"颐养天年"的同时代人比起来，诸葛亮真可算得上"英年早逝"了。"出师未捷身先死"，他的"早逝"，最直接的后果就是自己的理想和抱负因寿命因素而夭折。这样的结果，很大程度上是由于诸葛亮不善授权造成的。
>
> 资料来源：http://lishi.zhuixue.net/renwu/zhugeliang/35490.html

授权与代理、助理、分工、分权的区别

授权不同于代理。代理职务是在某一时期内依法或受命代替某人执行任务。代理期间，代理人与授权人是平级关系，而授权是上下级关系。

授权不同于助理或秘书。助理或秘书只帮助主管工作而不负担责任，而授权的主管和被授权人都要承担相应责任。

授权不同于分工。分工是组织中的各个成员按照其工作不同各负其责，彼此之间没有隶属关系，而授权者与被授权者之间有上下级之间的监督与报告关系。

授权不同于分权。分权是授权的延伸，是在组织中有系统的授权，根据组织规定这种权力可以长时期地停留在中下级管理者手中，而授权是一种短期的权责授予关系。

问题5.4

如何配备组织人员

招 聘 启 事

凉风吹走了八月的炙热,天空更加澄清,云更加轻盈。车站在透明的秋季里格外热闹,几张桌子拼成了简易的新生接待台,迎接匆匆赶赴而来的莘莘学子。九月,又是一年开学季。

今天一上班,薛老师就感到热闹非凡,许多学生和家长来到校园,给校园增添了许多新鲜元素。开学季也是学生会纳新的好时节。薛老师一眼就看到了在人群中忙碌的小李。他正在张贴学生会招聘启事。

学生会招聘启事

为了给广大学生提供展现自我和锻炼自我的舞台,同时也为了学校更好地开展工作,学工处、校团委决定近期招聘校学生会干部。我们期待你的加入,学生将会因为你们的加入而更具生命活力。你们的热情、你们的参与都会是学生会、团委新的力量和源泉!

一、招聘对象

本次招聘的对象是一年级新生。

二、基本要求

凡符合下列条件的在校学生均可参加应聘。

(1)具有较高的思想政治素质和良好的政治修养,思想上积极要求进步。

(2)有较充沛精力和时间,能自主协调好工作和学习的关系。

(3)热爱学生会工作,乐于为广大同学服务,关心集体,乐于奉献,对工作热情、积极。

(4)具有较强的组织策划、沟通协调能力,工作勤奋、吃苦耐劳,办事公正,有较强的事业心和责任感。

(5)有学生会工作经验者及现任班委成员可优先考虑。

三、招聘部门职责及招聘人数

学检部——加强学生的自我管理,配合学校进行班级的各环节学习纪律检查,包括上课、晨读和晚自习,以及课间活动状况等的检查。招聘人数为部长1人,部员3人。

宣传部——组织并开展校园广播站的工作,利用海报进行各项宣传工作,对校园好人好事及典型事迹及时进行宣传通报。将每天纪检部与劳卫部的评分汇总,公布在

公布版上。有播音、绘画和书法功底的优先录取。招聘人数为部长1人，部员4人。
......

四、招聘程序

（1）填写自荐（推荐）表。有意向的同学填写《学生会干部竞选自荐（推荐）表》。（表格领取：各班主任处）。

（2）上交自荐（推荐）表。自荐（推荐）表应于9月12日17:00前交到各班主任处或学校学工处。

（3）确定候选人和竞选时间。学校将在9月16日上午确定候选人并予以通知，竞选演说初步定于9月19日下午7～8节举行。

（4）演说内容和时间要求。候选人演说内容应包括：姓名、所在班级、自己的相关特长、学习情况、对学生会工作的认识、对所要竞选岗位的认识以及对竞聘岗位的工作设想等，演说时间控制在3～5分钟。

（5）确定入选人并公示（9月19日）。由学生工作副院长、辅导员（班主任）、学生会主席等组成评委会，按照得票情况确定入选人，并在醒目位置予以公示。

五、鼓励政策

对于能够出色完成工作任务且品行优良的学生会干部，由学生会统一评定，于每学期期末给予一定的奖励，如授予"优秀学生会干部""学生会先进个人"等荣誉称号，并且在每学年的省、市、区"优秀学生干部"评比中优先推荐学生会干部。

学工处 校团委
20××年9月5日

看到小李汗流浃背忙碌的身影，薛老师一阵感动，她走过去叫住了小李。

"薛老师，是您呀！"

"学生会招聘启事是你写的吗？最近很累吧？"

"还行，谢谢老师关心，其实是小关帮我写的，人才难得啊！"

"是啊，学生会需要大量人才，你是学生干部，要善于挖掘和培养人才。"

管理案例

环球商贸公司

环球商贸公司成立于1988年，成立后公司发展迅速，目前拥有10多家连锁店。近年来，从公司外部招聘来的中高层管理人员大约有50%的人员不符合岗位要求，工作绩效明显低于公司内部提拔起来的人员。在过去的两年中，从公司外聘的中高层管理人员中有8人不是自动离职就是被解雇。从外部招聘来的员工大多因年度考评不合格而被免职之后，总裁黄天宇召开了一次由行政副总裁、人力资源部经理出席的专题会议，分析这些外聘的管理人员频繁离职的原因，并试图得出一个全面的解决方案。

人力资源部经理就招聘和录用的过程作了一个回顾，公司是通过职业介绍所或报纸上刊登招聘广告来获得职位候选人的。人员挑选的工具包括一份申请表，三份测试试卷（一份智力测试和两份性格测试），有限的简历检查以及必要的面试。行政副总

裁认为，他们在录用某些职员时，犯了判断上的错误，他们的履历表看起来不错，说起话来也头头是道，但是工作了几个星期之后，他们的不足就明显地暴露出来了。

黄总裁则认为，根本问题在于没有根据工作岗位要求来选择适用的人才。"从离职人员的情况来看，几乎所有我们录用的人都能够完成领导交办的工作，但他们很少在工作上有所作为、有所创新。"人力资源部经理提出了自己的观点，他认为公司在招聘时过分强调了人员的性格和能力，而并不重视应聘者过去在零售业方面的记录，例如在7名被录用的部门经理中，有4人来自与其任职无关的行业。行政副总裁指出，大部分被录用的职员都有某些共同的特征，例如他们大多在30岁左右，而且经常跳槽，曾多次变换自己的工作；他们都雄心勃勃，并不十分安于现状；在加入公司后，他们中的大部分人与同事关系不是很融洽，与直属下级的关系尤其不佳。

会议结束的时候，黄总裁要求人力资源部经理"彻底解决公司目前在人员招聘上存在的问题，采取有效措施从根本上提高公司人才招聘的质量"。

问题：

（1）环球商贸公司管理人员的招聘有什么问题？造成这些问题的原因是什么？

（2）您对该公司管理人员的招聘有哪些更好、更具体的建议？

分析：

（1）环球商贸公司管理人员的招聘问题：①招聘的人员不符合岗位要求，工作绩效低于内部提拔人员；②外聘人员的流动率较高。

造成这些问题的原因：①在公司中高层管理人员的培养上，公司过分强调外部招聘的作用；②通过职业介绍所或报纸上刊登广告招聘中高级管理人员并不是最佳选择；③招聘的测试只考虑了智力测试和性格测试，忽略了管理者应具备的沟通能力、决策能力等方面的测试；④忽略了应聘者的过去经验与资历，忽略了招聘之前的准备工作。

（2）招聘的具体建议：①招聘过程应符合招聘的基本原则，如效率优先原则、双向选择原则、公平公正原则、确保质量的原则；②企业的中高层管理队伍不光要考虑从外部招聘，也可考虑从企业内部培养；③招聘中高层管理者可以考虑用猎头公司招聘，虽成本较高，但针对性较强；④招聘的方法除了简历审核、面试和测试外，也可考虑运用情景模拟方法，比如无领导小组讨论等；⑤重视招聘人员的过去工作经历，运用行为描述的面试方式进行提问；⑥做好面试之前的充分准备，必要时对面试主考官进行培训。

 5.4.1 人员配备

1. 人员配备的概念

管理学中的人员配备是指对组织中全体人员的配备，包括主管人员的配备和非主

管人员的配备。其目的是为了配备合适的人员去充实组织结构中所规定的各个岗位，以保证组织活动的正常进行，进而实现组织的既定目标。配备合适的人选是发挥组织结构功能，实现组织目标的内在保证。

2. 人员配备的重要性

组织中人员的配备至关重要，优秀的团队能创造出优良的业绩，不合理的人员配备会给组织带来损失或隐患。人员配备是组织有效活动的保证，是做好领导及控制工作的关键，是组织发展的重要准备。

3. 人员配备的原则

人员配备对组织来说至关重要，因此，组织在进行人员配备时应遵循以下原则。

（1）程序化、规范化原则。人员配备要遵循一定的标准和程序，要科学合理地确定所要配备人员的选拔标准和聘用程序，只有这样，才能选聘到合适的人员。

（2）经济效益原则。人员配备要以组织需要为依据，不能盲目地扩大职工队伍，要以提高经济效益为前提，确保组织效益的提高。如果配备相应的人员后，组织效益没有提高，甚至还有所下降，则说明人员配备失败。

（3）岗能相符原则。在人事选聘方面，不仅要擅于发现人才，广纳人才，还要把人才用到适合的岗位上，既要促进员工当前人力资源价值的实现，又要考虑员工的长期发展。重视和使用有真才实学的人是组织不断发展壮大、走向成功的关键。

（4）长短兼顾原则。人员配备既要保证组织短期的需要，也要促进组织的长期发展，要避免因短期需要而配备更多的人员，造成人员浪费。

（5）动态平衡原则。随着时间的推移和环境的变化，组织在不断变革和发展，组织对成员的要求也应做相应的调整，同时，人员的能力和知识也在不断提高和丰富，因此，人员的配备也要进行相应的调整，以实现人与职位、工作的动态平衡。

人力资源管理从业者（HR）不认同的跳槽理由排行榜

1. 对上份工作不感兴趣

"对上份工作不感兴趣"在HR不认同的跳槽理由中排第一位，可见，HR们对于这项跳槽理由是多么反感！这项理由充分暴露出了跳槽者没有职业规划，没有考虑过自己喜欢与适合的岗位是什么，不知道自己的优势和劣势是什么，甚至于根本不了解自己。这样，即便再找一份新的工作，传达给HR的信息也会是：这个人太盲目、不稳定，不稳定就谈不了发展，没发展就会引发一系列恶性循环。工作虽不是生活的全部，但却是人生的重要组成部分。不能确定自己的职业规划或者人生目标，这是对自己的不负责任。连自己都对自己不负责，何谈公司对你负责呢？HR婉拒你就一点都不奇怪了。

2. 说老板或公司的坏话

不同公司的企业文化和经营理念都不同，即便不适合前一个公司的文化和状况，也不应该对原公司发表诋毁性的言论。同样的，即便不能认同老板的领导风格，也不

应贸然把责任和错误全推到对方身上。你不认可公司或者老板,并不代表公司或者老板不好,而是你不能去适应。因不能适应而去排斥,进而诽谤诋毁,那就说明你的职业操守有问题。HR 一定不能接受这样的人。因为能够自我反省的人,才会更敏锐地找到问题的症结所在,职业道德才会更高尚,这样的人才会被 HR 欣赏。

3. 人际关系复杂

人际关系复杂这个理由看似很有理,但其实在 HR 那里是没有说服力的。你自我感觉很好,觉得自己是"孤胆英雄",可在别人眼里,你却是个"科学怪人"。俗话说得好:"有人的地方就有江湖。"所以,有人的地方就会产生人际关系,到哪家企业都一样。第一个入职必要掌握的"软素质"就是适应能力和协作能力。如今的工作基本没有靠自己单打独斗的,公司讲究的是团队协作,人际关系处理不好,很可能会影响整个团队的工作氛围。

4. 怀才不遇

怀才不遇的人大概是所有跳槽者中觉得自己最委屈的一个族群,但这个族群恰恰很可能被 HR 视为推卸责任、工作态度消极的人。大多数人的所谓怀才不遇只是孤芳自赏、好高骛远、自我陶醉而已,这些人往往对自己认识不足,高估了自己的能力。真正的有才之人会通过各种方式和工作内容展现出来。因此,"怀才不遇"这个跳槽理由,从另一层面来解读就是"智商很高而情商很低"。

5. 工作压力大

有不少职场人都觉得,工作量大、常常要加班、付出和收入不成正比,这些都让他们很委屈。当你累到产生"厌烦情绪"的时候,首先该找找自身的问题:你是不是凡事事必躬亲,甚至其他部门的事情你也都揽下下?对额外的工作任务不会说"不"?如果以上回答都是肯定的,那说明你不懂为自己设计、规划,更不懂管理的艺术。HR 当然不会喜欢这样的人,"巧干(work smart)"才是解决这些问题的长久之道。

资料来源:https://www.sohu.com/a/205273010_226985

5.4.2 员工招聘

1. 员工招聘的概念

员工招聘是指组织寻找、吸引并鼓励符合需求的人到组织中任职的过程。招聘可以满足组织人力资源规划中对人员补充的需求,有效解决岗位缺失和人员流失问题,实现组织人员的供求平衡,提高组织的能力和岗位匹配度。

2. 员工招聘的目的

(1)招聘是组织和人才双向选择的有效通道。一方面,招聘为组织吸纳优秀人才,获得竞争优势提供有效途径;另一方面,招聘为应聘者了解组织的基本状况开辟了渠道。

(2)招聘是组织提高效益、减少运营(培训开发)成本的重要途径。

（3）招聘是组织进行外部宣传的重要渠道，有利于提升组织的社会形象，扩大其知名度。

（4）招聘为人才市场上的公平竞争创造良好环境，为社会的合理就业提供有力保障。

3. 员工招聘的渠道

员工招聘可以通过组织外和组织内两个渠道进行。也就是说，员工招聘可以在组织外招聘，即外部招聘；也可以在组织内招聘，即内部招聘。

外部招聘是指根据组织制定的标准和程序，从组织外部选拔符合所招职位要求的员工。外部招聘可以通过招聘会、报纸、广告、网上招聘和内部员工推荐等进行。

内部招聘是指从组织的现有员工中选拔任用所需要岗位人员。通过内部招聘组织中能力较强的员工有机会被委以比原来责任更大、职位更高的职务。外部招聘与内部招聘的对比见表5-4。

表5-4 外部招聘与内部招聘的对比

招聘渠道	优　　点	缺　　点
外部招聘	1. 能够为企业带来活力，有助于拓宽企业视野； 2. 有利于平息和缓和内部竞争者之间的紧张关系； 3. 有较广泛的来源满足组织要求； 4. 如果被聘者有经验，则可节省培训费用和时间	1. 外部人员不熟悉组织流程，需要较长时间的适应和调整； 2. 会对内部人员的积极性造成影响； 3. 组织对应聘者的情况缺乏了解； 4. 可能引来企业窥察者
内部招聘	1. 有利于鼓舞士气，提高热情，调动内部员工的积极性； 2. 有利于保证选聘工作的正确性； 3. 有利于被聘者迅速展开工作，并可能促成连续提升； 4. 在有些方面可节约开支	1. 容易引起员工不满； 2. 容易造成"近亲繁殖"，导致企业视野狭窄； 3. 被聘者可能是组织中最优秀的员工，但并非是最适合岗位的人选； 4. 必须制订管理与培养计划

4. 选择招聘方式应考虑的因素

企业应该选择什么样的招聘方式，应该本着既能招到所期望的人，还要减少内部矛盾，又要节约招聘成本的原则，所以，在选择招聘方式时要重点考虑以下因素：①选聘人才的层次；②企业经营环境的特点；③企业所处的发展阶段；④企业战略及与之相关的企业文化调整的需要。

世界名企的特殊人才选拔方式

IBM 公司——没有缺点的请离开

考虑到公司在未来的几年中由于现职人员的晋升、退休、外流等原因而产生各个层次部门管理职位的空缺，IBM公司制定了一份公司各层次各部门管理职位继任

规划，每一管理职位确定1至3名继任候选人。

继任候选人通常从下一层现职管理人员中物色，每年对现职管理人员中的继任候选人做一次鉴定，以评定现职管理者的工作绩效和作为继任候选人的综合能力，并由此排列候选人的次序。当主管职位出现空缺时，由具备晋升条件的继任候选人替补。

IBM公司充分尊重员工个性，同时也承认人性中不可避免会有弱点。IBM公司不信任一个自称没有缺点的人，也不欣赏一个不敢承认自己缺点的人，因此对于此道必答题，应聘者不说自己缺点或将缺点"技术处理"为优点的人，IBM公司会毫不手软地予以排除。

欧莱雅公司——五大赛事

欧莱雅公司致力于通过打造一个品牌性的学生参与度高的比赛，来获取所需的人才。为吸引世界各地的优秀学生，欧莱雅公司专门设计了多项极富创造性的招聘工具，如针对全球大学生的"全球在线商业策略竞赛""校园市场策划大赛""创新实验大赛""校园创意大赛"，以及创始于中国的"欧莱雅公司工业大赛"共5项一年一度的校园赛事。这些形式多样、内容丰富的商业实战比赛，为欧莱雅公司积累了巨大的人才库。

五大赛事的内容涵盖了一家企业发展的各个方面，包括市场营销、商业策略、工业生产、商业创意设计和产品研发，也为文科、理科、艺术等不同专业的大学生提供了逼真而宝贵的商业经历和实践机会，为其就业和今后的职业发展做了很好的铺垫，同时也为世界各地的优秀学子搭建了相互交流和沟通的平台。在这些赛事中，表现出色的选手除了能获得欧莱雅公司的奖金和奖励外，更有机会进入欧莱雅公司实习甚至工作。通过运用这种国际化的招聘工具，欧莱雅公司吸引了来自全球的精英。

美国电报电话公司——整理文件筐

美国电报电话公司在招聘过程中，先给应聘者一个文件筐，要求应聘者将所有杂乱无章的文件存放于文件筐中，规定在10分钟内完成。一般情况下，应聘者不可能完成，公司只是借此观察应聘者是否具有应变处理能力，是否分得清轻重缓急，以及在办理具体事务时是否条理分明。那些临危不乱、作风干练的人，自然能得高分。

统一公司——先去扫厕所

统一公司要求员工有吃苦精神和脚踏实地的作风，凡来公司应聘者，公司都会先让扫厕所。不接受此项工作或只把厕所表面洗干净者，均不予录用。公司领导认为，一切利润都是从艰苦劳动中得来的，不敬业就是隐藏在公司内部的"敌人"。

松下电器公司——自评70分以上不要

松下电器公司要求应聘者据实给自己打分，那些给自己打70分以上者，公司一般不予录用。松下电器公司认为，自认为优秀的人员，要么眼高手低，不服管教，要么跳槽率高。因为公司要的是"适当"的人才，所以70分就已足够。

> **通用电器公司——木板过河游戏**
>
> 通用电器公司将应聘者分为两组，开展"木板过河"游戏比赛，内容为每组有一个"病人"需要送到"河"对岸，要求用手中的木板搭成"桥"将"病人"送到"河"对岸，谁先送到"河"对岸则录用谁。实际上，"桥"的长度不可能达到"河"对岸，公司设计此考题的目的就是观察应聘者是否有团队意识，因为只有把两组木板合并起来才能过"河"，如果两组应聘者都只想着自己过"河"，则没有达到公司所应具备的人才要求，都将不予录用。
>
> 资料来源：鲁钟鸣.没有缺点请离开——几个世界知名企业的特殊招聘法[J].经营管理者,2004(5)

5. 招聘方式

（1）广告招聘。广告招聘是指通过报纸、电台、电视、专业杂志等刊出广告，吸引应聘人员。

广告招聘具有传播广、容易吸引更广泛人才应聘等特点，能够达到宣传企业的目的，但筛选工作量大、费用高、有时限性、录用率低。

广告招聘适用于中低层的职位、需求量大的职位。

（2）委托猎头公司。猎头公司是"高级管理人员代理招募机构"的俗称，是一种外部招募渠道，是为组织搜寻高层管理人才和关键技术岗位人才的招募服务组织。猎头公司以收取招募组织佣金的方式提供服务。

委托猎头公司的招聘方式具有针对性强、隐秘性高、可以得到专业顾问的帮助等特点，但这种招聘方式费用较高、周期较长，不能在短时间内招到合适的人员，可能影响工作的正常、有效开展。

委托猎头公司的招聘方式适用于高层管理人才和关键技术岗位人才。

（3）职业介绍机构推荐。职业介绍机构推荐一般是由职业中介机构介绍或直接检索其人才资源库。

职业介绍机构推荐具有速度快、费用低等特点，但中介服务质量不高，可能影响招聘效果。

职业介绍机构推荐的招聘方式只适用于初、中级人才或企业急需用的员工。

（4）人才招聘会。人才招聘会是指企业通过参加定期、不定期举办的人才交流会来招聘人员。

人才招聘会方式所用时间短、见效快、费用低、直接见面当时可以确定意向，但挑选面窄、工作强度大、洽谈环境差。

人才招聘会方招聘方式适用于初、中级人才或急需用工。

6. 招聘的过程

一般来说，招聘过程包括以下10个步骤（见图5-12）。

图 5-12 招聘过程

第一步：招募。这一步的主要工作是制订招募计划、确定岗位需要招聘的人员状况。根据人力资源规划中对组织外部环境变化和内部条件变化分析的结果，制订招聘需求计划。根据人力资源规划中的供求预测状况确定招聘目标，即岗位的数量、类型及预招人数。

第二步：制订招聘计划。制订招聘计划需要完成以下事项。

（1）确定招聘标准，根据工作说明书确定招聘岗位的性质和具体要求，以及所需人员的任职资格和条件。

（2）确定招聘范围，根据招聘岗位的类型确定招聘工作是在全世界、全国、某地域还是某地区进行。

（3）确定招聘规模，如所需吸引的应聘者的合理数量范围。

（4）确定招聘预算，包括人工费、业务费和一般管理费用等。

第三步：选择招聘渠道，如选择内部招聘或外部招聘等。

第四步：确定招聘方法。招聘的方法有许多，如内部晋升和工作轮换、工作告示法、内部推荐、人才库和继任计划、广告招聘、人才招聘会、校园招聘、职业中介机构招聘、网络招聘等。

第五步：发布招聘信息，通常有报纸、杂志、电视、网络、布告栏、新闻发布会等形式。

第六步：制订招聘活动计划，确定招聘人员、招聘时间和招聘地点。

第七步：甄别和挑选。利用合适的测评方法并依据招聘计划进行人员识别，然后从符合要求的人员中按照一定的原则进行排序。首先是初步接待，即求职者与招聘工作人员通过直接接触，形成初步印象，从而做出第一次双向选择，决定是否提供或接受简历和申请表。其次是选拔测试，一是要审查申请材料和推荐材料，了解求职者的背景、经历、愿望等，初步预测其适应所聘岗位的可能性；二是选择选拔测试方法，通过测试的信度、效度和普遍适用性，选择选拔测试的具体方法，如知识考试、面试、能力测试、个性测试、心理测试、人格与兴趣测试、情景模拟或评价中心测试、系统仿真等。

第八步：面试。面试是通过书面或面谈的形式来考察一个人的工作能力与否。物以类聚，通过面试可以初步判断应聘者是否可以融入自己的团队。面试是一种经过组织者精心策划的招聘活动，是在特定场景下，以考官对考生的面对面交谈与观察为主要手段，由表及里测评考生的知识、能力、经验等的考试活动。

第九步：录取。在排名靠前的合格人员中进行决策，确定企业要录取的人员。首

先要做出录用决策；其次要安排体检；最后是正式录用，包括通知应聘者录用结果、录用面谈、录用人员岗前培训、试用期考察、完成人事档案的转移、新员工档案登记表的填写和劳动合同的签订。

第十步：聘用。依照能力与岗位匹配的原则，把合适的人员分配到相应的岗位上。

管理故事

司机考试与冰山理论

某公司准备高薪招聘一名司机，经过层层筛选，最后剩下三名技术最好的竞争者。主考官问他们："悬崖边有块金子，让你们开车去拿，你们觉得应该距离悬崖边多近而又不至于掉落呢？"

"两米。"第一位说。

"半米。"第二位很有把握地说。

第三位说："我会尽量远离悬崖，越远越好。"

结果这家公司录取了第三位司机。

所谓"冰山理论"，是根据每个员工个人素质的不同表现形式，将其分为可见的"水上部分"和深藏的"水下部分"。其中，"水上部分"包括基本知识、基本技能，这是人员配备中人们一般比较重视、容易确认、培训易见成效的部分。而"水下部分"包括社会角色、自我概念、特质和动机，这是比较难评估的。但在选择人才中，"水下部分"却最具有选拔的预测价值，同时它也是"冰山理论"的核心内容。

5.4.3 绩效考核

1. 绩效考核的概念

绩效考核又称绩效评估，是按照工作目标或绩效标准，对不同职务、不同岗位员工的业绩、能力、态度进行考核，以便核定其履行职责的程度。绩效考核是组织人员聘用、选拔和培训的依据，是组织确定员工薪酬的依据，也是改善员工绩效的重要措施，有利于调动员工的工作积极性和形成组织的核心竞争力。

2. 绩效考核的方法

（1）目标管理法。目标管理法是较为常见的绩效考核方法，管理者通常强调利润、销售额和成本这些能带来成果的结果指标。在目标管理法下，每个员工都确定有若干具体的指标，这些指标是其成功开展工作的关键目标，指标的完成情况可以作为评价员工的依据。

（2）叙述法。叙述法是在进行考核时，以文字叙述的方式说明事实，包括以往取得了哪些明显的成果，还存在哪些不足和缺陷。

（3）360°考核法。360°考核法又称交叉考核，将原本由上到下、由上司评定下属绩效的方法，转变为全方位、多维度评价（通常是4个或4个以上）的考核方法。在考核时，管理者通过同事评价、上级评价、下级评价以及个人评价等来评定员工的绩效水平，这种方法适用于对中层以上的人员进行考核。

（4）关键事件法。关键事件法是一种通过员工的关键行为和行为结果来对其绩效水平进行考核的方法。一般由主管人员将其下属员工在工作中表现出来的非常优秀的行为事件或者极为糟糕的行为事件记录下来，然后在考核时点上（每季度或者每半年）与该员工进行一次面谈，根据记录共同讨论，来对其绩效水平做出考核。

（5）比较法。比较法是一种更为细致的通过排序来考核绩效水平的方法。它的特点是每一个考核要素都要进行人员间的两两比较和排序，使得在每一个考核要素下，每一个人都和其他所有人进行了比较，所有被考核者在每一个要素下都获得了充分的排序。

（6）强制分布法。强制分布法是在考核进行之前就设定好绩效水平的分布比例，然后将员工的考核结果安排到分布结构里去。

（7）交替排序法。交替排序法是一种较为常用的排序考核法。其原理是在群体中挑选出最好的或者最差的绩效表现者，较之于对其绩效进行绝对考核要简单易行得多。因此，交替排序的操作方法就是分别挑选、排列"最好的"与"最差的"，然后挑选出"第二好的"与"第二差的"，这样依次进行，直到将所有的被考核人员排列完全为止，从而以优劣排序作为绩效考核的结果。交替排序法在操作时也可以使用绩效排序表。

管理案例

李开复为什么跳槽

2005年7月19日，正在带薪休假的44岁的微软全球副总裁李开复闪电跳槽、火线加盟，仅用一天时间就完成了从老牌软件巨头微软高管到互联网新霸主Google领军人物的跨越。

李开复为什么要离开微软？

李开复离开微软加盟Google是为了得到权力。在李开复的官方网站里，提到了他离开微软加盟Google的理由：想为中国做一些事情。其实，李开复离开微软的真实原因远不止这么简单。一个事实是，原本在中国呼风唤雨的李开复博士，在2000年被提升为微软公司全球副总裁后，反而有些落寞。虽然李开复在微软的职位不低，但他一直没有进入核心业务领导层，其自然交互服务部门是一个基础性研究部门，而不是应用部门，这显然不是李开复的追求。在微软有100多位全球副总裁，其中拥有决策权的大概也就20位，剩下的80多位其实是"部门经理"的角色，李开复的地位属于后者。而且对于微软中国的运营和研发，李开复是一无经费，二无职员，更没有决策权。李开复在美国法院作证时甚至说，自己在这方面只是一个光杆司令。

在微软中并没有多少权力的李开复，离开微软是迟早的事，因为他觉得自己在微软商业机器中已沦为一个"齿轮"，他对微软在中国的生意提出的建议多数被束

之高阁。最惨痛的伤害来自李开复与比尔·盖茨的一次争吵,当时盖茨也许无意中还动用了类似"fuck"这样的美国国骂。李开复说:"那是我职业生涯的最低点。"所以,当李开复回应被任命为 Google 中国负责人的消息时说,他现在非常期望返回中国,开始新的工作。

资料来源:https://www.it610.com/article/4581252.htm

5.4.4 薪酬管理

1. 薪酬的定义

薪酬是员工因向其所在组织提供了劳动(包括实现的绩效、努力、时间、学识、技能、经验与创造)而获得的各种形式的酬劳或答谢。狭义薪酬是指员工为某一组织工作而获得的所有直接和间接的经济性收入,包括工资、奖金、津贴与补贴、股权及福利等。

2. 薪酬的构成

薪酬一般由以下几个方面构成。

(1)基本薪酬,也称为标准薪酬、基础薪酬或基本工资。指根据员工所承担或完成的工作或者员工所具备的完成工作的技能、能力和资历而向员工支付的稳定性报酬。包括基础性工资、工龄(年功)工资、职位工资、技能或能力工资等。一般计酬形式有小时工资、月薪、年薪等形式。

(2)可变薪酬,也称浮动薪酬、绩效薪酬或奖金。可变薪酬的高低根据员工达到或超过事先确定的业绩标准、个人或团队目标或企业收入目标而浮动。目的是在绩效和薪酬之间建立起一种直接的联系,浮动薪酬对于员工具有很强的激励性。可变薪酬可分为短期可变薪酬和长期可变薪酬。前者如佣金、年终分红、利润分享以及通常所说的奖金等,一般建立在具体的绩效目标基础上。后者是将企业的高层管理者和核心的专业技术人才所获得的企业股权与企业的长期目标(如投资收益、市场份额、净资产收益等)挂钩。

(3)间接薪酬(福利与服务),即员工福利,它与基本薪酬和可变薪酬的不同点是:不以员工向企业提供的绩效、能力和工作时间来计算,而是属于低差异的全员性福利。往往不以货币形式直接支付,而是以实物或服务的形式支付。

(4)津贴或补贴,也称为附加薪酬。津贴指的是对员工在特别劳动条件与环境下额外劳动消耗和额外生活费用支出的补偿。一般把与工作相联系的补偿称为津贴,把与生活相联系的称为补贴。如地区津贴、夜班津贴、伙食补贴、消费品补贴。

(5)股权。股权是把企业股权或股票期权作为员工的薪酬,是对薪酬外延的一种拓展,属于一种长期激励手段,更多的用于对企业远期绩效有重要影响的高层管理者。

3. 薪酬管理的概念

薪酬管理是在组织发展战略指导下，对员工薪酬支付原则、薪酬策略、薪酬水平、薪酬结构、薪酬构成进行确定、分配和调整的动态管理过程。

4. 薪酬管理的目标

薪酬管理应达到以下三个目标：效率、公平、合法。达到效率和公平目标，就能促使薪酬激励作用的实现，而合法性是薪酬基本要求，因为合法是公司存在和发展的基础。

（1）效率目标。效率目标包括两个层面，第一个层面站在产出角度来看，薪酬能给组织绩效带来最大价值；第二个层面是站在投入角度来看，实现薪酬成本控制。薪酬效率目标的本质是用适当的薪酬成本给组织带来最大的价值。

（2）公平目标。公平目标包括三个层次：分配公平、过程公平、机会公平。

分配公平是指组织在进行人事决策、决定各种奖励措施时，应符合公平的要求。如果员工认为受到了不公平对待，就会产生不满。

员工对于分配公平认知，来自其对于工作的投入与所得进行主观比较而定，在这个过程中还会与过去的工作经验、同事、同行、朋友等进行对比。分配公平分为自我公平、内部公平、外部公平三个方面。自我公平，即员工获得的薪酬应与其付出成正比；内部公平，即同一企业中，不同职务的员工获得的薪酬应正比于其各自对企业做出的贡献；外部公平，即同一行业、同一地区或同等规模的不同企业中类似职务的薪酬应基本相同。

过程公平是指在决定任何奖惩决策时，组织所依据的决策标准或方法符合公正性原则，程序公平一致、标准明确、过程公开等。

机会公平是指组织赋予所有员工同样的发展机会，包括组织在决策前与员工互相沟通，组织决策考虑员工的意见，主管考虑员工的立场，建立员工申诉机制等。

（3）合法目标。合法目标是企业薪酬管理的最基本前提，要求企业实施的薪酬制度符合国家、省区的法律法规、政策条例要求，如不能违反最低工资制度、法定保险福利、薪酬指导线制度等的要求规定。

5. 薪酬管理的内容

薪酬管理包括薪酬体系设计与薪酬日常管理两个方面。薪酬管理的具体内容包括以下五个方面：①薪酬的目标管理；②薪酬的水平管理；③薪酬的体系管理；④薪酬的结构管理；⑤薪酬的制度管理。

6. 薪酬管理的模式

根据 3P 薪酬理论模型，存在着职位（position）、能力（person）、绩效（performance）三种不同的衡量维度，因而产生种不同的薪酬模式，即以职位（岗位）为基础的薪酬模式、以能力为基础的薪酬模式和以绩效为基础的薪酬模式。

（1）以职位（岗位）为基础的薪酬模式。岗位薪酬模式即通过对岗位的职责、劳动强度、劳动条件等因素的测评，按岗位相对价值的高低来决定员工的工资水平，以

岗定薪，易岗易薪。很多企业采用职务工资制度，它实际上是岗位工资的一种特殊形式。因为在对岗位进行测评的因素中，岗位职责是决定性的，而职务体系则在很大程度上反映了岗位职责的大小。职务工资模式大体上反映了不同职务等级的员工为公司创造的相对价值的不同，但对于同一职务级别不同岗位的员工所做的贡献没有明确划分。

（2）以能力为基础的薪酬模式。能力薪酬模式是指企业根据员工所具备的能力或是任职资格来确定其基本的薪酬水平，其中基于岗位的能力占了岗位薪酬总额的绝大部分；员工能力的高低和薪酬、晋升相挂钩；薪酬随着能力提高而提高，能力最高者其薪酬也最高；管理者关注的是员工能力价值的增值。以能力为基础的薪酬模式的能力不是一般意义上的能力，而是能够预测的优秀绩效的特定能力的组合。这种能力的薪酬体系特别适合技术型企业和知识型企业，符合企业建立学习型组织的要求。

（3）以绩效为基础的薪酬模式。企业要求员工根据环境变化主动设定目标，挑战过去，只是正确地做事已经不能满足竞争的需要，企业更强调做正确的事，更注意结果，而不是过程。因此，通过对员工的任务完成情况、工作行为、态度等一系列的考核指标评价来确定其薪酬，其依据可以是企业整体的绩效，部门的整体绩效，也可以是团队或者个人的绩效。绩效付酬导向的员工行为很直接，员工会围绕着绩效目标开展工作，为实现目标会竭尽所能，力求创新，"有效"是员工行为的准则，而不是岗位付酬制度下的保守和规范。绩效付酬降低了管理成本，提高了产出。基于绩效的薪酬体系在企业被普遍使用，尤其是市场化程度比较高、竞争比较激烈的行业，这种薪酬模式更为适用。

5.4.5 员工培训

1. 员工培训的概念

员工培训是指人力资源管理者负责规划、组织，通过教学或实验等方法促使员工的行为方式在知识、技术、品行、道德等方面有所改进或提高，保证员工能够按照预期的标准或水平完成所承担或将要承担的工作与任务的活动。

2. 员工培训的方法

员工培训的方法主要有以下 8 种。

（1）案例法。案例法是围绕一定的培训目的，把实际中真实的情景加以典型化处理，形成供学员思考、分析和决断的案例，通过独立研究或相互讨论的方式来提高学员分析和解决问题能力的一种培训方法。

（2）讨论法。讨论法也叫研讨法，是就某个培训主题召集受训人员，大家展开广泛而深入的讨论，使受训人员在讨论中运用所学过的知识达到互相学习、分享观点的培训效果。其优势是讨论和交流，可以使学员进一步理解所学过的知识；可以训练学员

的思维方式；有助于培养学员的综合能力；有助于培养科学精神和成熟程度，使学员及时发现自己的缺点和不足；有助于提供运用所学知识和原理的机会，引起进一步学习的驱动力。

（3）T小组。T小组又称敏感性小组，是由受训者组成，人数在12人以下，每个组配一位观察组员行为的培训师。培训时没有固定的日程安排，讨论的问题往往涉及小组的现实问题，主要集中在参与者的行为为何如此这类问题上。

（4）授课。授课是借用学校教学的方法，将学员集中在一起，讲授所要培训的知识、技能，是一种比较经济、有效的培训方式，可以使众多学员在较短时间内学到一些基本知识。其优势是有利于发挥集体的作用，学员之间可以相互激励、相互学习，操作性较强。培训者在这种方式下可以有更多的权力，易于把握培训的速度和进度。其缺点是一种单向性的思想传授方式，很少有相互作用和反馈；仅仅借助语言媒介，不能使学员直接体验知识和技能。

（5）角色扮演法。角色扮演法也叫情景模拟法，是根据培训主题，给受训员工提出一组情景，要求一些成员担任各种角色并出场演出，其余人员在下面观看，表演结束后进行情况汇报和总结，扮演者、观察者和教师共同对整个情况进行讨论。其精髓在于以行动作为练习的内容来开发想象力。角色扮演法是针对问题采取某种实际行动，有助于提高学员实际处理问题的能力和水平。

（6）计划性指导。计划性指导是指一种通过书面材料或计算机屏幕提供阶段性信息的培训方法。在学习每一个阶段的材料后，受训者必须回答这一阶段的有关问题，每一次回答后，会提供正确答案作为反馈。受训者只有完成上一阶段的所有问题后，才能进入下一阶段的学习。

（7）网络培训。网络培训是通过网络及有关的计算机软件进行技能和知识的培训和学习。学员通过观看网上影片和示范、阅读学习性的电子书籍、在网上练习互动式的培训内容和案例研究等进行相关知识和技能的学习。

（8）游戏法。游戏是指一些经过精心设计，表面上看起来与其他游戏相差无几的活动，其实内含的许多内容都与管理或员工工作存在着密切关系。商业游戏需要受训者做出一系列决策，每次做出不同的决策，情景也将有所变化。游戏法可以看作是案例研究的动态化。商业游戏可以按市场划分，也可以按企业划分，还可以按职能部门划分。

管理案例

"创新者"李彦宏

2018年1月19日，百度CEO李彦宏出现在最新一期时代周刊（亚洲版）封面上，成为首位登上该杂志封面的中国互联网企业家。封面标题中，黑体大写的"创新者"格外引人注目。就在不久前，中国的大型互联网公司还被硅谷投资人视为"山寨"公司，只会抄袭美国互联网行业的产品。而如今，有一点非常清楚：无论是在

国内还是国外，中国互联网巨头不容忽视。

"我们有机会领导人工智能的未来。"百度COO陆奇曾表示。

而在20世纪90年代初，中国还完全是另一番景象。

1992年，李彦宏还只是一位在美国申请计算机图形学研究生项目的结结巴巴的中国学生。李彦宏告诉时代周刊，面试的教授问他"你们中国有计算机吗"，这个问题让他不知所措。

"我那时感到很尴尬，"49岁的李彦宏笑道，"我那时想，总有一天我会证明中国有一个非常强大的计算机产业。"

8年后，他真的做到了。

2000年，李彦宏创立百度，一个流行度仅次于谷歌的搜索引擎，其在中国的市场占有率达80%，成为世界上第四大最受欢迎的网站。

如今，百度已成长为一个价值600亿美元的庞然大物，百度地图指导每一个中国司机，百度搜索结果启发每一个学生。

美国前副总统曾嘲笑中国没有创新，但这片外媒眼中的"山寨之地"如今却让硅谷寝食难安。

2017年1月，百度宣布原微软执行副总裁陆奇担任公司高级总裁兼首席运营官。陆奇解释道，中国是理所当然的选择，而百度则是中国最重要的一员。为了吸引这些领域的优秀人才，百度海外市场比较活跃。公司启动了美国顶级大学的招聘活动，涉及的大学包括斯坦福大学和麻省理工学院，还在硅谷成立了人工智能实验室。1月18日，百度研究院在硅谷召开全员大会，宣布设立商业智能实验室和机器人与自动驾驶实验室，同时宣布三位世界级人工智能领域科学家Kenneth Ward Church、浣军、熊辉加盟百度研究院。至此，百度研究院完成全新升级，建立起包括七位世界级科学家、五大实验室的"全明星"阵容。

时代周刊曾在百度园区内进行过一次测试，该车会受到垃圾桶或停泊车辆等潜在障碍物的干扰，行车过程一直上下颠簸、走走停停。这辆车还不能够真正上路。尽管如此，百度的Apollo无人驾驶汽车平台已经集结了130家独立的制造商，这证明了百度在该领域所取得的成就。该公司还推出了语音识别软件Dueros，声称其普通话识别率比人类还高。其人工智能面部识别软件也很先进，通过对人物进行老化处理并与照片匹配，能够帮助失踪儿童与父母团聚。

1月8日，百度在拉斯维加斯的CES消费电子展上推出了Apollo 2.0，它可以让汽车在简单的城市道路上实现自动驾驶。百度的愿景是让人类可以使用自然语言来与所有设备进行交互，李彦宏告诉时代周刊，在过去的10万年里，人类必须学会使用工具。但在未来，工具将学习如何理解人类的语言和意图。这个未来的场景对于儿时的李彦宏来说是无法想象的。

李彦宏成长于山西省阳泉市，该市以农矿产业为主，人口只有100万，位于贫

瘠的中国中部地区。李彦宏的高中只有 5 台 Apple Ⅱ 计算机，供全校 1800 名学生使用，因此老师将其优先分配给 12 个数学成绩最好的孩子。李彦宏喜欢数学，但当他接触到计算机时，立刻喜欢上了它们。从北京大学信息管理专业毕业后，他前往纽约州立大学布法罗分校完成了计算机科学学位。最初，他在华尔街日报担任软件工程师，随后加入搜索引擎先驱 Infoseek。后来，他决定回到中国创立自己的公司。百度的实力不断增强，即使是在 2005 年谷歌进军中国市场后也能泰然自若。

当时，百度的搜索流量占到了全国的 40% 以上，其竞争对手占 30%。2010 年，谷歌宣称政府黑客入侵了 Gmail，宣布退出中国。退出前，百度拥有 75% 的中国搜索流量，而谷歌的份额已经缩减到百分之十几。

目前，李彦宏重点关注其使命：使复杂的世界变得简单。或者说，他正与那些阻碍科技发展的人一较高低，在那些人为科技建起高墙时，以更快的速度拆除壁垒。

资料来源：https://m.sohu.com/a/217665541_99985415

管理案例

护士长的辞职信

一天，产科护士长黛安娜给巴恩斯医院院长戴维斯博士打来电话，要求立即做出一项新的人事安排。从黛安娜的急切声音中，院长感觉到一定发生了什么事，因此要她立即到办公室来。5 分钟后，黛安娜递给了院长一封辞职信。

"戴维斯博士，我再也干不下去了，"她开始申述，"我在产科当护士长已经四个月了，我怎么能干得了这工作呢？我有两个上司，每个人都有不同的要求，都要求优先处理。要知道，我只是一个凡人。我已经尽最大努力适应这种工作，但看来这是不可能的。让我来举个例子吧，这只是一件平平常常的事，像这样的事情每天都在发生。昨天早上 7:45，我来到办公室就发现桌上留了张纸条，是杰克逊（护理部主任）给我的。她告诉我，她上午 10 点钟需要一份床位利用情况报告，供她下午向董事会作汇报时用。这样一份报告至少要花一个半小时才能写出来。30 分钟以后，乔伊斯（黛安娜的直接主管、护士监督员）走进来质问我，为什么我的两位护士不在班上。我告诉她雷诺兹医生（外科主任）从我这要走了她们两位，说是急诊外科手术正缺人手，需要借用一下。我反对过，但雷诺兹坚持说只能这么办。你猜乔伊斯说什么？她叫我立即让这些护士回到产科部，还说一个小时以后，她会回来检查我是否把这事办好了。这样的事情每天都发生好几次。一家医院就只能这样运作吗？"

问题：
（1）这家医院的组织结构是怎样的？
（2）有人越权行事吗？

(3)你从这个案例中发现了什么问题?应如何解决?

分析:

(1)巴恩斯医院的组织结构如图5-13所示。

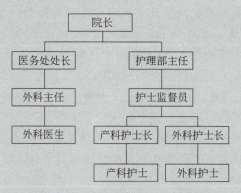

图5-13 巴恩斯医院的组织结构

(2)整个医院中各部门护士的人员配置工作应该由护理部统一安排,但是雷诺兹医生(外科主任)因为急诊外科手术人手不够,就在护士长黛安娜反对的情况下,仍然坚持借调了两名护士。显然,巴恩斯医院的管理不够严格,存在越权行事的问题,但是以"救死扶伤"为宗旨的医院为了救治病患,不可避免地存在紧急调动人员的需要。所以,这一越权指挥行为本质上反映了巴恩斯医院组织结构设计得不合理:一方面存在越权行事的问题;另一方面需要紧急调动人员的时候又不能及时安排。

(3)在本案例中,通过护士长戴安娜的辞职信,可以发现巴恩斯医院的管理存在问题,组织结构也存在弊端,突出表现为多头领导和越权行事两个方面。

护士长黛安娜有两名主管,直接主管是护士监督员乔伊斯,高级主管是护理部主任杰克逊。护士长黛安娜必须同时听从这两名主管的指挥,而这两名主管又经常分配给戴安娜不同的任务,导致戴安娜的工作安排混乱。这是典型的多头领导问题,违背了组织结构设计的统一指挥原则。

解决措施:

首先,完善医院的组织设计,制定详细的规章制度。组织的规章条例越多,组织结构就越正规化。制定院规、处规等科室规章制度,有助于统一管理、检查和考核。

其次,明确职权,让大家各负其责,避免越权行事。例如,产科护士受产科部护士长的指挥、调动、管理;产科护士长的工作由护士监督员反映给护理部主任;护士监督员既是各病区护士长的直接主管,又是护理部主任的助理。

最后,在强调各部门分工的同时,更要注意院内各部门、各科室之间的协作。

菲尔人格的十项测试题

1. 你何时感觉最好？（   ）
   A. 早晨
   B. 下午及傍晚
   C. 夜里

2. 你走路时是（   ）。
   A. 大步地快走
   B. 小步地快走
   C. 不快，仰着头面对着世界
   D. 不快，低着头
   E. 很慢

3. 和人说话时，你是（   ）。
   A. 手臂交叠站着
   B. 双手紧握着
   C. 一只手或两只手放在臀部
   D. 碰着或推着与你说话的人
   E. 玩着你的耳朵、摸着你的下巴或用手整理头发

4. 坐着休息时，你的姿势是（   ）。
   A. 两膝盖并拢
   B. 两腿交叉
   C. 两腿伸直
   D. 一腿蜷在身下

5. 碰到你感到发笑的事时，你的反应是（   ）。
   A. 一个欣赏的大笑
   B. 笑着，但不大声
   C. 轻声地、咯咯地笑
   D. 羞怯地微笑

6. 当你去一个派对或社交场合时，你会（   ）。
   A. 很大声地入场以引起注意
   B. 安静地入场，找你认识的人
   C. 非常安静地入场，尽量保持不被注意

7. 当你非常专心工作时，有人打断你，你会（   ）。
   A. 欢迎他
   B. 感到非常恼怒
   C. 在上述两极端之间

8. 下列颜色中，你最喜欢哪一种？（　　）

   A. 红色或橘色

   B. 黑色

   C. 黄色或浅蓝色

   D. 绿色

   E. 深蓝色或紫色

   F. 白色

   G. 棕色或灰色

9. 临入睡的前几分钟，你在床上的姿势是（　　）。

   A. 仰躺，伸直

   B. 俯躺，伸直

   C. 侧躺，微蜷

   D. 头睡在一手臂上

   E. 被子盖过头

10. 你经常梦到自己在（　　）。

    A. 落下

    B. 打架或挣扎

    C. 找东西或人

    D. 飞或漂浮

    E. 你平常不做梦

    F. 你的梦都是愉快的

计算每题得分。

第1题：选A得2分，选B得4分，选C得6分。

第2题：选A得6分，选B得4分，选C得7分，选D得2分，选E得1分。

第3题：选A得4分，选B得2分，选C得5分，选D得7分，选E得6分。

第4题：选A得4分，选B得6分，选C得2分，选D得1分。

第5题：选A得6分，选B得4分，选C得3分，选D得5分。

第6题：选A得6分，选B得4分，选C得2分。

第7题：选A得6分，选B得2分，选C得4分。

第8题：选A得6分，选B得7分，选C得5分，选D得4分，选E得3分，选F得2分，选G得1分。

第9题：选A得7分，选B得6分，选C得4分，选D得2分，选E得1分。

第10题：选A得4分，选B得2分，选C得3分，选D得5分，选E得6分，选F得1分。

将所有分数相加。

低于21分：内向的悲观者。

你是一个害羞的、神经质的、优柔寡断的人，永远要别人为你做决定。你是一个杞人忧天者，有些人认为你令人乏味，只有那些深知你的人知道你不是这样。

21~30分：缺乏信心的挑剔者。

你勤勉、刻苦、挑剔，是一个谨慎小心的人。如果你做任何冲动的事或无准备的事，朋友们都会大吃一惊。

31~40分：以牙还牙的自我保护者。

你是一个明智、谨慎、注重实效的人，也是一个伶俐、有天赋、有才干且谦虚的人。你不容易很快和人成为朋友，却是一个对朋友非常忠诚的人，同时要求朋友对你也忠诚。要动摇你对朋友的信任很难，同样，一旦这种信任被破坏，也就很难恢复。

41~50分：平衡的中道者。

你是一个有活力、有魅力、讲究实际，而且永远有趣的人。你经常是群众注意力的焦点，但你是一个足够平衡的人，不至于因此而昏了头。你亲切、和蔼、体贴、宽容，是一个永远会使人高兴、乐于助人的人。

51~60分：吸引人的冒险家。

你是一个易兴奋、活泼、易冲动的人，是一个天生的领袖，能够迅速做出决定，虽然你的决定不总是对的。你是一个愿意尝试机会、欣赏冒险的人，周围人喜欢跟你在一起。

60分以上：傲慢的孤独者。

你是自负的自我中心主义者，是个有极端支配欲、统治欲的人。别人可能钦佩你，但不会永远相信你。

资料来源：https://baike.so.com/doc/5905426-6118328.html

分享与讨论

1. 某公司总经理安排其助手去洽谈一个重要的工程项目，结果由于助手工作考虑欠周全，使得项目最终被另一家公司劫走。董事会在讨论其中失误的责任时，存在以下几种说法。

   A. 总经理至少应该承担用人不当与督促失职的责任
   B. 总经理的助手既然承接了该谈判的任务，就应对谈判承担完全的责任
   C. 若总经理的助手又进一步将任务委托给其下属，则助手可不必承担谈判失败的责任
   D. 公司总经理已将此事委托给助手，所以总经理对谈判的失败完全没有责任

   你认为上述哪一种说法最合理？为什么？

2. 刘教授到一家大型企业做咨询。该企业的张总在办公室热情接待刘教授，并向刘教授介绍企业的总体情况。张总讲了不到15分钟，办公室的门就开了一条缝，有人在外面叫张总出去一下。于是张总说："对不起，我先出去一下。"10分钟后，张总回来继续介绍情况。不到15分钟，办公室的门又开了，又有人叫张总出去一下，这次张总又去了10分钟。整个下午3小时，张总共出去了10次之多，只能时断时续地给刘教授介绍企业情况。这说明了什么问题？

3. 研究设计你所在班级的组织结构图。

第6部分　领　　导

学习主题

- 领导的含义，领导与管理的区别
- 领导的风格
- 领导理论和领导艺术
- 激励的含义、过程
- 激励的理论、方法与技巧
- 沟通的含义和过程
- 沟通方式的分类

学习收获

- 能结合实际，了解领导者应具备的素质
- 能通过实际案例，分析激励理论的运用情况以及能否达到激励目的
- 明确各种沟通方式的优缺点及其在企业中的运用情况
- 学会克服沟通中的障碍，进行有效沟通

问题6.1	什么是领导
问题6.2	领导的基本理论有哪些
问题6.3	领导为什么要用激励手段
问题6.4	领导应具备哪些沟通技巧

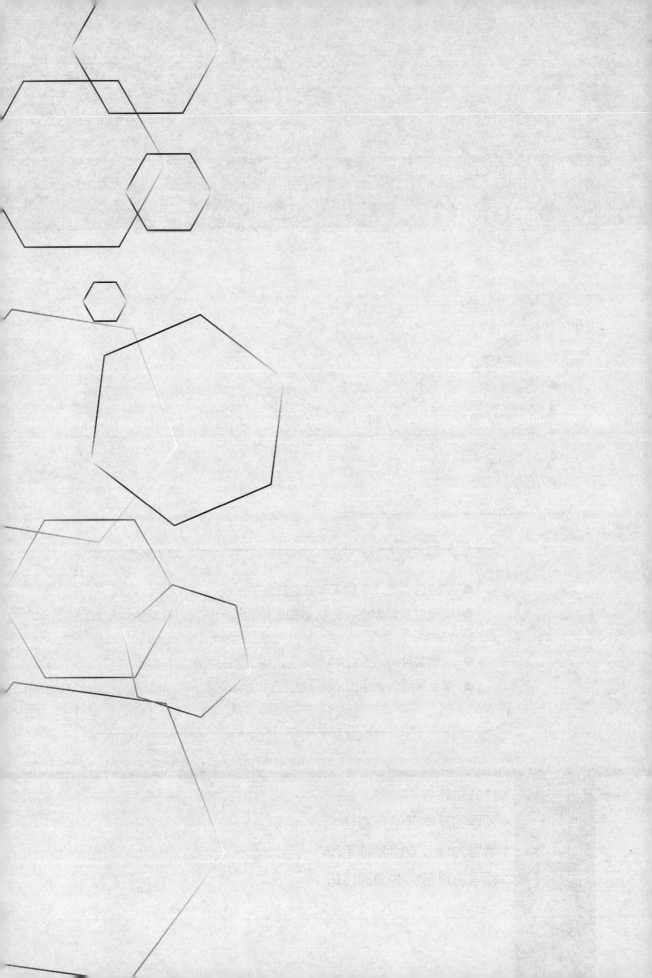

问题6.1

什么是领导

竞聘学生会主席

"大学是个小社会,在这个社会中有一个重要的组织,那就是学生会,想成为一个院系甚至整个学校的学生会主席,要有非凡的交际能力、组织管理能力、统筹规划能力……而且,当上学生会主席也有许多好处呢,很多企业在招聘时会非常青睐学生干部。如果是全校的学生会主席,对将来走向社会帮助更大,在校期间就可能与很多企事业单位有交流。如果能够好好学习,升学成功的话,录取的学校也会另眼相看。但要做到这些,必须付出加倍努力……"

一周前学长的话仿佛依然在耳边,每每回忆起来,小李的心情仍是激动不已,难掩内心的兴奋。这几日,小李一直在准备着学生会主席的竞选。

首先,准备竞选稿。要想成功,竞选稿是非常重要的。小李认真撰写了竞选稿,还找老师进行了修改。

其次,准备竞选时的现场答辩。小李每天和学长们沟通,咨询他们关心的话题是什么,然后将这些问题的答案整理好,一一写在纸上,并且熟读、背诵下来。

最后,演练。为了在竞选时发挥自己的最大演讲功力,小李每天在排练室进行演练,并找大家来听。

除了这些,小李还自学了领导的相关理论。这不,他找了许多领导的相关小故事,细细体会领导的本质。

古代领袖的用才之道

知人善任、人尽其才的刘邦

汉高祖刘邦的知人善任在历史上非常有名,他用萧何治财政,用张良、陈平出良谋,用韩信征天下。部下的优点,都能被刘邦挖掘出来,这是刘邦用人成功最主要的原因。刘邦深知人各有长短处,用人当取其长、舍其短。萧何能"镇国家,抚百姓,结馈饷,不绝粮道";张良可以"运筹帷幄之中,决胜千里之外";韩信英勇善战,

足智多谋，用其"连百万之军，战必胜，攻必取"。这些人的才能刘邦都能认识到，并且他能根据各人的优点委以重任。内政交给萧何，刘邦不干涉；军事托付给韩信，刘邦信之任之；谋略由张良、陈平来定，刘邦言听计从。他只要求自己在大局上把握好，至于细节问题，都交给臣下去做。正因为如此，刘邦才能成就一番伟业。

孔子曾说："为政以德，譬如北辰。"北辰就是北极星，居于正中央，众星拱之。刘邦非常明确地把自己放在北辰的位置，善于利用部下的智慧，使得以刘邦为中心的军政集团能够有机、高效地运作。这是刘邦最大的长处。

知人善任的意思是善于认识人的品德和才能，最合理地使用他。这是提到领导艺术时经常要说的一个词。知人善任首先在于知人，其次是善任。知人当中首在于知己，其次在知彼，所谓知人者智、自知者明。对此，一般人做不到，而刘邦却做到了。他非常清楚一个领导最重要的才能是什么，如何调动部下的积极性，下属都有什么才能，他的才能是哪些方面的，有什么性格，有什么特征，有什么长处，有什么短处，放在什么位置上最合适。

做领导不是说要自己亲自去做什么事，事必躬亲的领导绝非好领导。作为一个领导，只要掌握了一批人才，把他们放在适当的位置上，让他们最大限度地发挥自己的积极性和作用，事业就能成功。这个根本道理刘邦懂，所以刘邦成了他这个团队的核心人物。

关心、爱护人才的李世民

唐太宗李世民在关心、爱护人才方面有不少记载。马周被提拔为中书令后，按说正是为朝廷出力的好时候，但他却不幸"病消渴"，按现在说法就是得了糖尿病。史书记载，当时唐太宗住在翠微宫，命人找一块适宜病人居住的好地，为马周兴建住宅。

根据唐太宗的指示，名医和宫内使者来往探望，络绎不绝。至于日常饮食，唐太宗也经常叫人送御膳给马周。唐太宗还亲自为马周调药，派皇太子前去慰问。

对直接因公受伤的有功人才，唐太宗的表现更是动人。贞观十九年（645年）三月，右卫大将军李思摩中箭受伤，唐太宗亲自为他用嘴吮吸疮血。将士们听说这件事后，无不为之感动。

爱才、惜才的武则天

武则天也是一位爱才、惜才的君主。她对狄仁杰常称"国老"，而不直呼其名。狄仁杰经常在朝堂上与武则天当面辩论是非，直言进谏，武则天经常是屈意听从。有一次，狄仁杰跟随武则天出游，遇上一阵大风，把狄仁杰的头巾吹落到地上，马也受惊狂奔起来，武则天命令太子追上去，抓住缰绳把马控制住。

狄仁杰因年老多病屡次请求退休养老，武则天不答应。狄仁杰每次进见，武则天常常不让他叩拜，说："每次见到您叩拜，我也觉得身上疼痛。"狄仁杰去世时，武则天哭着说："国老不在了，我的朝堂就像空了一样。"对于武则天，历来褒贬不一，

但这段关心狄仁杰的描述，恐怕谁读了也会为之感动。

对下属关心有加的朱元璋

大家都知道朱元璋驭下严厉，但对手下的优秀人才也是关心有加。宋濂以文章学问著称于世，曾任元朝的翰林院编修，后见元朝败局已定，就隐居在龙门山中著书立说。朱元璋请他出山后加以重用，不久即负责"起居注"的工作。

乙巳年（1365年）三月，宋濂卧病在京城的官舍里，六天没有上朝。朱元璋问近臣："'老宋起居'为何好几天没见了呢（'起居'代表宋濂的职务，姓氏后面加职务，前面加个'老'字，显得对宋濂很亲切）？"近臣说宋濂病了，并详细地报告了病情。朱元璋听后即一脸忧愁，说："宋起居是纯真之人，从没有分毫作假，侍奉我五年如一日，不知他怎么就得了这病呢？"过了一天，朱元璋又问："宋起居的病是否好点？"近臣回答说和开始差不多。过了两天，朱元璋又问，回答还是说和原来一样。

朱元璋担心地说："你去传达我的命令，让他回金华山养病，父子祖孙欢聚一堂，病必然好得快；病好了赶快回来，国家的文化事业才有指望！"朱元璋对宋濂的病一天一问，不可谓不关心；后又让他回老家养病，关心不可谓不细。一国之主能做到这样，的确不容易了！

读史书，看古戏，感觉皇帝威严，大臣恭敬，规规矩矩，上下肃然。其实这是朝堂上的表现，其他场合则是另外一个样子了。

明洪武三年（1370年），朝廷设置弘文馆，任命罗复仁为学士，与刘基（刘伯温）同等地位。罗复仁说话操南方口音，在皇帝面前非常直率地谈论朝政得失。朱元璋非常喜欢他的质朴直率，喊他为"老实罗"，而不叫他的名字。罗家在城墙旁边的一个偏僻小巷里，有一天，朱元璋突然来到了罗复仁的家。罗复仁正在粉刷墙壁，见到皇帝来了吃了一惊，赶忙喊妻子拿来一个小凳子给皇帝坐。朱元璋感慨地说："贤士怎么能住在这么一个地方！"于是在城中赐给他一座像样的住宅。罗复仁当时与刘基地位相等，自己刷墙，拿小板凳给皇帝坐，确实反映了明代官员待遇之低。无论怎样，从这则故事里还是可以看出，朱元璋对贤士是很关心的。

为下属取药材的明景帝

于谦是明朝的大功臣，他在明英宗遭遇"土木堡之变"后力挽狂澜，带领军民取得了"北京保卫战"的胜利，挽救了明王朝。在保卫战期间，于谦晚上就住在值班室，不回家。他素有痰症，因劳累过度又发作起来，明景帝派兴安、舒良两人轮流去探视。听说于谦吃得很少，景帝就命令御膳房特制食品赐给他，从主食到小咸菜，样样具备。景帝还亲自到万岁山砍伐竹子取沥汁给于谦服用，以治痰症。有人说景帝宠爱于谦太过分了，兴安等人则说："于谦日夜操劳，为国分忧，不顾自己的家庭和财产。如果他没了，朝廷到哪里再能找到这样的人啊？"

关心优秀人才的雍正

清代的雍正皇帝口碑不算好，给人的感觉是严酷无情，但他在关心优秀人才方

面并非乏善可陈。

清代史料笔记《啸亭杂录》里有一则叫"宠待大臣",其中说张廷玉在雍正朝任保和殿大学士、军机大臣,兼管吏、户两部和翰林院。雍正四年(1726年),张廷玉曾患小病,病愈后,雍正皇帝对近臣们说:"我的腿和臂膀不舒服,过了好几天才好。"近臣们便争着上前问安。雍正皇帝笑着说:"张廷玉有病,难道不是我的股肱不舒服吗?"

雍正十年(1732年),鄂尔泰由云贵、广西总督任上召为保和殿大学士、军机大臣时,雍正皇帝特命工部尚书海望为他在大市街北建造了一座官邸,而且家具用物一应俱全。内阁学士陈时夏在滇南做官时,雍正皇帝考虑到其母年迈,特地命令云南、贵州的有关机构安排驿马车辆,送他母亲到他的任所。

资料来源:侯建良,刘玉华.中国古代用人思想[M].北京:党建读物出版社,2015

管理故事

麦克与佩蒂

"一头绵羊带领的一群狮子,敌不过一头狮子带领的一群绵羊",一个组织的成败往往取决于组织的领导,而领导的一个错误决断很可能将组织带入困境、举步维艰。

故事的起因是一位农场主为了解决某块草皮过于茂盛又无暇修剪的困扰,从朋友的牧场买来了两头羊。其中一头体型较大,农场主管它叫麦克;另一头比较瘦小,农场主管它叫佩蒂。

刚来农场的时候,麦克和佩蒂被关在用钢管焊起来的笼子里。整个白天,麦克都不停地撞击铁栏杆,直到晚上筋疲力尽了,才稍稍收敛,而佩蒂在起初撞了几下后就伏在了一边,再也没撞过。

几天后,麦克和佩蒂开始被散放在外面,小狗欧迪负责看护它们,欧迪的个头比它们小得多,但却异常凶悍,总喜欢追着麦克和佩蒂玩。

起初,麦克和佩蒂只顾埋头四窜,直到有一次,佩蒂停下来朝欧迪冲来的方向顶了回去,欧迪立刻停了下来,和佩蒂对视了会儿后悻悻地走开了。于是,麦克和佩蒂发现,欧迪也不像看上去那么可怕。经历了这件事后,欧迪都只远远地待在麦克和佩蒂附近。

麦克和佩蒂对事情的反应也有很大的不同。第一次喂它们吃蔬菜,佩蒂犹豫了会儿,过来闻了闻,就吃了,而麦克看到佩蒂吃了,闻也不闻就开始吃了;把它俩拴在链子上,有人靠近时,佩蒂从起初的抵制然后渐渐接受,而麦克一直都是死命往后躲。

渐渐的,农场主发现,大个的麦克总是跟在小个的佩蒂身后,佩蒂去哪里,麦克也去哪里,而到了一个新地方,先吃草的一定是佩蒂,麦克都是在佩蒂吃过之后才开始,看来,佩蒂已经成了"麦克佩蒂羊群"的领头羊了。

为什么小个的佩蒂最后反而成了领头羊呢？让我们来看看佩蒂身上优于麦克的一些特质——冷静和准确的判断力。

当被带离自己熟悉的领域，动物的本能反应就是慌乱和不安，在这一点上，麦克和佩蒂并无本质区别。但面对铁笼子，麦克一味地乱冲乱撞，反观佩蒂，只在最初尝试了几次就放弃了，可见佩蒂有优于麦克的冷静和准确的判断力。

现代组织所要面对的环境纷繁复杂、瞬息万变，这就要求作为组织舵手的领导者必须具备优良的心理素质和准确的判断力，正确的航道是组织存活的基础，试想，一个目标都是错误的组织又怎么能够生存、发展和壮大呢？而一旦因为一点风浪，舵手就慌了手脚不知所措，或者干脆就盲目判断，驶向错误的航道，那么组织离覆灭也就不远了。

资料来源：计渊.当领头羊遭遇领导力[J].财富智慧，2006(10)

管理故事

第一个吃西红柿的人

西红柿原来生长在秘鲁的森林里，叫作"狼桃"。由于它艳丽诱人，人们都怕它有毒，只欣赏其美而不敢吃它。

16世纪时，英国公爵俄罗达格里从南美洲带回一株西红柿苗，献给他的情人英国女皇伊丽莎白。从此，西红柿便落土欧洲，但仍然没有人敢吃它。

当时，英国医生警告人们说，食用西红柿会带来生命危险。若不是美国人罗伯特上校采取了一次破天荒的行动，恐怕人们至今仍不知道西红柿是什么滋味。

1830年，罗伯特从欧洲带回几棵西红柿苗，栽种在他的家乡新泽西州萨伦镇的土地上。但是，西红柿成熟之后，却一个也卖不出去，因为人们把它看作有毒果实。罗伯特不得不大胆向全镇人宣布：他将当众吃下10个西红柿，看看它究竟是不是有毒。镇上的居民都被罗伯特的"狂言"吓坏了。一名医生预言：这个古怪的上校一定活得不耐烦了，肯定会因为自己的愚蠢而命丧黄泉。

罗伯特吃西红柿的日子到了，全镇几千居民都涌到法院门口，看他如何用西红柿"自杀"。

正午12点，罗伯特上校出现在众人面前。他身穿黑色礼服，面带微笑，缓缓走上台阶，接着，他从小筐里拿出一个红透了的西红柿，高高举起，向众人展示。待几千双眼睛验证没有假后，他便在众目睽睽之下咬了那个西红柿一口，一边嚼一边大声称赞西红柿的味道。当罗伯特咬下第二口时，有几位妇女当场晕过去了。不一会儿，10个西红柿全部被罗伯特吃完，他仍安然无恙地站在台阶上，并向大家招手致意。人们报以热烈的掌声，乐队为他奏起了凯旋曲。

资料来源：https://www.sohu.com/a/385887893_120580966

6.1.1 领导的概念

杜鲁门曾说过一句话,"领导就是叫人做一件原本不想做的事,但事后却会喜欢它"。领导是指领导者指挥、带领、引导和激励员工为实现组织目标而努力工作的活动过程。领导者就是实施领导职能的人。

6.1.2 领导者和管理者的区别

领导者和管理者的区别有以下 3 点。

(1)领导者的主要职责是面向未来做正确的事,即建立组织发展的远景目标;管理者的主要职责是立足现在正确地做事,即带领组织成员执行和完成组织目标规定的任务。

(2)领导者侧重协调管理活动中的各种关系,注重管理的艺术性,表现出较高的情商;管理者侧重运用规章制度约束管理活动中的各种关系,重视管理的科学性,表现出较高的智商。

(3)领导者是以组织目标为导向,结合组织成员心理需求和价值观的倾向,重点进行精神激励,体现出一种情感逻辑;管理者激励和鞭策组织成员高质量地完成组织目标规定的任务,主要进行物质激励,体现出一种效率逻辑。

领导者应具备的基本素质

坚定的信念

信念就是力量。坚定的信念来自充分的自信和对事物的正确判断,信念可以创造奇迹,变不可能为可能。作为团体的领导者,一定要有坚定的信念,这种信念表现在你的精神上和行动上,并且时时刻刻影响着团队中的每一个成员。知识抵不过能力,能力抵不过素质,素质抵不过精神,精神最终抵不过信念。

正确的心态

著名的成功学家一致认为,所有人生的内容都是由这个人的心态所决定的,并断言:"心态决定一切!"人能改变心态,从而改变自己的一生。

积极的心态产生积极的思想和行为,积极的人像太阳走到哪里哪能亮。消极的心态产生消极的思想和行为,消极的人像月亮,初一、十五不一样。积极者会想:这件事或许有点困难,不过可以完成;消极者则想:这件事虽然有可能完成,但实在太难了。由此可见,心态不同,结果不同。

高尚的品格

高尚的品格是个人和团队的力量源泉,是世界上最强大的动力之一,也是领导者

最根本的素质。高尚的品格表现在一个人的方方面面，体现在生活和工作的点点滴滴，它的魅力在于最大限度地满足日常生活和工作的需求。品格的高尚与文化知识、地位权势没有必然的联系。

正直

正直是领导者应始终坚持的做人根本，只有行得正，才能立得稳。正直的领导者是道德水准较高的人，他们为人处世表现的正气能够影响到团队的每个成员，在他们的周围，歪风邪气难以存活，是是非非自然减少。正直体现在不畏强势、不凌弱势、敢作敢为、坚持正道、勇于承认错误。

诚信

团队管理的先决条件是领导者做人成功，而做人成功的关键在于诚信——为人真诚、信守承诺。一个诚信的人，便是一个值得信赖的人，这种信赖感会让一个人像磁铁一样吸引周围的人。你让别人感到放心，别人才能对你放心。

在市场不断规范、消费者趋势于理性的情况下，客户是吸引来的。新客户为什么会购买你的产品，新员工为什么要加盟你的事业？很多人可能会说，因为产品好、事业好。但在一切还未开始，产品和事业均未给新客户或新员工带来好处时，是什么首先吸引了他？一定是因为对你的信任和认同，这就是人格的魅力。

尽职尽责

职责是领导者应尽的责任和义务，领导者对此不能逃避、不可推卸。要做到尽职尽责，就要明确自己的责任，并有一颗持久的责任心。

对自己：自信、自强、自立。

对家庭：奉献和关爱。

对团队：心甘情愿地提供服务，毫无保留地真心付出。

对事业：全力以赴、永不言败。

如果领导者自己不能忠于职守，他就无法使别人恪尽职守；如果领导者没有责任心，他就会在逆境中倒下去，在各种各样的诱惑面前迷失自己。

资料来源：https://www.sohu.com/a/303320989_99942601

6.1.3 领导权力的类型

领导权力是指领导者在相关法律法规框架下，运用多种方法和手段，在实现特定目标的过程中，对被领导者做出一定行为与施行一定影响的能力。按其产生的原因，权力可分为5种类型。

1. 法定性权力

法定性权力是指组织内各领导所固有的合法的、法定的权力。法定性权力由个人在组织中的职位决定。拥有法定性权力的领导凭借与其职位、岗位相当的要求或主张

来施加影响。

2. 奖赏性权力

奖赏性权力是指领导者所拥有的提供奖金、提薪、晋级、表扬、理想的工作安排和其他能令人愉悦的东西的权力。奖赏性权力取决于某人控制所重视的资源的情况，领导通过奖赏的方式来获得影响他人的权力。

3. 惩罚性权力

惩罚性权力是指领导者所拥有的通过强制性处罚或剥夺而影响他人的权力。强制性权力受情境影响，领导者有时可能无法实施强制性措施。

4. 感召性权力

感召性权力是指由于领导者拥有的分明个性、优秀品德、优良作风而引起人们自愿追随和服从所形成的号召力和影响力。

5. 专长性权力

专长性权力是指领导者由个人的特殊技能或某些专业知识而形成的在某一领域影响他人的权力。

6.1.4 领导的作用

"一头狮子带领的绵羊群一定能战胜一只绵羊带领的狮群"，"强将手下无弱兵"，一个好的团队，必须有一个精明强干的领导。之所以说领导重要，是因为领导有其不可替代的作用。

1. 指挥作用

领导者以自身的榜样作用影响员工，使员工自愿地追随、服从和无条件支持领导者。领导者不是站在群体的后面去推动群体中的人们，而是站在群体的前列去促使人们前进，并鼓舞人们去实现目标。

2. 协调作用

在组织实现其既定目标的过程中，人与人之间、部门与部门之间发生各种矛盾和冲突，以及在行动上出现偏离目标的情况是不可避免的。因此，领导者的任务之一就是协调各方面的关系和活动，保证各个方面都朝着既定的目标前进。

3. 激励作用

领导者要善于激发员工的工作热情，使员工自觉为实现组织目标工作。领导者为了使组织内的所有人都最大限度地发挥才能，以实现组织的既定目标，就必须关心下属，

激励和鼓舞下属的斗志，发掘、充实和加强人们积极进取的动力。

4. 沟通作用

领导者是组织的各级首脑和联络者，在信息传递方面发挥着重要作用，是信息的传播者、监听者、发言人和谈判者，在管理的各层次中起到上情下达、下情上传的作用，以保证管理决策和管理活动顺利进行。

6.1.5 领导风格及其对团队的影响

领导风格是指领导者的行为模式。领导者在影响别人时，会采用不同的行为模式。领导风格的实质是习惯化的领导方式所表现出的种种特点。习惯化的领导方式是在长期的个人经历、领导实践中逐步形成的，并在领导实践中自觉或不自觉地起作用，具有较强的个性化色彩。每一位领导者都有其与工作环境、经历和个性相联系的与其他领导者不同的风格。领导风格研究的理论价值和实践意义在于它更能反映现实的领导活动，解释领导有效性的差异。

1. 独裁型领导

独裁型领导非常清楚自己的地位，对团队成员的信任度很低，认为薪资不只是工作的一种酬劳，而且是激励下属的唯一手段。独裁型领导的命令必须执行，不允许下属讨价还价，也不给下属任何解释的机会。因此，在独裁型领导手下，团队成员对工作不承担责任，只做被要求的事情；领导在与不在差别较大，领导在场的时候效率高，领导不在场的时候效率低。

2. 民主参与型领导

民主参与型领导和团队成员共同制定决策，当领导需要或被迫需要制定一个决策的时候，会向团队解释原因，能客观地进行批评和表扬。在民主参与型领导手下，团队成员愿意接受新的想法和变化，在团队中具有责任感，工作质量和效率普遍较高，团队成员普遍有成功感。

3. 放任型领导

放任型领导性格比较软弱，能力相对较弱，与下属直接交流的信心不足，一般不为团队制定目标，对下属放任自流，很少对下属的工作质量和效率进行管理。在放任型领导手下，决策由团队中愿意制定决策的人制定，团队成员工作效率普遍较低，工作懒散，对工作的兴趣不高，士气和团队工作效率都比较低。

4. 魅力型领导

魅力型领导精力充沛、外表出众、智力超凡、有极具吸引力的个性，以及非同寻

常的技术能力和天赋。魅力型领导会设法使团体成员感到自己是有能力的，但这种类型的领导固执己见，认为自己绝对正确，想法很难改变。因此，组织不能依赖魅力型领导。

5. 变革型领导

变革型领导通过自身的行为表率、对下属需求的关心来优化组织内的成员互动。同时，通过对组织愿景的共同创造和宣扬，在组织内营造起变革的氛围，在富有效率地完成组织目标的过程中推动组织的变革。变革型领导使团队成员意识到所承担任务的重要意义和责任，激发下属的高层次需要或扩展下属的需要和愿望，使下属为了更大的团队利益放弃或弱化个人利益。

6. 事务型领导

事务型领导也称维持型领导，是指在组织的正常运转过程中，通过明确的职责，使下属按照各自的职责开展工作。事务型领导激励团队成员有明确的目标，并尽量考虑和满足下属的社会需要，通过协作活动提高下属的工作效率。

学生会竞选的结果终于出来了，小李成功地当选了新一任校学生会主席，然而此刻的他并没有感到轻松。

"真的不太好当，老大的后背是一面墙，什么都要阻挡，还要背着大家往前闯。一次次的失望，还要用良心去换理想，两边人海茫茫，寻找她的模样。有多少刀枪要去挡，黑锅要去扛，要挺着宽阔的胸膛。无论有多么疼，受了多重的伤，坚强，咬着牙坚强……"小李的耳机里传出歌手小柯演唱的《老大》的旋律。不仅是因为这首歌旋律轻快，而是因为歌词说出了小李此刻的心情。小李知道，未来的道路会充满荆棘，但他有信心一定会披荆斩棘、一路前行。

问题 6.2

领导的基本理论有哪些

领导气质是与生俱来的吗

《领导者是天生的吗》,小关拿着这本从图书馆借来的书,满脑子都是疑问。

这几天,他经常思考这个问题。想想也是,小李已经是学校的学生会主席,自己却还只是个"小兵"。小关参加了学校的读书社,他的才华已被许多人认可,但是当社长将想让他接任的想法告诉他时,小关还是拒绝了。他感觉自己不是一个有领导能力的人,虽然书读的不少,但却低调内敛,一直不喜欢表现自己。他知道当上社长一定会很忙,有许多活动要去组织,有更多的人际关系要处理。这些都不符合自己的个性。但是对领导的相关理论,小关还是非常感兴趣,而且已经开始悄悄研究了。

领导理论的发展主要经历了 3 个历史阶段:一是产生于 20 世纪 30 年代的领导特质理论;二是 20 世纪 40 年代至 20 世纪 60 年代后期的领导行为和风格理论;三是 20 世纪 70 年代的领导权变理论。

6.2.1 领导特质理论

1. 领导特质理论的内容

领导特质理论是领导理论的第一个发展阶段,也是有关领导的最古老、最普遍的理论,产生于 20 世纪 30 年代。领导特质理论研究的内容主要包括领导者的身体特征、个性特征和才智特征三大方面,强调领导所具有的内在品质与领导相关行为和绩效有着十分密切的关系。

2. 领导特质理论的理论假设

从 20 世纪 30 年代开始,国外的学者对领导特质进行了大量的研究,并构建了各自的理论。这些理论认为,领导特质是与生俱来的,不具备天生领导特质的人,就不

能当领导，因而这时候的领导特质理论又称伟人理论。

早期的领导理论研究的重点（或着眼点）都在找出杰出领导者所具有的某些共同的特性或品质上，称为特性论（或品质论）。传统的领导特质论认为，领导特质是天生的。

3. 领导特质理论的主要成果

（1）吉赛利的八种个性特征和五种激励特征。吉赛利认为，管理者具备才智、首创精神、督察能力、自信心、决断力、适应性、性别、成熟程度八种个性特征和对工作稳定的需求、对金钱奖励的需求、对指挥别人的权力需求、对自我实现的需求、对事业成就的需求五种激励特征，就能成为优秀的领导，取得突出的业绩，被领导者的地位和影响对领导业绩影响可不考虑。

（2）斯托格蒂尔的六类领导特质。斯托格蒂尔认为，管理者具备以下六种特质就会有优秀的领导行为，取得优良的业绩。一是身份特性，如精力、身高、外貌等；二是社会背景特性，如社会经济地位、学历等；三是智力特性，如判断力、决断力、知识的深度和广度、口才等；四是个性特征，如适应性、进取心、自信、机灵、见解独到、正直、情绪稳定、不随波逐流、作风民主等；五是与工作有关的特性，如责任意识、毅力、首创精神、工作主动性、重视任务的完成等；六是社交特性，如善交际、广交游、积极参加各种活动、愿意与人合作等。

（3）包莫尔的领导特质论。包莫尔认为，管理者具备以下十种特质就可以表现出优秀的行为，取得优良的领导业绩。一是合作精神，即愿与他人合作，善于赢得人们的合作，领导工作靠感动和说服，而不是靠压服；二是决策能力，即依赖事实进行决策，具有高瞻远瞩的能力；三是组织能力，即能发掘下属的才能，善于组织人力、物力和财力；四是精于授权，即能把控大权、分散小权；五是善于应变，即机动灵活、善于进取，而不抱残守缺、墨守成规；六是敢于求新，即对新事物、新环境和新观念有敏锐的感受能力；七是勇于负责，即对上级、下级和产品、用户乃至整个社会抱有高度的责任心；八是敢担风险，即敢于承担企业发展不景气的风险，有创造新局面的雄心和信心；九是尊重他人，即重视和采纳别人的意见，不盛气凌人；十是品德高尚，即品德上为众人所敬仰。

（4）大五人格理论模型。20世纪60年代，研究人员对80种领导特质进行深入研究，发现大约有五种特质可以涵盖人格描述的所有方面。

一是外倾性。外倾性即外向性，表示人际互动的数量和密度、对刺激的需要以及获得愉悦的能力。外向性与内向性相对，外向的人喜欢与人接触，充满活力，经常感受到积极的情绪。他们热情，喜欢运动，喜欢刺激冒险。在一个群体当中，他们非常健谈、自信，喜欢引起别人的注意。内向的人比较安静、谨慎，不喜欢与外界过多接触。

二是神经质或情绪性。神经质反映个体情感调节过程，反映个体体验消极情绪的

倾向和情绪不稳定性。高神经质个体倾向于有心理压力、不现实的想法、过多的要求和冲动，容易出现愤怒、焦虑、抑郁等消极情绪，对外界刺激反应比一般人强烈，对情绪的调节、应对能力比较差，经常处于一种不良的情绪状态下。这类人的思维、决策以及有效应对外部压力的能力比较差。低神经质的人则较少烦恼，较少情绪化，比较平静。

三是开放性。开放性描述一个人的认知风格。开放性的人偏爱抽象思维，兴趣广泛，具有想象、审美、情感丰富、求异、创造、智慧等特征。封闭性的人讲求实际，偏爱常规，比较传统和保守。

四是随和性。随和性也称宜人性，反映的是个体对他人的态度，这些态度一方面包括亲近人的、有同情心的、信任他人的、宽大的、心软的，另一方面包括敌对的、愤世嫉俗的、爱摆布人的、复仇心重的、无情的。宜人性高的人善解人意、友好、慷慨大方、乐于助人，愿意为了他人放弃自己的利益。宜人性高的人对人性持乐观的态度，相信人性本善。宜人性低的人对别人容易多疑，总把自己的利益放在他人的利益之上，不关心别人的利益，不乐意帮助别人。

五是尽责性。尽责性是指个体控制、管理和调节自身冲动的方式，可用于评估个体在目标导向行为上的组织、坚持和动机。冲动的个体做事往往粗心大意、无序、不谨慎、缺乏条理，对自我约束差，克制力弱。谨慎的人往往做事有条理、谨慎、自律、有克制力。但过于谨慎的个体会让人觉得单调、乏味、缺少生气。

大五人格理论的研究成果就是大五人格理论模型（见图6-1）。

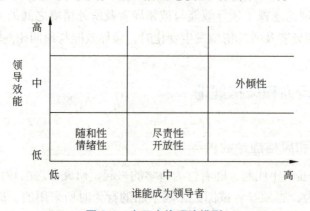

图6-1 大五人格理论模型

大五人格理论模型的研究结论是：外倾性是高效领导的重要特质。从图6-1可以看出，外倾性与"谁能成为领导者"的关系最为显著；与随和性、情绪性相比，尽责性和开放性与领导力之间的关系较为显著。

4. 领导特质理论的作用与局限性

（1）领导特质理论的作用。领导特质理论主要研究一名优秀而成功的领导所具有

的内在品质与领导相关行为及绩效方面的关系，其重要作用有两个方面：一方面强调了领导者个人良好的特性对领导工作和提高领导效能的重要意义；另一方面得出了个人的某些特质与领导绩效之间的关系，有助于选拔和培养领导人才。

（2）领导特质理论的局限性。领导特质理论的局限性主要体现在以下几个方面。

① 领导特质理论不能充分预测领导行为的有效性。特质模式把生理特点如身高、体重、外表、体格、精力及健康与领导有效性联系起来。但由于特质与领导有效性之间并没有一致的匹配模式，又没有一个特质可以确切预示某人将成为领导，所以在实践中只根据性格特征难以挑选领导者。

② 领导特质理论没有从系统的角度研究领导。领导特质的研究过分强调"个人"因素，而不是把个人看作一个社会系统的组成部分。这种研究希望获得作为领导者所应具有的与众不同的特质，但困难在于领导的形式变化无常，不同的形式对领导者素质的要求也不尽相同。只有从组织的领导过程的角度，才能正确理解领导特质及其与有效领导之间的关系。

③ 领导特质理论忽略了领导行为的多样性。尽管个人特征是稳定的，但这种稳定性并不意味着领导者不能以和自己个性不同的方式行动。个体差异特征没有规定人们的行为，只有在没有某种特殊要求的情境中，或是在一种宽松的环境中，个人的特征才会产生较大的影响。然而，如果情境给出了较多的行为要求，每个人的行动是可预期的，多数人的行动依据是最初的安排而不是他的个性，这种情况下，个人特征作用不大或不起作用。

④ 领导特质理论忽视了领导效能与被领导者及所处情境之间的关系，孤立研究领导的性格，在被领导者及所处情境发生变化时，领导效能与预期相差较大。

6.2.2 领导行为和风格理论

1. 领导行为和风格理论的内容

从 20 世纪四五十年代起，随着行为科学的兴起，研究者逐渐转移到领导行为的研究上。研究者认为，当领导者试图去影响下属的行为时所采用的、被下属所感受到的行为模式就是领导风格。领导风格在概念上与特质理论很相近，但特质理论的核心是关注领导者自身的特质，而领导行为和风格理论则集中对领导者所展现的领导能力进行研究。

一般研究者认为，领导行为和风格理论与特质理论有截然不同之处。如果特质理论成功，则提供了一个为组织正式领导岗位选拔正确人员的基础。如果行为研究找到了领导方面的关键性因素，则可以通过训练使人们成为领导者。

目前的研究成果表明，领导特质同样可以通过后天培训产生。

2. 领导行为和风格理论的成果

领导行为和风格理论以研究领导者行为与领导效果之间的关系为基础，主要成果有领导行为四分图理论、管理方格理论等。

（1）领导行为四分图理论。该理论是美国俄亥俄州立大学斯托格蒂尔和沙特尔在大量调查研究的基础上，于1945年提出的，最终归结为对人的关心和对组织效率的关心两大类。

对人的关心是指以人际关系为中心，包括建立互相信任的气氛，尊重下级意见，注意下属感情和问题等。

对组织效率的关心就是以工作为中心，是指领导者为了实现工作目标，规定自己和下属的工作任务，包括组织设计、制订计划和程序、明确责任关系、建立信息途径和确立工作目标等。

所谓"关心"，是指领导者对其下属所给予的尊重、信任以及互相了解的程度。从高度关怀到低度关怀，中间可以有无数不同程度的关怀。所谓"工作"，是指领导者对下属的地位、角色与工作方式是否都有规章或工作程序。定规可以是高度定规也可以是低度定规。

领导行为四分图理论可以用图6-2来解释。领导行为用一个二维坐标表示，将第一象限划分为四个区，代表四种领导风格，分别是高关心低工作、低关心高工作、高关心高工作、低关心低工作的领导风格。

高关心低工作的领导者，注意关心爱护下属，经常与下属交换思想、交流信息，与下属感情融洽。这种风格的领导者比较仁慈，但组织内规章制度不严，工作秩序不佳。

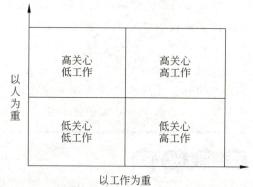

图6-2 领导行为四分图

低关心高工作的领导者，注意严格执行规章制度，建立良好的工作秩序和责任制，但不注意关心爱护下属，不与下属交流信息，与下属关系不够融洽，是一个较为严厉的领导者。

与低关心高工作的领导者相比，高关心高工作的领导者，在执行规章制度方面也特别严格，也建立良好的工作秩序和责任制，所不同的是，这种风格的领导者在严格的同时能够关心爱护下属，经常与下属交流信息、沟通思想，想方设法调动组织成员的积极性，在下属心目中可敬又可亲。高关心高工作的领导者属于高效成功的领导者。

低关心低工作的领导者，不注意关心爱护下属，不与下属交换思想、交流信息，与下属关系不够融洽，也不注意执行规章制度，工作无序，效率低下，是地地道道的不合格领导者。

研究结果表明，不同的领导风格对工作效率和职工情绪有直接的影响。研究者认为，高关心高工作的领导者，其工作效率与领导有效性必然较高；低关心高工作的领导者效

果最差。当然,高关心高工作的领导者并不一定会产生积极效果。在生产部门,工作技巧评定结果与工作程度呈正相关,而与关心程度呈负相关。但在非生产部门,这种关系恰恰相反。这项研究工作有重要的意义,它发现了领导行为的两个最基本的考察维度,提出的四种领导风格为后来的许多类似研究奠定了基础,如管理方格理论就是以此为基础发展起来的。

南 风 法 则

南风法则源于法国作家拉封丹写过的一则寓言:北风和南风比威力,看谁能把行人身上的大衣脱掉。北风首先来一个冷风,凛冽寒冷刺骨,结果行人把大衣裹得紧紧的。南风则徐徐吹动,顿时风和日丽,行人因为觉得春意上身,始而解开纽扣,继而脱掉大衣,南风获得了胜利。

只有真正俘获了员工的心灵,员工才会为企业的发展死心塌地地工作。在企业管理中多点人情味,少些铜臭味,有助于培养员工对企业的认同感和忠诚度。有了这些,企业在竞争中就能无往而不胜。

俗话说,"良言一句三冬暖,恶语伤人六月寒",有时候怀柔政策胜于激烈对抗。企业经营的核心是客户,把客户需要放在第一位,用和煦的春风吹化客户心中的坚冰,才能得到对方的信任和支持。

运用到管理实践中,南风法则要求管理者要尊重和关心下属,时刻以下属为本,多点人情味,多注意解决下属日常生活中的实际困难,使下属真正感受到管理者给予的温暖。下属出于感激就会更加努力、积极地为企业工作,维护企业利益。

一个也不能少——绝不裁员的松下幸之助

《一个都不能少》是 1999 年上映的一部剧情片,根据施祥生小说《天上有个太阳》改编,由导演张艺谋拍摄。该片使用一群非专业演员,故事主题是关于农村、贫穷及文盲的问题。在该片中,张艺谋保留了演员本身的名字。本片获得了众多电影奖项,包括金鸡奖、圣保罗国际电影节最佳影片、威尼斯国际电影节金狮奖等。这部电影纯朴、自然、简单,情节感人,在播出后广受好评。电影的故事结构极为简单,只有一条发展线,起点是水泉小学的高老师要回家看望病重的母亲,村长从邻村找来魏敏芝给高老师代一个月课。水泉小学原先有三四十个学生,每个新学期开学都有学生流失,直到只剩二十八个人。高老师临走时再三叮嘱魏敏芝,一定要把学生看住,一个都不能少。魏敏芝整天让学生抄课文,每天清点人数,谁要把学生弄走,就跟谁急,连村长的话也不听。学生见她人小,又不会上课,不听她的,有的故意跟她捣乱,弄得教室里乱哄哄的,她不管不问,只是守在教室门口,不到时间不让走。

十岁的张慧科因家里欠债无力偿还，不得不失学到城里打工。魏敏芝记得高老师临行前的叮嘱，决心把张慧科找回来，她打听到张慧科在城里的住处，单身一人踏上了进城之路。十三岁的魏敏芝开始在茫茫人海里寻找，终于在电视台台长的帮助下，找回了张慧科，并得到了好心人的帮助，得到了大量的粉笔和文具。电影中，主人公魏敏芝的执着感动了许多人。

现实企业经营中也有这样一个故事，故事的主人公就是绝不放弃一个员工、绝不裁员的松下电器公司总裁松下幸之助。说起松下这个品牌，它在世界上一些地区就像通用电气或可口可乐那样家喻户晓。后来公司遭到了大萧条的冲击，但松下幸之助没有裁减人员，因为他把公司看作一个家庭。他只是减少了产量，将工厂的工人转为销售人员。

到1929年12月1日，公司的销售额下降了一半以上，仓库由于产品积压开始出现涨库，很可能会引发财务灾难。

在松下电器公司的管理层中，许多人认为，唯一可以采取的行动是解雇相当数量的人员，也许需要一半。公司的高层经理们也认为，只有大量削减人员才能够拯救公司，但这也可能毁了公司，保持了12年的发展势头将会中止，良好的劳资关系会被破坏，公司进一步发展的计划也要被迫搁置起来。此外，由于日本经济还在继续恶化，被解雇的员工在其他地方找到工作的机会也近乎渺茫，大量员工将会陷入贫困。经理们既害怕又沮丧，他们问松下幸之助该怎么办。

松下幸之助下达的命令是："就从现在开始产量减半，但不解雇任何员工。我们不是通过解雇工人来减少产量，而是让他们（在工厂中）工作半天。我们一定要继续支付给他们与现在同样的工资，但是取消所有的节假日。我们要求所有工人尽自己的力量推销库存积压产品。"

在1929年之前，还没有出现过把生产人员转为销售人员来应付公司不景气的做法。当公司对满满一屋子的员工宣布这一政策时，人们欢呼起来。由于每个人每个星期都要用大量时间来推销存货，而产量又只有过去的一半，因此库存积压产品迅速消失了，雇员们很快就恢复了自己的正常工作。

就在数以千计的日本企业裁减人员、发展停滞之际，松下电器公司保留了所有的员工，创建了无线电产品的新业务，继续发展车灯和电池业务，更加注重完善雇用员工的标准，以提高员工的素质。也就在这时，松下幸之助在一个客户的恳求下，参观了天理教教派的中心寺庙。尽管他接受邀请并不是想成为教徒，但教徒们在没有明显的经济利益的驱动下高高兴兴地努力工作的精神，给他留下了深刻的印象。这次访问播下了影响松下幸之助今后生活道路的新企业哲学的种子。

在寺庙中，松下幸之助亲眼看到了在这个人数众多的组织中，人们以一种在小企业之外很少见到的献身精神在工作。他后来写道："从我所见到的这一切中，从它显然是在兴旺发展的状况中，从堆积成山的捐赠木材中，从这些教徒在寺庙建设

的积极献身精神中,有一些东西是值得学习的。"这其中的含义很明显,如果公司在某种程度上能够变得像一种宗教那样富有意义,那么公司员工就会对工作更为满意,劳动生产率也会提高。

两个月以后,松下幸之助决定举行一次不同寻常且充满感情的会议,与许多员工共享他新冒出来的想法。1932年5月5日,168名职员和高级经理人员在大阪电器中心俱乐部会议厅聚会。松下幸之助在开场白中回顾了他们的集体成就:在短短15年的时间内,公司由创建、发展到现在的1100位员工,每年的销售额为300万日元,有了280种注册专利,在10个地方建立了工厂。他对他们讲述了自己最近参观天理教教派寺庙的经历,以及他是如何受到启发重新审视自己对公司的看法的。然后,他提出了现在已经广为流传的宣言:"制造商的使命应该是战胜贫穷,把整个社会从悲惨状况中解救出来,并为它创造财富。"他以自来水为例,说水是一项重要产品,生产和销售成本都很低,因此几乎每个人都用得起。"这就是企业家和制造商应该追求的目标:让所有的产品都像自来水那样用之不竭,那样便宜。这一目标实现之时,也就是贫穷从地球上消失之日。"要是他本人在这15年中缺少对他人的关心,这番话也就没有什么可信度了。然而他的这段话与公司的经营方式是一致的。他的话只是表明他在阐述对公司的看法时站得更高,眼界更开阔。新的使命将公司的目标与人的基本价值联系了起来。

当松下幸之助要求每天早上小组要集中在一起,每一个员工都大声宣读他的企业原则时,有些人认为这是繁文缛节,不愿去做,另一些人则认为这是矫揉造作,他不愿去做。但是松下幸之助拒绝做任何妥协。

在松下幸之助1932年的讲话之前,他的公司就已经成了一支具有献身精神、干劲十足的劳动大军,一部分原因是那种家长式的人事制度(1920年成立的员工组织主办了数百次文化、娱乐和体育方面的活动),另一部分原因是公司非同一般的交流活动(1927年开始出版公司杂志),还有一部分原因是创始人自身的可信度和以身作则的作用。然而,在1933年以后的年月里,这批受到精神激励、团结一致的员工成了公司处于竞争优势的主要力量源泉,尽管公司的规模不断扩大,并存在着时间一长公司将失去员工支持的普遍现象。公司的许多人慢慢开始相信,他们与一个高尚的、公正的事业联系在一起。

资料来源:http://app.fortunechina.com/mobile/article/2402.htm

(2)管理方格理论。该理论是用方格图表示和研究领导方式的一种理论,由美国行为科学家罗伯特·布莱克和简·莫顿创立。他们认为,在企业管理的领导工作中会出现一些极端的方式,或者以生产为中心,或者以人为中心,或者以X理论为依据强调监督,或者以Y理论为依据强调相信人。为避免极端片面的领导行为,他们于1964年发表《管理方格》一书,就企业中的领导方式问题提出了管理方格理论。该理论设计了由81个方格组成的图形(见图6-3)。

图6-3 管理方格理论

注:"对生产的关心"是指管理人员对工作人员工作效率、工作质量和产量的关心;"对人的关心"是指对个人实现目标的承诺程度、提供良好的工作环境等。

对管理方格理论的解释如下。

1.1方格表示贫乏管理型,对生产和人的关心程度都很低,在管理中的表现是把非做不可的工作交给下属,同时赋予下属随机应变的权力,对一些事情推延不办,只作为信息传递者,用人方面无选择,对冲突持中立态度。这种领导能胜任日常单调、重复又没有挑战性的工作,在具备天时地利的情况下还会有些成绩,但在竞争激烈的情况下,则无法在组织中长期维持。

9.1方格表示任务管理型,对生产的关心多,而对人的关心少,重点放在工作上。这种类型的领导者权力很大,指挥和控制下属的活动,而下属只能奉命行事,积极性和创造性得不到发挥。

1.9方格表示俱乐部管理型,对人的关心多,而对业绩的关心少,重视下级的态度和情感,对下级关怀备至,且努力营造一种人人得以放松、感受友谊与快乐的环境,进而达到较高的工作绩效。这种类型的领导者重点放在满足职工的需要上,而对指挥监督、规章制度重视不够。

5.5方格表示中庸管理型,对人的关心和对工作的关心均保持中间状态,只求维持一般的工作效率和士气,不采取措施促使下属进行创造与革新。这类领导重视员工对自己的评价,力图与大家保持一致,办事有度,处理适中,在制订计划时尽可能做到实施阻力最小,不追求最大效果。

9.9方格表示理想型,属于团队管理型。这类领导者对工作和人都很关心,能使员工和生产两个方面有效地结合起来。这类领导者把精力集中于决策上,计划的制订总是同利害相关者一起完成;能做到责任明确、程序清晰、规则完善;对部下进行富有前瞻性的指导和真诚的帮助。这种领导方式能使员工了解组织的目标并关心组织运行的结果,从而实现自我控制、自我指挥,充分发挥生产积极性,为实现组织的目标而努力工作。

管理方格理论的意义主要体现在两个方面:一是承认在对生产的关心和对人的关心这两个因素之间并没有必然冲突;二是该理论指出领导者必须在组织的要求和职工的个人需要之间加以调节,找出最恰当的方式。

管理方格理论的局限性体现在三个方面:一是表格划分存在主观性;二是二维的图表并不能涵盖复杂的领导行为,因为许多领导行为都是各种情况的混合体;三是9.9理想型的领导方式可能不是最佳的领导方式,还要依据具体情况进行评价。

6.2.3 领导权变理论

1. 领导权变理论的内容

领导权变理论主要研究与领导行为有关的情境因素对领导效力的潜在影响。该理论认为,在不同的情境中,不同的领导行为有不同的效果,所以该理论又被称为领导

情境理论。领导权变理论是领导理论的一种,于20世纪60年代至70年代初形成。该理论认为,不存在一种绝对的最佳的领导方式。领导是领导者、被领导者及其环境因素相互作用的动态过程。该理论主要包括三方面的内容:一是企业组织是社会大系统中的一个子系统,受环境的影响,企业组织必须根据社会大系统的处境和作用,采取相应的组织管理措施;二是组织的活动是在不断变动的条件下趋向组织目标,必须根据组织的近期和远期目标以及当时的条件,采取适宜的管理方式;三是管理的功效体现在管理活动和组织的各要素相互作用的过程中,组织必须根据各要素的关系类型及各要素与管理活动之间相互作用时的一定函数关系来确定恰当的管理方式。

2. 领导权变理论的主要成果

领导权变理论的主要成果有领导风格连续统一体理论、菲德勒模式、路径—目标理论和领导生命周期理论。

(1)领导风格连续统一体理论。这一理论是坦南鲍姆和施密特在1958年提出的。该理论按照领导者运用职权的程度和下属享有自主权的程度,把领导模型看作一个连续变化的分布带,以高度专权、严密控制为左端,以高度放手、间接控制为右端。当然,这两个极端不是绝对的,二者都有一定的限度。即使专权的领导,也不可能使下属没有一点自由度。他们认为并没有一种领导风格总是正确的,也没有一种总是错误的。他们认为,领导方式的选择取决于三方面的因素:一是领导者本身,如价值观、思想体系、对下属的信任程度、性格爱好和在不确定环境中的安全感;二是下属方面,如下属的期望;三是环境,如组织的类型、问题的性质和时间的压力。在明确这些因素的情况下,就可以沿着一条从"以领导为中心"到"以下属为中心"的连续流来观察领导行为。领导风格连续统一体理论的具体实施模式见图6-4。

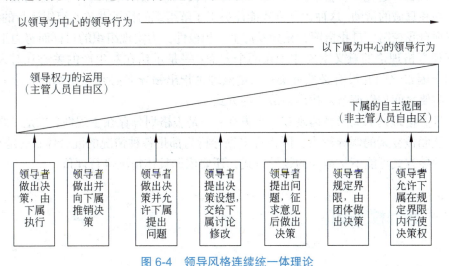

图6-4 领导风格连续统一体理论

第一种模式:领导者做出决策,由下属执行。在这种模式下,领导者在考虑各种因素的情况下,分析比较可供选择的方案,最后从中选择一种方案,然后向下属宣布

执行，不给下属直接参与决策的机会。

第二种模式：领导者做出并向下属推销决策。这种模式同第一种模式一样，都是由领导者承担确认问题和做出决策的责任。但领导者不是简单地宣布实施这个决策，而是认识到下属中可能会存在反对意见，于是试图通过阐明这个决策可能给下属带来的利益来说服下属接受这个决策，消除下属的意见或敌对情绪。

第三种模式：领导者做出决策并允许下属提出问题。在这种模式下，领导者提出一个决策方案，希望下属接受这个决策，向下属给出一个有关自己计划的详细说明，并允许下属提出问题，使下属充分地理解领导者的计划和意图，从而更好地和领导者共同讨论决策的意义和作用。

第四种模式：领导者提出决策设想，交给下属讨论修改。在这种模式下，下属可以对决策发挥某些影响作用，但确认和分析问题的主动权仍在领导者手中。领导者先提出一个暂时的可修改计划，并把这个暂定的计划交给有关人员征求意见。

第五种模式：领导者提出问题，征求意见后做出决策。在前四种模式下，领导者在征求下属意见之前就提出了自己的解决方案，而在这个模式下，下属有机会在决策做出以前就提出自己的建议。领导者的主动作用体现在确定问题，下属的作用在于提出各种解决的方案，最后，领导者从自己和下属所提出的解决方案中选择一种他认为最好的解决方案。

第六种模式：领导者规定界限，由团体做出决策。在这种模式下，领导者将决策权交给下属群体。领导者的工作是弄清所要解决的问题，并为下属提出做决策的条件和要求，下属按照领导者界定的问题范围进行决策。

第七种模式：领导者允许下属在规定界限内行使决策权。这种模式表现了极度的团体自由。如果领导者参加决策的过程，他也与团队中的其他成员处于平等的地位，并事先声明尊重团体所做出的任何决策。

（2）菲德勒模式。1962年，心理学家弗雷德·菲德勒提出了一个"有效领导的权变模式"，即菲德勒模式。菲德勒提出了许多非常重要、有价值的观点。

观点1：一种领导现象的出现，不仅是领导者本人的行为结果，而且还有赖于周围的领导环境。

观点2：有效的领导行为，依赖于领导者与被领导者相互影响的方式及情境给予领导者的控制和影响程度。

观点3：领导方式（领导形态）可能多种，但无论何种领导方式均有利弊，十全十美的领导方式是不存在的。

观点4：一个领导者能否取得理想的领导效能，取决于上下级关系、任务结构和职位权力，具体地说，就是取决于领导者与成员之间的关系，团体目标与任务的界定是否充分、明确而妥当，以及领导者现居职位能对部属施加多大影响力。

总之，菲德勒模式把领导人的特质研究与领导行为的研究有机地结合起来，并将其与情境类型联系起来研究领导的效果。菲德勒把领导者所处的环境从最有利到最不利共分为8种类型，并把领导效果与其影响因素用图形展示了出来，建立了菲德勒模

型（见图 6-5）。

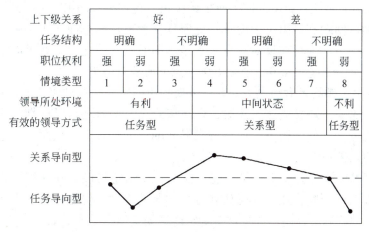

图 6-5　菲德勒模型

菲德勒模型的现实意义在于，一是强调：为了领导有效需要采取什么样的领导行为，而不是从领导者的素质出发应当强调具有什么样的行为，为研究领导行为指出方向；二是指出：不存在绝对的最好领导形态，组织的领导者必须具有适应能力，自行适应变化；三是提出：必须按照不同的情况来选择领导人和改造环境，以符合领导者的风格。

（3）路径—目标理论。该理论是领导权变理论的一种，由多伦多大学的组织行为学教授罗伯特·豪斯最先提出，后来华盛顿大学的管理学教授特伦斯·米切尔也参与了这一理论的完善和补充。

路径—目标理论目前已经成为最受人们关注的领导理论之一。该理论认为，领导者的工作是利用结构、支持和报酬，建立有助于员工实现组织目标的工作路径。该理论也可以概括表述为，领导者的工作是建立目标方向，改善通向目标的路径，以确保目标实现。路径—目标理论的内容可以分为以下 5 个方面。

一是领导过程。路径—目标理论认为，要实现员工对工作满意、认可领导、有更强动机和更好绩效的目标，领导应按以下过程进行：领导者确认员工的需要，提供合适的目标，明确实现目标与报酬的关系；消除绩效的障碍，并且给予员工一定的指导。

二是目标设置。路径—目标理论认为，群体应该设置目标，只有这样，才能检测个体和群体完成绩效标准的情况。有了群体目标，不同的成员才会向同一方努力，但是所定的目标要让群体成员感到有价值，并且可以在现有的资源和领导下达到。

三是改善路径。路径—目标理论认为，领导者在决定能够顺利实现目标的路径之前，根据权变因素和可供选择的领导方案在不断地为最终决定的路径做完善工作，如领导者帮助员工组合资源、预算以及其他有助于完成任务的因素，消除有碍员工绩效的环境限制，对有效的努力和绩效给予认可，促使员工能够乐于从事工作。

四是领导风格。按照路径—目标理论，领导者的行为被下属接受的程度，取决于领导风格是否符合下属的适应性和能否使下属现实利益或将来利益得到满足，下属是将这种行为视为获得满足的即时源泉还是作为未来获得满足的手段。领导者行为的激励作用，在于它使下属的需要和满足与有效的工作绩效联系在一起，并提供了有效的工作绩效所必需的辅导、指导、支持和奖励。

五是确定领导类型。领导类型有指导型、支持型、参与型和成就取向型4种。

指导型领导对下属需要完成的任务进行说明，包括对他们有什么希望、如何完成任务、完成任务的时间限制等，同时为下属制定出明确的工作标准，并将规章制度向下属讲得清清楚楚，指导不厌其详，规定不厌其细。

支持型领导对下属的态度是友好的、可接近的，他们关注下属的福利和需要，平等地对待下属，尊重下属的地位，能够对下属表现出充分的关心和理解，在下属有需要时能够真诚帮助。

参与型领导邀请下属一起参与决策，能同下属一道进行工作探讨，征求他们的想法和意见，将他们的建议融入团体或组织将要执行的决策中去。

成就取向型领导鼓励下属将工作做到尽量高的水平。这种领导者为下属制定的工作标准很高，寻求工作的不断改进。除了对下属期望很高外，成就取向型领导还非常信任下属有能力制定并完成具有挑战性的目标。

在现实中究竟采用哪种领导方式，要根据下属特性、环境变量、领导活动结果的不同因素，以权变观念求得同领导方式的恰当配合。

路径—目标理论同时提出了环境的权变因素和下属权变因素对领导行为所产生的结果有重要影响。

当领导者弥补了员工或工作环境方面的不足，就会对员工的绩效和满意度产生积极的影响。但当任务十分明确或员工有能力和经验处理而无需干预时，领导者还占用时间来解释工作任务，则下属会把这种指导型行为视为累赘、多余，甚至是侵犯。

（4）领导生命周期理论。领导生命周期理论是由美国心理学家卡曼（A.Korman）首先提出，后来由赫塞（Paul Hersey）和布兰查德（Kenneth Blanchard）在管理四分图理论的基础上发展而来的，强调结合下属的成熟程度选择适宜的领导方式，提出了有效领导方式选择的方法。该理论用 M 代表下属的成熟程度，并且：

用 M_1 代表不成熟，表示下属既不胜任工作，又不愿意工作；

用 M_2 代表初步成熟，表示下属愿意承担工作，但缺乏能力；

用 M_3 代表比较成熟，表示下属具备完成工作的能力，但没有足够的意愿和动机；

用 M_4 代表成熟，表示下属既具备完成工作的能力，又愿意完成领导交办的任务。

该理论对有效领导方式的选择方法是：

如果下属成熟程度为 M_1，则选择命令型领导方式；

如果下属成熟程度为 M_2，则选择说服型领导方式；

如果下属成熟程度为 M_3，则选择参与型领导方式；如果下属成熟程度为 M_4，则选择授权型领导方式。

有效领导方式的选择见图 6-6。

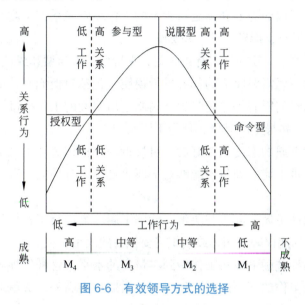

图 6-6 有效领导方式的选择

问题6.3

领导为什么要用激励手段

"领导艺术是领导者个人素质的综合反映,领导个体因其素质不同,其领导艺术也有较大差别。黑格尔说过,'世界上没有完全相同的两片叶子',同样也没有完全相同的领导者和领导模式。有多少个领导者就有多少种领导模式。"薛老师合上书,但书中的精彩语言却一直在她脑海回响。看完这段话,薛老师想起了两天前发生的事。

那天傍晚,薛老师在校园里散步,身后传来熟悉的脚步声,回头一看,只见小李怒气冲冲地走了过去,完全无视自己的存在。薛老师心里马上猜到发生了什么事,但却不动声色地假装什么都没发生,很自然地把小李叫住。此时的小李涨红了脸,一副怒气冲冲的样子,还没等薛老师问原因,小李先开口了:"我不想干了!"说完,小李手一甩,肩膀微微颤抖,竟然落下泪来。

原来,自从小李当了学生会主席后,认真负责,一丝不苟,工作非常拼命。许多学生会成员都非常佩服他,但他也因为工作作风强势得罪了不少人。在最近的社团联展中,小李每天只睡四个小时。可偏偏在这个时候,有一名之前因为不好好工作被批评过的副主席故意弄坏了演出道具。这让本来就很着急的小李情绪失控了,没能抑制住心中的怒火,发泄了出来。

薛老师了解了小李的情况后,语重心长地说:"其实这件事,最大的问题还是出在你自己身上。"

小李听了十分不解:"我这么辛苦,有什么错?"

"我知道你辛苦,但你是否充分调动了团队其他成员的积极性,是否激发了他们的热情呢?"

"这个我倒没考虑过。"

"所以呀,你要好好学学激励理论。"

中国古代的激励方法

几千年前,中国古代的政治家、军事家、思想家就总结了治国统兵的实践经验,提出了一系列的激励方法。

方法一:激励下属"士为知己者死"。管理者、统治者要关心和爱护下属,满足下

属生存和发展特别是心理情感的需要，与之成为知己和至交，从而使下属不遗余力地为自己出力和服务。孔子提出"仁"，主张"施仁政"，强调国家的统治者要像爱护亲属一样对待臣民。孙武则要求将帅一定要爱护士兵，他在《孙子兵法·地形篇》中说道："视卒如婴儿，故可以与之赴深溪；视卒如爱子，故可与之俱死。"将帅如像对待自己的孩子一样对待士卒，就能取得士卒的信任，让士卒甘愿追随自己赴汤蹈火。这样的军队，将无往而不胜。

方法二："赏不可不平，罚不可不均。"管理者、统治者要赏罚严明，善于通过奖赏和惩罚这两种正、负强化激励手段，来达到鼓励先进、鞭策后进、提高绩效的目的。爱护下属不是溺爱，必须有必要的褒扬和处罚，恩威并施。赏罚的关键是要严明、公正。"赏不可不平，罚不可不均"出自《诸葛亮集》，要求管理者在赏罚时不分人的贵贱，谁有功就赏谁，谁违纪哪怕是皇亲国戚也严格惩罚。曹操违纪，自罚"割发代首"；街亭失守，诸葛亮"挥泪斩马谡"。这些历史典故都是执法严明的例证。古人认为，只有做到恩威并施，运用正、负两种强化激励手段，才能"犯三军之众，若使一人"（《孙子兵法·九地篇》），得心应手地运筹帷幄，无敌于天下。

方法三："任贤律己""身先士卒"。管理者、统治者要知人善任，严于律己，身先士卒，以自己的榜样作用和力量感染、激励下属。中国古人历来崇尚德，用人强调德的标准。儒家曾提出"内圣外王"之说，对君子的要求是仁、智、勇、恭、敬、惠、义、达、艺，侧重于德。德的含义很广，而严于律己，"己所不欲，勿施于人"（《论语》）是其基本要求。

方法四："上下同欲者胜"（《孙子兵法·谋攻篇》）。这是目标激励法，即管理者、统治者要引导上下心往一处想，劲往一处使，为实现特定的目标而不懈努力。孙武非常强调"上下同欲"，将它列为五个制胜必备因素之一。"上下同欲"是作用极大的激励方法。军队战斗力强不强，治国政绩大不大，很大程度上取决于上下有没有共同目标，能不能团结一心、步调一致。上下同心同德则无往而不胜，上下离心离德则一盘散沙、不攻自破。上下同欲是取胜的必备条件，因而各种激励方法的采用，都必须促使上下同欲。

资料来源：彭益民．中国古代激励方法及启示 [J]．湖南政报，1999(1)

管 理 案 例

A 的离职

A 大学毕业后进入一家中外合资公司做销售工作。他很满意这份工作，因为工资高，还很稳定，不用担心未受过专门训练的自己比不过别人。

刚上班的头两年，A 的销售业绩平平。随着年龄增长，孩子出生，家庭经济压力增大，他有了一种成就事业的紧迫感，想通过努力工作来改变现状。随着对业务的熟悉以及与客户关系的加强，A 的销售额渐渐上升了，开始感到工作得心应手。到了第三年年底，A 已进入全公司几十名销售员中的前列。对于下一年的工作，A 很有信心，觉得自己能成为销售冠军。不过，该公司的政策是不公布每人的销售额，

也不鼓励互相比较。去年，A干得特别出色，尽管基本任务比前年提高了25%，但A还是在九月初就完成了，领先于其他同事。今年，公司又把A的基本任务提高了25%，但A仍是一路领先。

可是，A觉得自己的心情并不舒畅，因为自己拼死干活，工资却没有比以前多出很多，也没有得到公司的表扬。A听说本市另外两家中外合资企业都在搞销售竞赛和有奖活动，业绩优秀者可以拿到高额佣金。其中一家是总经理亲自请最佳推销员到大酒店吃一顿饭，而且会在内部刊物上公告每人的销售业绩，评选季度、年度最佳销售员。最令A烦恼的是，自己在公司待了这么长时间，一直没有得到提升，同时期进公司的同事也大多保持现状，只有与总经理关系最好的一位同事平步青云。几年来，已经有好几位同事辞职了，A也感到了在公司的前景特别暗淡。

想到自己公司的这套做法，A特别恼火。刚参加工作时，A并不关心是否受到表扬，如今却很重视这一点。不仅如此，A还开始觉得公司对推销员实行固定工资制是不公平的，一家合资企业怎么也搞大锅饭？应该按劳付酬才对。

不久前，A主动找了经理，谈了自己的想法，建议改行佣金制，至少要按成绩发奖金。不料，经理说这是既定政策，拒绝了A的建议。没过几天，A辞职去了另一家公司。

问题：A为什么会离职？

分析：总体上说，这是因为公司没有形成一套有效的绩效考核与激励机制。具体来说，主要有以下两方面的原因。

（1）公司没有建立与薪酬、升职挂钩的绩效考核制度。从入职到离职的几年时间里，A在公司的待遇没有明显变化，这种情况导致A满足于入职时的高薪，缺乏进取的动力和压力；业绩好了后，因为公司没有建立与薪酬、升职挂钩的绩效考核制度，没有体现多劳多得的分配原则，使得A失去了进一步进取的动力，最后只好离开公司。

（2）公司缺乏对员工的职业规划。具体表现在：公司员工的升职没有标准，全凭领导的个人喜好或关系疏远来选人用人；没有建立相应的晋升机制；没能体现任人唯贤的原则；没有充分发挥能人的作用。人才任用的不合理，影响了能人的积极性，这也是A选择离职的原因。

6.3.1 激励的定义与特点

1. 激励的定义

"激励"一词是心理学上的术语，是指激发人的行为动机的心理过程。从管理学的角度说，激励是领导和管理的一种职能，指领导者运用各种手段，激发下属的动机，

鼓励下属充分发挥内在潜力，努力实现期望目标，并引导下属按实现组织既定目标要求去行动的过程。

2. 激励的特点

（1）激励是一个过程。人的很多行为都是在某种动机的推动下完成的。对人的行为的激励，实质上就是通过采用能满足人需要的诱因条件，引起行为动机，从而推动人采取相应的行为，以实现目标，然后根据人们新的需要设置诱因，如此循环往复。

（2）激励与其对象有关。激励效果与被激励者（即激励对象）有着密切关系。各种管理措施只有与被激励者的需要、理想、价值观和责任感等内在的因素相吻合，才能产生较强的合力，从而激发和强化工作动机，否则不会产生激励作用。

（3）激励具有时效性。每一种激励手段的作用都有一定的时间限度，超过时限就会失效。因此，激励不能一劳永逸，需要持续进行。

管 理 故 事

猎狗与兔子

一条猎狗将兔子赶出了窝，一直追赶它，追了很久仍没有捉到。牧羊犬看到此种情景，讥笑猎狗说："你们两个之间小的反而跑得快得多。"猎狗回答说："你不知道我们两个跑的目的是完全不同的！我仅仅是为了一顿饭而跑，它却是为了性命而跑呀！"

6.3.2 激励方式

1. 物质性激励

物质性激励的作用来自人们生存的基本需要，人人都有这种需要，因此，物质性激励的动力来自行为者本身，是一种主动力量。但由于物质性激励所产生的作用呈边际递减趋势，所以运用这种方式时要把握好度，才能充分发挥应有的作用。

2. 精神性激励

精神性激励来自高生活质量的需要，它是一种发自内心的、主动的力量。一般而言，精神需要层次高的人更乐于接受这种激励方式。

3. 竞争性激励

竞争性激励来自外界的压力，行为者被动接受其作用，经常被迫采取某种行为以符合组织要求。竞争性激励是一种推力激励，而物质性激励和精神性激励是拉力激励。日本松下电器公司每季度都要召开一次各部门经理参加的讨论会，以便了解彼此的经营成果。开会前，要把所有部门按照完成任务的情况从高到低分别划分为A、B、C、

D 四级。会上，A 级部门首先报告，然后依次是 B、C、D 三个级别的部门。这种做法充分利用了人们争强好胜的心理和不服输的精神，因为谁也不愿意排在最后。

马 蝇 效 应

再懒惰的马，只要身上有马蝇叮咬，也会精神抖擞、飞快奔跑。有正确的刺激，才会有正确的反应。

6.3.3 激励理论

1. 需要层次理论

（1）需要层次理论的内容。需要层次理论是美国心理学家马斯洛 1943 年在《人的动机理论》一文中提出的，是提出最早、影响最大的一种激励理论。马斯洛认为，人有 5 个层次的需要，即生理需要、安全需要、社会需要、尊重需要和自我实现需要（见图 6-7）。

图 6-7 需要层次理论

① 生理需要。它是人们最原始、最基本的需要，如吃饭、穿衣、住房、医疗等。这种需要如果不能满足，就会有生命危险。人首先是生物，而求生欲是一切生物的本能，为了维持生命，人需要吃饭、喝水、穿衣保暖，需要房子遮风挡雨。

② 安全需要。当生理需要得到满足以后，人们还需要安全。安全需要涉及面较广，不仅限于人身与财产的安全，还包括担心衰老、惧怕害虫等方面。所以，护肤品和杀虫剂等产业应运而生。

③ 社会需要。社会需要是指个人渴望得到家庭、团队、朋友、同事的关怀、爱护、理解，是对友情、爱情、温暖等的需要。社会需要可分为两种，一种是人与人的情感互动，比如亲情、友情、爱情；另一种是人与集体的互动，也就是通常所说的归属感。

以上阐述的三种需要，都停留在较低层面，属于基本需要，容易被满足。

④ 尊重需要。尊重需要是第一层级的高级需要，有内部需要和外部需要之分。内部尊重包括自尊和自信，即希望在不同情境中有实力，能胜任工作。外部尊重是指个体希望在社会上被人尊敬，有威信，有影响力，被大家信任和受到高度评价。

⑤ 自我实现需要。自我实现需要是最高等级的需要，是指人们渴望实现个人的理想、抱负，最大限度发挥个人能力，取得令人瞩目的成就的需要。

（2）需要层次理论的特点。

① 需要层次理论具有等级性。人的需要按重要性和层次排成一定的次序，从基本的衣食住行到高层次的自我实现。

② 需要层次理论具有非固定性。基本需要实际上并非固定不变，大多数人的基本需要是按照需要层次理论的顺序排列的，但也有例外，例如，对一些人来说自尊比爱情更重要。

③ 需要层次理论具有相对满足性。现实社会中，绝大部分正常成员的基本需要只有部分得到满足，还有些部分得不到满足。例如，一般公民可能在生理需要方面满足了85%，在安全需要方面满足了70%，在爱情方面满足了50%，在自尊方面满足了40%，在自我实现方面满足了10%等。

④ 需要层次理论具有多样性。在同一时期，个体可能同时存在多种需要，因为人的行为往往是受多种需要支配的，每一个时期总有一种需要占支配地位，其他需要处于次要地位。

马斯洛认为，只有当低层次的需要已经得到满足时，高层次的需要才会对人产生激励；需要是一个人努力争取的现实愿望；已经满足的需要不再起促进作用，不再是激励的因素；一种需要得到满足，另一种需要就会出现。

（3）需要层次理论对管理的启示。

① 管理者要管理好单位或部门，必须了解不同层次员工的需要，了解不同时代员工的需要，了解员工在不同发展阶段的需要。

② 科学设置组织薪酬体系，建立完善的社会保障制度，建立合理的职务晋升制度，鼓励组织成员参与管理，建设和谐的组织文化。

不 足 歌

终日奔波只为饥，方才一饱便思衣；
衣食两般皆俱足，又思娇娥美貌妻；
娶得美妻生下子，恨无田地少根基；
良田置的多广阔，出门又嫌少马骑；
槽头扣了骡和马，恐无官职被人欺；
七品县官还嫌小，又想朝中挂紫衣；
一品当朝为宰相，还想山河夺帝基；

> 心满意足为天子，又想长生不老期；
> 一旦求得长生药，再跟上帝论高低。
> 不足不足不知足，人生人生奈若何？
> 若要世人心满足，除非南柯一梦兮！

2. 赫茨伯格的双因素理论

（1）双因素理论的内容。双因素理论是美国心理学家赫茨伯格于20世纪50年代后期提出的激励理论。他把企业中的有关因素分为满意因素和不满意因素。满意因素又称激励因素，是指可以使人得到满足和激励的因素。不满意因素又称保健因素，是指容易产生消极行为和意见的因素。赫茨兹伯格认为，这两种因素是影响员工绩效的主要因素。保健因素往往是由外界的工作环境引起的，如公司政策、人际关系、工资、工作条件、职务保障等。这些方面做好了，员工认为是应该；要是没做，员工就不满意。激励因素由工作本身产生的，如成就、赏识、提升等。这些方面没做，员工觉得没什么；要是做了，员工就很满意。赫茨伯格认为，双因素的改善能激发职工的积极性和热情，从而提高生产率。

（2）双因素理论的启示。

① 采取某项激励措施后不一定能带来满意，更不等于劳动生产率能够提高。

② 满足各种需要所引起的激励深度和效果是不一样的。物质需求（保健因素）的满足是必要的，没有它会导致不满，但满足的作用往往是有限的，不能持久。

③ 要调动人的积极性，更重要的是要注意工作安排，给予精神鼓励，提供成才、发展、晋升的机会。这些内在的因素会起到更大的激励作用。

3. 期望理论

期望理论是著名心理学家和行为科学家维克托·弗洛姆于1964年在《工作与激励》中提出来的激励理论。弗洛姆认为，人总是渴求满足一定的需要并设法达到一定的目标。这个目标在尚未实现时，表现为一种期望，这时目标反过来对个人的动机又是一种激发的力量，而这个激发力量的大小，取决于目标价值（效价）和期望概率（期望值）的乘积。

$$激励力(M) = 效价(V) \times 期望值(E)$$

式中，激励力（M）是指个人对某项活动的积极程度，希望达到活动目标的欲望程度；效价（V）是指个人主观做出的对某一预期成果或目标的吸引力的估计；期望值（E）是指个人经主观认知估计出的通过其努力达到预期成果或目标的概率。

期望理论指出，效价受个人价值取向、主观态度、优势需要及个性特征的影响。例如，500元的小额奖金对生活困难者很有价值，而对生活富裕的人来说意义不大。再如，一个希望得到升迁机会的人，升迁对他来说效价就很高；而对升迁漠不关心、毫无需求的人，升迁对他来说效价就等于零；如果某人对升迁不仅毫无需求，而且害怕升迁，那么，升迁对他来说效价就是负值。

期望理论要求领导者在给员工制订工作定额时，要让员工经过努力就能完成，再努力就能超额，以便充分调动员工的积极性。定额太高，员工失去完成目标的信心，就会不努力去做；定额过低，唾手可得，员工也不会努力去做。

薛老师语重心长地说："小李啊，人生坎坎坷坷、跌跌撞撞在所难免，但不论跌倒多少次，你都要坚强地再次站起来。任何时候，无论你面临着生命的何等困惑，抑或经受着多少挫折，无论道路如何艰难，无论希望变得如何渺茫，都不要绝望。只要你敢于不断尝试、持续努力，成功就一定属于你！你之所以去当学生会主席，是因为心中的追求和自我实现的愿望。遇到挫折，我们要勇敢面对，从自身找原因，积极发现问题、解决问题，而不是自暴自弃、消极偏激。"

皮格马利翁效应

古希腊神话中记载了这样一个故事：皮格马利翁（Pygmalion）是塞浦路斯的国王，性情孤僻，不喜欢塞浦路斯的凡间女子，决定永不结婚，常年一人独居。他善于雕刻，孤寂中用象牙雕刻了一座表现他理想中女性的雕像。在夜以继日的工作中，他把全部的精力、热情、爱恋都赋予了这座雕像。久而久之，他对自己雕刻的女神像产生了爱慕之情，像对待自己的妻子那样抚爱她、装扮她，祈求爱神阿佛洛狄忒赋予雕像以生命。爱神为他的真诚所感动，让这座美女雕像活了起来。皮格马利翁称她为伽拉忒亚，并娶她为妻。

皮格马利翁效应在心理学上的解释是：热切的期望与赞美能够产生奇迹——期望者通过一种强烈的心理暗示，使被期望者的行为达到他的预期要求。皮格马利翁效应给我们的重要启示是：赞美、信任和期待具有能量，它能改变人的行为。

罗森塔尔和雅格布森曾做过这样的试验。1968年，罗森塔尔和雅格布森来到一所小学，从一至六年级中各选三个班，在学生中煞有介事地进行了一次"发展测验"。然后，他们列出了一张学生名单，声称名单上的学生都极具潜质，有很大的发展空间。八个月后，他们又来到这所学校进行复试，惊喜地发现，名单上的学生成绩进步很快，性格更为开朗，与老师和同学的关系也比以前融洽了很多。

皮格马利翁效应在学校教育中表现得非常明显。受老师喜爱或关注的学生，一段时间内学习成绩或其他方面都有很大进步，而受老师漠视甚至是歧视的学生就有可能从此一蹶不振。一些优秀的老师也在不知不觉中运用皮格马利翁效应来帮助后进学生。在企业管理方面，一些精明的管理者也十分注重利用皮格马利翁效应来激发员工的斗志，从而创造出惊人的效益。

七个和尚分粥

从前,山上的寺庙有七个和尚,他们每天分食一大桶粥,可是每天可以分食的粥都不够。为了兼顾公平,让每个和尚都基本能吃饱,和尚们想用非暴力的方式来解决分粥的难题。

尝试一:指定某一个人负责分粥事宜。大家很快发现,谁分粥,谁的粥最多。果真是权力导致腐败,绝对的权力导致绝对的腐败。

尝试二:大家轮流主持分粥,每人一天,机会均等。这样虽然看起来平等了,但是每个人在一周中只有一天吃得特别饱,其余六天都得挨饿。

尝试三:大家选举一个令人信服的人来主持分粥。开始时,这位品德高尚的人还能公平分粥,但不久后他就开始为那些溜须拍马的人多分。大家认为,不能放任其堕落腐化的风气,于是重新寻找新思路。

尝试四:选举产生一个分粥委员会和一个监督委员会,形成监督和制约。这样一来,公平基本做到了,可是由于监督委员会经常提出各种异议与批评,分粥委员会又据理力争,等分粥完毕时,粥早就凉了。

尝试五:每个人轮流值日分粥,但是分粥的那个人最后一个领粥。在这种制度下,七只碗里的粥每次都是一样多,就像用仪器量过一样。因为,每个分粥的人都认识到,如果七只碗里的粥不相同,自己无疑将享用那份最少的。

6.3.4 激励的原则与方法

1. 激励的原则

(1)公平性原则。公平性是员工管理中一个很重要的原则,任何不公都会影响员工的工作效率和工作情绪,影响激励效果。管理者在处理员工问题时,一定要有一种公平的心态,不应有任何的偏见和喜好,不能有任何不公的言语和行为。取得同等成绩的员工,一定要获得同等层次的奖励;犯同等错误的员工,也应受到同等层次的处罚。如果做不到这一点,管理者就不要奖励或者处罚,因为员工只要存有不平的心态,以前能激励员工的方法,都会变得无用。

(2)因人而异原则。在采取激励措施时应因人而异,按需给予。对有理想的杰出人才要委以重任,充分授权,赋予更多的责任;对没有明确目标的人要帮助,不断鼓励和鞭策,肯定他们的能力并给予充分信任,同时对他们提出具体的目标和要求。要防止"怀才不遇"人才的牢骚和不满感染到企业,与他们及时沟通;对难以融入企业文化和管理模式的人,要果断辞退。

2. 激励的方法

（1）团队激励法。任何一个组织都是由人组成的，人们都希望有一个和谐、融洽的工作环境。管理心理学研究表明，如果一个群体中占优势的情绪是友好、友爱、满足、谅解、愉快的，那么这个群体的心理气氛是积极的。相反，如果一个群体中占优势的情绪是敌意、争吵、欺诈、冲突的，那么这个群体的心理气氛就是消极的，具有消极气氛的组织必然缺乏战斗力。

（2）榜样激励法。在企业管理领域，榜样的力量不可小觑。榜样是管理者手中一件极具说服力的激励利器。与空洞的说教不同，榜样的力量在于行动，行动比语言更能说服人，给员工的激励是一种潜移默化的影响。

一个榜样就是一面旗帜。用榜样带动员工，形成向心力、凝聚力，是促进企业发展的极好选择。企业管理者要善于运用榜样激励方法，在企业里评选出几个楷模，为大家树立榜样，增强员工的上进心，使他们更加努力地工作。有史以来，激励这种方法一直被广泛运用。《三字经》中列举了大量典故、故事，阐述了丰富、深刻的人生哲理：有倡导尊敬师长，宽厚待人的；有颂扬勤劳节俭，清正廉洁的；有劝诫谨慎持身，悔过改错的；有爱国爱民，弘扬正气的；有激励立志勤学，发愤图强的，等等。这些内容包含了生活的诸多方面，激励人们勤奋学习，发愤图强。前人之所以列举这些典故，看重的就是榜样的教育力量。成功的典型最容易打动人心，最容易产生良好而巨大的示范、激励效应。

（3）荣誉激励法。对有突出表现或贡献的员工和长期以来一直为公司奉献的员工，授予一些头衔、荣誉，以赢得员工的认同感，从而激发员工的干劲。比如，IBM公司有一个"百分之百俱乐部"，当公司员工完成年度任务后就被批准为该俱乐部会员，每名会员和他的家人都被邀请参加隆重的集会。结果，公司的雇员都把获得"百分之百俱乐部"会员资格作为第一目标，以获取那份光荣。

（4）工作激励法。工作激励是指通过对工作进行再设计和多样化地安排工作时间来改变工作方式，从而激发组织成员工作热情的一种激励方法。这种方法不仅可以解决员工对工作的倦怠，更重要的是，通过对工作的丰富化或轮岗等方式，可以使员工得到更多的锻炼，提升员工的工作技能，使员工明确地感受到自己在不断地成长与进步，对自己职业发展充满期待。这对员工是一种实实在在的好处，是一种非常有效的激励方法。

（5）绩效激励法。绩效激励法是指为实现组织发展战略和目标，采用科学规范的方法，通过对员工个人或群体的知识、技能、态度、业绩的全面考核和评价，通过对考核结果的运用（升职加薪等），来实现对员工的激励效果。

（6）目标激励法。目标在心理学上通常被称为诱因，即能够满足人的需要的外在物。目标激励法就是通过目标的设置来激发人的动机、引导人的行为。当人们通过不懈的努力最终实现目标后，将会产生一种巨大的成就感。所以，订立一个具有挑战性的目标是非常好的激励方法。而一旦没有目标或是失去目标，人顿时就会松懈下来。

"金香蕉奖"的启示

美国一家名为福克斯波罗的公司，专门生产精密仪器设备等高技术产品。创业初期，公司在技术改造上碰到了若不及时解决就会影响企业生存的难题。一天晚上，正当公司总裁为此冥思苦想时，一名科学家闯进办公室阐述他的解决办法。总裁听罢，觉得其构思确实非同一般，便想立即给予嘉奖。他在抽屉中翻找了好一阵，最后拿着一件东西躬身递给科学家说："这个给你！"这东西非金非银，仅仅是一只香蕉——这是总裁当时所能找到的唯一奖品了。科学家为此十分感动，因为这表示他所取得的成果已得到了领导的承认。从此以后，该公司授予攻克重大技术难题的技术人员一只金制香蕉形别针。

  薛老师带小李了解完激励的内容后，再次语重心长地说："小李啊，学生会主席是学生会的最高领导者，带领好学生会的全体同学是你的首要责任。要带好这支队伍，光凭自己能干是不行。我帮你理一下思路，首先你要组织全体学生会成员判定各种规章制度，明确每个学生会成员的职责、任务和权限，并要求每个人在自己的职责范围内遇事自己解决、处理，不准推诿。这样，才能让每个成员都有序地工作。你自己只抓部门内外的协调工作，处理一些比较重要的事情，对于常规工作定时听取汇报和进行抽查。对于那个不听指挥的副主席，依照规章报告给负责学生工作的老师进行处理即可。对于那些工作出色的成员，要进行有效激励，并通过授权来提升他们的工作能力，激发他们的积极性和主人翁精神。'寻找自我，正视自我，超越自我'，这不正是你在竞选学生会主席时提出的口号和所下的决心吗？如今遇到这点困难，你就想放弃了？"

  薛老师的话深深地触动了小李。

  "嗯，今天我是有点冲动，让老师费心了，回去我一定好好反省。老师您放心，这点困难难不倒我！"

问题6.4

领导应具备哪些沟通技巧

小关寝室有4人，其中一个来自上海，姑且称为A同学。寝室办理了宽带网，A同学自己买了计算机，而来自浙江的B同学没有计算机，只有手机。寝室的无线网络密码是A同学设置的，其他人都不知道。

装完宽带网的第一个周末，A同学回上海了，B同学想用手机联网看视频，问小关密码是多少。小关不知道，发短信问A同学，说B同学想用无线网看视频。这时，A同学回了句："不要给他用无线网络，因为他没交钱，而且他用手机看视频，特别费流量，会导致我们玩游戏特别卡。"小关心里就纳闷了：你不是不在寝室嘛，又没在玩游戏。于是，小关把短信给B同学看，并安慰B同学说："没事儿，等他回来了我再问他。"B同学也没说什么，只是从此再没和A同学说过一句话，两人关系从此破裂，直到现在两人在寝室都不说一句话。对此，小关和另一名室友都觉得很尴尬。

小关把这件事告诉了小李，小李说："这件事充分说明了沟通的重要性。"

"沟通？"这让一向不太善于人际交往的小关一头雾水。

"是啊，美国著名学府普林斯顿大学对一万份人事档案进行分析，结果发现：智慧、专业技术和经验只占成功因素的25%，其余75%取决于良好的人际沟通。哈佛大学就业指导小组1995年的调查结果也显示，在500名被解职的男女中，因人际沟通不良而导致工作不称职者占82%。还有，美国著名财经杂志《产业周刊》评选的全球最佳CEO乔尔玛·奥利拉曾说过：'一个称职的CEO要具备的素质有两条，首先是沟通的能力，其次是对人进行管理的能力。'"

"行了，你就别用大道理压我了，快帮我分析一下这件事是谁的问题！"小关急不可耐地说道。

"我觉得这件事你们三个人都有问题。A同学不能这么自私，无线密码不是人事，同学之间应该互帮互助。B同学也有问题，他应该自己主动、诚恳地向A同学询问密码，而不是让你去问，因为这样可能会让A同学以为B同学不尊重他，自己想用无线网络还让别人说。你也有问题，你不该将A同学的短信给B同学看，造成A同学和B同学的误会加深。如果B同学能和A同学好好沟通的话，就不会造成现在的结果了。良好的沟通非常重要，我们都得多学些关于沟通的知识。"

"嗯嗯。"小关同意地点了点头。

6.4.1 沟通的定义与特点

1. 沟通的定义

沟通是为了既定的目标，两个或两个以上的个人或群体通过一定渠道（也称媒介或通道），以语言、文字、符号等表现形式为载体，进行信息、思想和情感等的传递和交换，并寻求反馈以达到相互理解的过程。

2. 沟通的特点

沟通具有以下几个突出特点：①沟通是信息的传递和交流；②沟通成功的关键在于信息被充分理解；③有效的沟通在于双方能准确理解彼此的意图；④沟通是一个双向动态的反馈过程。

管理故事

谁的小甜饼

美国一位小姐很喜欢吃香口牌小甜饼，而且，她对英国的绅士情有独钟。

那次，她去英国旅游时，带了一盒香口牌小甜饼。在飞往英国的飞机上，一位绅士风度十足的成年人坐在她对面，美国小姐产生了与这位绅士相识的愿望，但苦于不知如何开口。

突然间，两人间的小桌上出现了一盒小甜饼，美国小姐以为是自己带的那盒，很自然地打开吃了一块，那位绅士也拿了一块吃，小姐先是惊讶，后来想这是英国绅士的作风吧，又觉得很有意思。就这样，你一块我一块地吃了起来。随着绅士吃得越来越多，小姐暗自开始不悦、气愤。剩最后一块时，小姐、绅士你看看我，我看看你，都在犹豫谁该吃最后一块。

绅士手快一步，把最后这块小甜饼拿到了手里，分成两半，并分给了小姐一半，小姐彻底失望了：这次英国之行一定会糟糕透顶，要是知道英国的所谓绅士都这样，我说什么也不会来英国的。

到了英国入住酒店后，小姐整理衣服时发现自己的包里还有一盒小甜饼……

这位美国小姐真的相信了，英国男士是很有绅士风度的。

6.4.2 沟通的过程

1. 沟通过程八要素

沟通讲究艺术，每个人在沟通时所采用的方法和策略各不相同，但在沟通时以下八个方面的要素不可或缺。

（1）信息源。即信息的来源或信息发起者。

（2）信息。即音讯、消息、通信系统传输和处理的对象，泛指人类社会传播的一切内容。

（3）编码。编码是将信息等内容用相应的语言、文字、图形或其他非语言形式表达出来的过程。

（4）通道。即信息传递的媒介和载体。现代网络技术的发展，为信息的传递提供了多种通道，如微博、微信、QQ、E-mail等。

（5）解码。即接收者对信息进行理解的过程。

（6）接收者。即信息的接收者或信息的客体。

（7）反馈。即接收者获得信息后所产生的一系列反应。

（8）噪声。噪声是指在人际沟通过程中干扰或曲解信息的一切因素，如声音受损或太小、太快、太抽象，发送者发出令人困惑的指示，接受者心不在焉、没有注意，在环境中还有其他声音以及激动的情绪等。

2. 沟通的六大环节

沟通过程较为复杂，主要分为六大环节。

（1）发送者获得某些观点或事实（即信息），并且有传送出去的意向。

（2）发送者将其观点、事实以言辞来描述或以行动来表示（即编码），力求不使信息失真。

（3）信息通过某种通道传递。

（4）接收者由通道接收到信息符号。

（5）接收者将获得的信息解码，转化为其主观理解的意思。

（6）接收者根据他理解的意思加以判断，以采取不同的反应行为。

动物的交流方式

走进野生动物园，随处都可听到动物们的叫声，也会看到动物之间一些奇奇怪怪的行为。其实，这些都是动物们彼此互相交流的方式。那么，动物到底通过哪些途径来交流呢？

动作

黑猩猩相互触摸手掌以示友好。

长颈鹿在发生危险时，通过剧烈的奔跑将警报传递给同伴。

大象利用与对方摩擦鼻子的方式来彼此打招呼；小象希望引起母亲的注意时，会将鼻子向上竖起。

蜜蜂通过跳舞来传递蜜源的方向与距离。

声音

狼的嚎叫声可以让其他伙伴知道自己的位置，同时还可以警告异类的狼不要进入自己的领地。

大象、长颈鹿能用人们听不到的低音来传递信息。

狗、猫、鸟儿等都是通过各种叫声来互相交流。

气味

雄鹿身上有几个芳香腺，它把芳香腺往树上擦，树上便留下了自己的气味。这种气味风吹雨打都不会消失，雌鹿闻到后就会跟踪而来。

环尾狐猴甚至能用气味来"打架"，它的前臂腕部有许多特殊的腺体，能够分泌出恶臭味，把敌人熏走。

蚂蚁外出如果发现了食物，就会释放信息素，提醒其他蚂蚁哪儿有食物。

视觉

老虎除了会在自己的区域用大小便来标明领土外，还会在树干尽可能高的地方留下抓挠的痕迹，告诫其他老虎这是本虎的地盘。

每一种萤火虫都有自己独特的发光方式，雄萤火虫通过光信号通知雌萤火虫。

章鱼能够通过变化色彩的办法来表明自己的感受。当它准备作战时，身体就变成墨黑色；当情绪激动时，就迅速变成其他颜色。

资料来源：https://www.sohu.com/a/220703310_349513

6.4.3 沟通的类型

沟通类型的划分标准有很多，按不同的标准可划分出不同的类型。

1. 按传播媒体的形式划分

按传播媒体的形式，可划分为口头沟通、书面沟通、非语言沟通和电子沟通。

口头沟通是以口头交谈的形式进行的沟通，主要包括交谈、讲座、开会、打电话等，其特点是传递快、反馈快、信息量大、信息易失真、核实困难。

书面沟通是以书面文字形式进行的沟通，包括报告、备忘录、信件、文件、合同、布告等，其特点是规范性、有据可查、便于保存、信息传递准确、效率低、缺乏反馈等。

非语言沟通主要有声调、音量、手势、体语、颜色、沉默、触摸、时间、信号和实物等形式，如声光信号、图形、体态姿势等，其特点是信息意义明确、内涵丰富、含义内隐、灵活、传送距离短、界限含糊。

电子沟通主要有传真、电报、电视、计算机网络、短信等形式，其特点是信息容量大、远程传递、传递速度快、可同时传递多人、沟通成本低。

微信的起源与发展历程

现在过年，很多人除了用传统的电话、短信拜年外，还会用微博和微信这样现代

化的拜年方式。尤其是微信，不仅能够发送传统的文字和图片，还能发送语音信息、直接进行语音或视频通话，因此成了不少年轻人拜年的首选方式。与腾讯公司的大多数产品一样，微信也并不是腾讯公司最先想到的点子。

2011年1月21日，微信发布针对iPhone用户的1.0测试版。该版本支持通过QQ号来导入现有的联系人资料，但由于仅有即时通信、分享照片和更换头像等简单功能，因此并不为外界所看好。

2013年1月15日深夜，腾讯微信团队在微博上宣布微信用户数突破3亿，成为全球下载量和用户量最多的通信软件。

微信的社会影响力不断增大，从一个聊天工具逐渐变成一个交友平台，微信5.0的发布新增了关注公众号、扫一扫以及银行卡绑定的功能，三个功能融会贯通，把微信带到了一个崭新的营销界面。随着微信版本的不断更新，其发展空间越来越大，必将趋于商业化和全球化！

微信这个产品的真正突破在于45岁以上的人越来越多地开始使用微信，其实QQ很早就支持手机应用，很多年轻人都装了手机QQ，但是在45岁以上的人群中，手机QQ覆盖率并不高，很多中老年人认为这是小孩子玩的东西，微信的界面简约成熟，非常有国际范，让高层次的人士也认为这是一个能够取代QQ、MSN的通信手段。利用手机通讯录，微信在高端商务人群中的渗透率越来越高，微信已成为一款全民覆盖的移动即时通信软件。

资料来源：http://baijiahao.baidu.com/s?id=1601962400995281969&wfr=spider&for=pc

2. 按沟通的途径划分

按沟通的途径，可分为正式沟通和非正式沟通。

正式沟通是指在组织中依据规章制度明文规定的原则进行的沟通。其特点是沟通效果好、有较强的约束力，但沟通速度慢。

非正式沟通是指在正式沟通渠道之外进行的信息传递和交流。其特点是传递速度快、形式多样，但内幕消息多、容易失真、容易引发矛盾、控制较难。

管理案例

杰克·韦尔奇的沟通方式

通用电气公司前董事长兼CEO杰克·韦尔奇最擅长的沟通方式就是提起笔来写便笺。他写的便笺，有给直接负责人的，也有给小时工的，无一不语气亲切而发自内心，蕴含了无比强大的影响力。每次韦尔奇从董事长文具夹中拿起黑色圆珠笔不一会儿，就有便笺通过传真直接传给雇员。

韦尔奇写这些便笺的目的就是鼓励、激发和要求行动。他通过便笺表明自己对员工的关怀，使员工感到他们之间已从单纯的主管与下属的关系升华为人与人之间的关系。这种非正式沟通是最有效的沟通方式之一。

3. 按沟通方向划分

按沟通方向，可分为上行沟通、平行沟通和下行沟通。

上行沟通即自下而上的沟通，指在组织职权层次链中，信息由下层向上层流动，如下级向上级提出意见或建议。

平行沟通即水平方向的沟通，指组织结构中处于同一层次的人员或部门间的信息沟通。

下行沟通即自上而下的沟通，指在组织职权层级链中，信息由上层向下层流动，如上级向下级发布命令、指示等。

4. 按沟通时是否有信息反馈划分

按沟通时是否有信息反馈，可分为单向沟通和双向沟通。

单向沟通是指在沟通过程中，信息发送者与接收者之间的地位不变，一方主动发送信息，另一方只被动地接收信息，没有反馈发生。

双向沟通是指在沟通过程中，发送者和接收者的地位不断变换，信息在双方间反复流动，直到双方对信息有了共同理解为止。

管理故事

> **维多利亚女王与丈夫的争吵**
>
> 有一次，维多利亚女王的丈夫独自回到卧室，闭门不出。女王回卧室时，只好敲门。丈夫问："谁？"维多利亚十分傲慢地回答："女王。"
>
> 令维多利亚女王没有想到的是，丈夫在里边既不开门，也不说话，她继续敲门。里边问："谁？""维多利亚。"女王放低嗓音回答。然而，里边还是没有动静。女王耐着性子，又敲了敲门。里边传来的依然是那吝啬的一个字："谁？"这时，维多利亚彻底放下无比尊贵的女王架子，柔声地回答道："我是您的妻子啊！"她的话音刚落，门开了。

6.4.4 有效沟通

1. 有效沟通的实现

要真正实现有效沟通，主要应做好以下 4 个方面的事情。

（1）信息发送者方面，要进行认真的准备和有明确的目的性，正确选择信息传递的方式，选择合适的时间和时机，沟通的内容要准确完整，要努力缩短与信息接收者之间的心理距离，要注意运用沟通技巧。

（2）信息的接收者方面，要以正确的态度去接收信息，要学会"听"的艺术。

（3）信息渠道的选择方面，要尽量减少沟通的中间环节，缩短信息的传递链；要充分运用现代信息技术，提高沟通的速度、广度和宣传效果；要避免信息传递过程中的噪声干扰。

（4）沟通的方法与艺术。沟通是一门艺术，它是反映领导者综合素质的一面镜子，也是下属评价领导者水平的一把尺子。领导者要提高沟通艺术，除了要掌握语言表达基本功外，更重要的是要讲究语言艺术。沟通时，要做到言之有物，即领导者在下属面前讲话，不能说空话、套话，要尽量做到实事求是，有啥说啥，让大家能从领导者的讲话中获取一些新的有效信息，听到一些新的见解，受到一些新的启发。领导者在下属面前讲话，不能官气十足，应注意情理相融。一是要讲好道理，要与下属的思想、工作、生活等实际紧密结合起来，力求以理服人。二是要注意条理，讲话一定要让人感到条理清晰、层次分明。三是要通情达理，不能拿大话压人，要多讲些大家关心的问题、大家心里期盼的话题。

2. 有效沟通的障碍

（1）关于沟通的错误概念。

① 有意沟通才算沟通。如果你在叫一名员工汇报他刚交给你的一份报告，你无意识地打了一个呵欠，并看了一下表，员工可能得出的结论是你对他的报告不感兴趣。

② 一句话只有一个含义。事实上，同一句话在不同的场合、不同人的理解中都可能存在差别。例如，采购员说"把我订购的鸡分成两半发货"，供应商可能认为采购员要求把他订购的鸡以相同的数量分两批发货，也可能认为采购员要求把每只鸡分成两半后再发货。管理者应当懂得，同一句话对于不同的人可能有不同的理解，即使是对同一个人也可能有不同的理解。

③ 语言是沟通的唯一手段。很多人认为，不说或者不写是无法进行沟通的。实际上，许多信息不是用语言传递的，而是通过非语言发送的。也就是说，人们在表述一种情况或现象时，叙述的语气、面部表情、眼神、手势或坐姿及行走方式都不可避免地流露出其真实意思。例如，你在与同事打招呼时，该同事只是回答"很好，谢谢"，却目视地面，语气沮丧，此时你必然相信同事的行动而不是他（她）的语言。

④ 非语言沟通可视而不可听。有些人认为，非语言沟通可视而不可听，这是错误的想法。其实，非语言沟通是无声的沟通。平日里，每一个人都能听到或运用诸如大笑、哭泣或使用语气等非语言交流。如果你的一名员工一边走路一边不停地吹着口哨，你一定认为这名员工心情很不错。

⑤ 最佳的沟通是单向的信息传递。有的人认为，最佳的沟通是单向的信息传递，即从一方到另一方或相反。事实上，有效的沟通需要双方共同积极参与。例如，主讲人需要听众的反馈，即听众对主讲人的语言和非语言沟通的反应；听众需要主讲人清晰的讲解。再如，领导向员工发出指令，会寻求员工的反馈，来确定员工是否理解了所发出的指令。员工的非语言反馈包括摇头、歪头和紧锁双眉等，口头反馈则可能是"我懂了""我明白了""我不理解"等。

⑥ 接收的信息一定是该信息发出者所发出的信息。假如一名上司在星期一指示其

下属起草一份报告并要求"不久"就要呈上,下属以为是这周上交,决定在星期四下午开始动笔。然而,上司星期二的早晨就来取报告,这时下属才意识到自己没能理解"不久"的意思——上司是意指"第二天",而下属却认为是"这周"。

⑦ 信息越多越好。信息量不足不行,过多也不好。在信息量够用的前提下,更应强调信息的质量。当传达对员工无关或他们不感兴趣的信息时,就是在浪费每个人的时间。即使所有员工都能接触到各种信息,他们也没有足够时间去听、去读。

(2) 有效沟通的主要障碍。

① 注意力分散。注意力一分散,就无法进行有效沟通。假如一名员工向其领导讲述他与同事之间的事情,而领导却不时地接电话,还让别的同事进来办理事情,此时即使两个人单独在房间里,领导也不可能得到这名员工要反应的真实情况。再假如,员工找领导谈心,领导却不停地整理桌子上的杂物,这种情况下员工不可能与领导深谈。因此,为了最佳的沟通效果,应尽可能选择不易分散沟通双方注意力的时间和地点。

② 背景差异。背景情况包括沟通双方的受教育程度、知识水平和社会阅历等。背景情况不同,沟通一方可能根据个人的背景情况发出信息,但如果对方没有相似的背景,信息就可能没有任何价值,即沟通无效。

③ 不妥的时机。沟通时机对沟通效果有较大影响。在不妥的时机进行沟通,可能导致双方说出他们并非想说的话。例如,一个人在愤怒时说的话很可能不久就会感到后悔。再如,听众可能有时注意力分散或不想聆听,此时讲话者所讲的内容几乎是无效的。只有当讲话人和听众都做好准备时,最佳的沟通才可能发生。如果你把一名员工叫来议事,他却若有所思,当你询问他时,你了解到他近来完全被家庭事务所纠缠,你不妨先关心一下他的个人问题,与他一起想想办法,然后谈正题。

④ 不良情绪。信息发送者或接收者的情绪都会对沟通产生影响。良好的情绪有利于沟通的顺利进行,不良的情绪可能会使沟通失败。例如,你请来一名员工,想要和他一起分析近来工作表现不佳的原因。你客观地表达了对问题的看法,期待员工接受你的忠告而开始执行公司政策和程序。但出乎意料的是,员工开始发怒,你也没能压住火,员工夺门而出,你也因此生气,交谈不欢而散,沟通失败。此类案例,足以说明不良情绪对沟通的负面影响。

⑤ 品性差别。沟通双方的品性也可能妨碍沟通。人们常常会因为对方的品性而接受或拒绝与他(她)沟通。比如,你参加一个会议,你对喜欢的人的讲话专注地听,在你不喜欢的人讲话时,你的注意力就可能分散,也可能忽视他(她)发出的全部信息。

⑥ 偏见。偏见是沟通的又一个障碍。每个人都可能对人或环境、事物产生与正常情况不一致的看法,这种看法的偏离,无论是正面偏离还是负面偏离,都属于偏见,都会排斥正确的看法。第一印象、陈旧意识、与己相似、光环效应或负面影响、知识和构想的差异、压力、拒绝改变、发送的信息含糊不清和不会倾听等,都属于比较常见的偏见现象。

第一印象是指在第一次遇到某人时根据对方的外貌、口音、年龄等的表面现象所作出的即刻判断。第一印象在后来可能被证明是不完善的,从而形成偏见。

陈旧意识是指人们往往用对一类人员的看法去评判其中的个体成员。如果其中某

一个体成员的行为举止与众不同，就会造成对该个体成员过高或过低的评价。

与己相似是指人们常喜欢那些行为或思维、背景或特征与自己相似的人，而对那些与己相异的人给予不正确的评价。

光环效应或负面影响是指人们有时往往因为某人的某一良好品质而忽视一个人的其他不良特征（光环效应），或由于某一不良品质而忽视一个人的其他优良特征（负面影响）。这两种情况，无论哪种都会影响对整个人的评判。

知识和构想的差异是指当沟通双方知识和构想存在较大差异时，双方之间的沟通就会受阻。为防止这种现象发生，信息发送者要用提问的方式探查对方是否真正了解、懂得了全部信息。

压力是指当人们面对挑战而长期不能放松时，这种压力就会转换为消极因素，它可能形成焦虑、不可言状的心情。在这种情况下进行沟通，其效果一定会受到影响。因此，要减少压力对沟通的影响，就要提前计划，遵照良好的组织和轻重缓急原则，在面对压力时谨慎选择解决方法。

拒绝改变是指沟通有时需要妥协，任何人的观点和想法都不可能绝对正确，加之事物是发展变化的，固执己见、用陈旧思想解决现实问题必定会影响沟通效果，使沟通无法达成。

发送的信息含糊不清是指在沟通过程中，信息的清晰准确非常重要。语言障碍、对文化差异缺乏敏感的认识、不加思考的言语都会导致误解，造成沟通失败。

不会倾听是有效沟通最常见的障碍。倾听既是一种姿态，也是一种无声的交流，如果只关心自己想说什么，而忽略别人的表达，沟通不可能顺利。

管理故事

沟通故事三则

戴尔·卡耐基的故事

有一天，戴尔·卡耐基去纽约参加一场重要的晚宴。在这场晚宴上，他碰到了一位世界知名的植物学家。戴尔·卡耐基从始至终都没有与植物学家说上几句话，只是全神贯注地听着。然而等到晚宴结束以后，这位植物学家向主人极力称赞戴尔·卡耐基，说他是这场晚宴中"能鼓舞人"的一个人，更是一个"有趣的谈话高手"。其实，卡耐基没怎么说话，只是在细心聆听，却博得了这位植物学家的好感。

爷爷与孙子的问答

小孙子问爷爷："为什么人有两只眼睛、两只耳朵、两只手，却只有一张嘴巴呢？"爷爷告诉小孙子："这是为了让人多做少说呀！"

想当飞机驾驶员的小朋友

美国知名主持人林克莱特有一天访问一名小朋友，问他："你长大后想做什么呀？"小朋友天真地回答："嗯……我要当飞机驾驶员！"林克莱特接着问："如果有一天，你的飞机飞到太平洋上空，所有引擎都熄火了，你会怎么办？"

小朋友想了想，说："我会先告诉坐在飞机上的人绑好安全带，然后我挂上降落伞跳出去。"当在场的观众笑得东倒西歪时，林克莱特继续注视着这孩子，想看他是不是个自作聪明的家伙。没想到，孩子的两行热泪夺眶而出，这才使林克莱特发觉这孩子的悲悯之心远非笔墨所能形容。于是，林克莱特接着问他："你为什么要这么做？"小孩的答案透露了这个孩子真挚的想法："我要去拿燃料，我还会再回来的！"

管理案例

王艳的困境

王艳是个典型的北方姑娘，在她身上可以明显感受到北方人的热情和直率。她喜欢坦诚，有什么说什么，总是愿意把自己的想法说出来和大家一起讨论。正因为这个特点，她在上学期间很受老师和同学的欢迎。

今年，王艳从西安某大学的人力资源管理专业毕业。她认为，经过四年的学习，自己不但掌握了扎实的人力资源管理专业知识，而且具备了较强的人际沟通技能，因此对自己的未来期望很高。

为了实现自己的梦想，王艳只身前往广州求职。经过将近一个月的反复投简历和面试，在权衡了多种因素之后，王艳最终选定了一家研究生产食品添加剂的公司。她之所以选择这家公司，是因为该公司规模适中、发展速度很快，最重要的是该公司的人力资源管理工作还处于尝试阶段，如果自己加入，将是人力资源部的第一个人。因此，王艳认为自己施展能力的空间很大。但是到公司实习一个星期后，王艳就陷入了困境。原来该公司是一个典型的小型家族企业，企业中的关键职位基本上都由老板的亲属担任，充满了各种裙带关系。尤其是老板安排了他的大儿子做王艳的临时上级领导，而这个人主要负责公司的研发工作，根本没有管理理念，更不要说人力资源管理理念。在他的眼里，只有技术最重要，公司只要能赚钱，其他的一切都无所谓。王艳认为，公司越是这样，自己就越有发挥能力的空间。在到公司的第五天，王艳拿着自己的建议书走进了直接上级领导的办公室。

王艳走到经理办公桌前，说："王经理，我到公司已经快一个星期了，我有一些想法想和您谈谈，您有时间吗？"

王经理很客气地说："来来来，小王，早就想和你谈谈了，只是最近一直扎在实验室里，没能顾上。"

"王经理，对一个企业尤其是处于上升阶段的企业来说，要持续发展必须在管理上狠下功夫。我来公司已经快一个星期了，据我目前对公司的了解，我认为公司主要的问题在于职责界定不清；雇员的自主权力太小，致使员工觉得公司对他们缺乏信任；员工薪酬结构和水平的制订随意性较强，缺乏科学合理的基础，因此薪酬的公平性和激励性都较低。"王艳按照自己事先所列的提纲，开始逐条向王经理叙述。

王经理微微皱了一下眉头，说："你说的这些问题我们公司确实存在，但是你必须承认一个事实——我们公司在盈利，这就说明我们公司目前实行的制度有它的合理性。"

"可是，眼前的发展并不等于将来也可以发展，许多家族企业都是败在管理上。"

"好了，那你有具体方案吗？"

"目前还没有，这些还只是我的一点想法而已，但是如果得到了您的支持，我想方案只是时间问题。"

"那你先回去做方案，把你的材料放这儿，我先看看然后给你答复。"说完，王经理的注意力又回到了研究报告上。

王艳此时真切地感受到了不被认可的失落，她似乎已经预测到了自己第一次提建议的结局。

果然，王艳的建议书石沉大海，王经理好像完全不记得建议书的事。王艳陷入了困惑之中，她不知道自己是应该继续和上级沟通还是干脆放弃这份工作。

问题：王艳提建议为什么没成功？

分析：沟通是一个信息交流过程，有效的人际沟通可以实现信息的准确传递，达到与他人建立良好的人际关系、借助外界的力量和信息解决问题的目的。但是由于沟通主客体和外部环境等因素，沟通过程中会出现各种各样的沟通障碍，如倾听障碍、情绪噪声、信息超载等。因此，为了达到沟通的目的，必须首先认识到沟通中可能存在的障碍，然后采取适当的措施避免沟通障碍，从而实现建设性的沟通。

任何沟通都是有目的的，沟通双方都希望通过沟通满足自己某方面的需要。如果沟通双方在沟通中能够清楚地了解对方的沟通目标，在沟通中站在对方的角度，在不损害自身利益的前提下提供对方期待得到的东西，那么沟通就会实现双赢。

在本案例中，根据王艳的个性和心理等特点，王艳在本次沟通中可能的目标有：①从公司利益出发提出自己的建议，希望能解决公司的管理问题；②满足一个刚毕业的大学生的成就动机需要，通过向上级表达自己的观点证明自己是一个能干的人，希望获得上级的肯定和认同；③从王艳的性格来看，她可能只是想找一个人来探讨、交流自己的观点，希望对方能和自己一起讨论、完善自己的观点。

王经理很可能是公司未来的一把手，他更关心公司的盈利状况、自己在公司中的地位和影响力。而且他又是主要负责研发工作的，在思维逻辑和处世方法上就会更注重实证的、数据性的东西，追求理性和准确明晰。因此，王经理在本次沟通中的目标可能有：①借机会向新员工介绍企业的现实状况，希望新员工能更快地了解组织情况，以便融入组织，尽快进入工作状态；②希望王艳在不影响自己地位和权限的情况下拿出解决公司管理问题的方案；③向王艳传递这样一个信息：我们公司是一个家族企业，有许多东西是无法改变的，尤其是在权力分配方面，因此你不要试图改变公司的权力结构，打破公司的现状；④希望通过沟通，再争取一个支持者和助手，

以帮助自己巩固和增强在公司中的权力和地位；⑤希望和第三者交流自己作为家族企业中的一员所要面对的各种裙带关系和权力纷争，获得对方的理解和共鸣。

在本次沟通中，王艳可能更倾向于通过沟通满足自己的成就和自我实现需要，因此更希望获得王经理的及时反馈，即使王经理不同意自己的观点，也应该说明理由，并肯定自己的做法和精神。而王经理则可能更希望王艳在了解公司实际情况后，在不触及家族成员间利益关系的前提下，针对公司的管理问题提出具体可行的解决方案，而且这种方案有助于巩固、提高自己的地位或者至少确保其地位不受损害。由此可见，本次沟通失败的原因之一，是没有明确对方的沟通目标，从而向对方传递了不合适的信息，如王艳提出的"管理对家族企业的发展很重要，公司中职责权限不清"等建议，就与王经理的期望不符，而王经理则忽视了王艳期望获得及时反馈和认可的需求，不但没有对王艳的建议给予评价，反而表现出很大的不满，并且强制性中断了谈话。

王艳应做出的改进：①在沟通之前做好信息准备工作，这些信息包括公司中的各种裙带关系和家族成员间的利害关系；公司以前是否有人提出过改革建议，结果如何；直接上级的性格和脾性，以及他在公司中的地位和影响力；公司存在的问题及其严重性。②事先提出解决问题的草案。比起听下级挑毛病，上级更希望下级拿出解决问题的具体方案，而不仅仅是指出问题所在。③先咨询后建议。作为一个刚毕业的大学生，而且到公司还不到一个星期，对许多事情的认识还只是停留在表面，有时候甚至是过于理想化。因此，王艳不应该把自己当作专家而应该事事抱着谦虚的态度。所以，在与王经理的沟通过程中，王艳可以先咨询后建议。也就是说，王艳应先向王经理请教有关管理方面的问题，这样一方面可以避免王经理把这次谈话当作一次抱怨，另一方面也可以探知王经理对公司管理的看法和态度。有了这一层铺垫后，王艳再根据王经理的态度决定是否现在提建议、以怎样的方式提出建议、提出哪些建议，这才是合适的做法。

王经理应做出的改进：①认识到王艳作为一个刚毕业的大学生而具有的强烈的成就动机，对她的这种敢想敢说的精神给予肯定和赞扬，这样一方面使王艳希望得到认可的心理需求得到了满足，另一方面又为培养王艳以后的创新和工作积极性打下了基础；②对王艳的谈话给予积极的反馈，鼓励王艳把自己的观点表达清楚；③在肯定王艳行为的前提下，以列举公司实情的方式来提醒王艳应该多关注公司的实际情况，不要过于理想化；④给王艳提供一些工作指导，使她明白以后工作中应该注意的问题。

寒假前一天，薛老师在小李和小关的陪同下看望了尚未离校的学生。
小李："薛老师，到我宿舍坐坐呗？"
小关也马上说："对，老师您坐坐再走吧！"
三人来到宿舍。

小李深情地说:"老师,您对我们真是太好了,不仅关心我们的生活,还教给我们做人做事的道理和自我管理的方法。"

小关:"更让我俩难忘的是,您还教给我俩许多管理理论和方法,让我们不仅了解了古今中外的管理思想、现代管理理论和方法,而且教会了我们用管理理论和方法解决学习和生活中的问题。感谢老师的无私付出,我们永远铭记在心,一定认真学习。"

小李:"是的,我们一定会努力的。"

薛老师:"不用客气,这些都是我应该做的,也是我能做到的。你们呀,虽然现在了解了一些管理的思想,学习了管理的基本理论,但管理的内涵非常丰富,涉及面广,各领域、各部门、各岗位都需要从不同角度加强管理,我们每个人也都需要对自己的时间和财富等进行科学合理的安排和管理。随着时代的发展和科技的进步,管理的方法和手段也需要不断改革和更新,需要学习的内容不只是现在学到的这些呀!目前我们国家管理人才还十分匮乏,你们肩上的责任很重,在这方面你们要做的事还很多呀!你们要与时俱进,不断学习,加强实践,真正悟到管理的真谛,充分发挥自己应有的作用。"

小李:"我们会按您说的去做的,绝不辜负老师的期望。"

小关:"是的。"

薛老师:"我相信你们一定会学以致用,越来越出色。你们早点休息吧,明天还要早起坐车赶路呢。再见!"

小李和小关:"老师再见!"

薛老师的背景渐渐远去,小李和小关还沉浸在薛老师的教诲之中,心中充满了无限的感激和爱戴之情。

2020 年中国 40 岁以下商界精英榜

2020 年 5 月 14 日,《财富》(中文版)发布"中国 40 位 40 岁以下商界精英"榜单,以下是其中排名前十位的商界精英。

张一鸣(37 岁,见图 6-8):字节跳动创始人兼全球首席执行官。

字节跳动在 2020 年 3 月进行了一场人事变动,张一鸣成为公司全球首席执行官。这表明了他的一种态度:字节跳动的野心绝不仅在中国。事实上,该公司在海外推出的短视频产品 TikTok 的全球总下载量已经达到 19 亿次,2020 年 2 月的单月收入达到了 5040 万美元,在印度市场的月活跃用户达到了 8100 万。尽管印度政府在去年 4 月曾短暂禁止了 TikTok 的下载,但在整个 2019 年,印度仍然是 TikTok 的主要市场,其

图 6-8 张一鸣

下载量占全年的44%。

徐立（38岁，见图6-9）：商汤科技联合创始人兼首席执行官。

2019年7月，徐立在接受彭博社采访时表示，公司估值已经超过70亿美元。他认为，人工智能是生产力提升工具。商汤科技在积累足够的AI计算机视觉和深度学习引擎技术后，近两年开始更多往产业的上下游布局。徐立在2019年9月表示，公司将大举进军半导体等领域，过去两年一直在研发一种人工智能训练芯片，这种芯片可能与英伟达的行业领先产品形成互补。路透社此前报道称，商汤科技的2019年营收有望同比增长200%，至7.5亿美元。

图6-9　徐立

马春娥（39岁，见图6-10）：数坤科技创始人兼首席执行官。

图6-10　马春娥

马春娥团队原创了全球最领先的医学AI神经网络，它具有超过10亿个神经元，能理解医疗图像中每一个像素的语义，秒级重建出清晰精确的3D数字心、数字脑、数字肺等数字器官。新冠肺炎疫情期间，马春娥带领团队在春节期间快速研发了新冠肺炎人工智能辅助诊断系统，利用AI技术在短时间内快速实现对新冠病毒肺炎患者CT影像的快速准确识别、评估及前后随访，可以准确地对病变检出、范围大小和密度特征等进行量化评估，为新冠肺炎由普通型进展到重症患者的影像学变化进展评估提供量化、可视化的客观依据。

程维（37岁，见图6-11）：滴滴创始人兼首席执行官。

除了网约车之外，滴滴还在不断突破边界，比如近期滴滴推出一项新服务"滴滴跑腿"，并首先在成都、杭州两个城市试点运营。滴滴认为，推出跑腿服务是为了在新冠肺炎疫情期间给社区居民提供便利，并为滴滴代驾司机提供获得额外收入的机会。实际上，一直以来滴滴都与美团在外卖服务上竞争，看来程维并不想放弃网约车之外的延展类服务。此外，在疫情期间，滴滴宣布成立"医护保障车队"和"社区保障车队"，在武汉免费接送医务工作者和社区居民。

图6-11　程维

宿华（38岁，见图6-12）：快手创始人兼首席执行官。

图6-12　宿华

报告显示，快手的日活跃用户数量在2020年年初已突破3亿，快手App内有近200亿条海量视频；2019年，有2.5亿人在快手平台发布作品，平台累计点赞超过3500亿次。不仅如此，快手还在用其庞大的流量优势进入电商领域。2019年被称为直播电商元年，以直播带货为主的快手电商在此期间也得到快速发展，成为仅次于淘宝直播的直播电商平台。

沈亦晨（30岁，见图6-13）：Lightelligence创始人兼首席执行官。

沈亦晨2016年毕业于麻省理工学院，获得博士学位。Lightelligence成功开发出世界第一款光子芯片原型板卡（Prototype）。对于这家成立一年半的公司，这款芯片原型的诞生，验证了团队部分成员在2017年发表在Nature Photonics期刊上的开创性想法——用光子代替电子来进行AI计算。在那个时候，他们在实验室开发的整个光子计算系统占据了半个实验室。

图6-13 沈亦晨

毛文超、瞿芳（36岁，见图6-14）：小红书创始人兼首席执行官。

小红书是为数不多的获得了腾讯和阿里巴巴共同投资的公司之一，被认为是年轻人的生活方式平台和消费决策入口。截至2019年7月，小红书用户数超过3亿，并持续快速增长，其中70%用户是"90后"。截至2019年10月，小红书月活用户数已经破亿。瞿芳表示："在生活在线化的趋势下，如何引导消费完成闭环，去帮助更多的新品牌、做大新消费，这是接下来小红书要做的。"

图6-14 毛文超、瞿芳

徐正（39岁，见图6-15）：每日优鲜创始人兼首席执行官。

生鲜电商在新冠肺炎疫情中为用户生活提供了便利。根据第三方数据机构Trustdata的数据，每日优鲜在北京、上海、深圳、广州四大一线城市拥有近6成的应用用户占比，位居行业第一。疫情期间，通过紧急调配产地资源、力保"极速达"配送时效等措施，每日优鲜的交易额增长超过300%。徐正曾经表示，公司目前在成熟区域已有10%的现金流为正，未来12个月会在全国主要城市跑通盈利模型，成熟区域会实现盈利。

图6-15 徐正

彭斌（37岁，见图6-16）：极飞创始人兼首席执行官。

2007年从微软工程师岗位离职的彭斌在广州创办了极飞科技。很长一段时间里，极飞科技生产主要用于航拍等用途的普通民用无人机。在2013年到边疆调研之后，彭斌将极飞的发展方向调整至农业植保领域。从黑龙江到新疆，从水稻到棉花，从喷洒药剂到人工授粉，极飞无人机用户组成的"飞手"队伍每年循着农时在中国进行大规模跨区域农田作业，迄今已经为4.3亿亩农田和超过800万农户提供过服务。2019年，极飞无人机在中国西南省份杀灭草地贪夜蛾的战斗中发挥了重要作用。极飞还开始在农业无人车上发力，以补齐因为自然条件而受限的无人机操作

图6-16 彭斌

短板。如此，彭斌可以更为自信地宣布，极飞并非一家硬件生产企业，而是一家农业科技公司。

周源（39岁，见图6-17）：知乎创始人兼首席执行官。

知乎在2020年宣布，截至2020年2月底，付费用户数比去年同期增长4倍，知乎会员业务已经形成完整的闭环生态系统。在数亿用户的基础上，知乎不断挖掘问答社区的衍生价值，帮助创作者获得更多收益。周源认为，商业化的变现并不一定会影响专业和中立。这两者并没有矛盾关系，而是要看是以怎样的方式进行商业化。知乎聚集了许多优秀的创作者，覆盖很多小众、前沿的话题，他们创作了非常专业、客观、有价值的内容，但是目前缺乏获得合理收益的渠道。"我们希望可以做些什么，以激励他们持续产出专业的好内容。"周源说道。

图6-17　周源

资料来源：http://news.iresearch.cn/content/202005/323557.shtml

人际交往沟通能力测试

1. 在和新认识的朋友聊天时，你认为比较重要的是应该了解对方的（　　）。
   A. 价值观念、心理特征
   B. 个人习惯、家庭背景
   C. 个人修养、能力水平
   D. 经济状况、社会地位

2. 放寒假回来，你很高兴，而你的朋友对你在家的事情很感兴趣，这时你会（　　）。
   A. 详细叙说假期里你所看到和感觉到的有趣事情的所有细节
   B. 说些自己认为重要的
   C. 朋友问什么就答什么
   D. 感觉累了，没什么好说的

3. 你正在兴致勃勃地给周围众多朋友叙述你认为有趣的一件事，而你的其中一个朋友却打断你的叙述并插话，这时你会（　　）。
   A. 幽默地劝告对方先不要讲，听我讲完
   B. 直接制止，告诉对方先别说
   C. 心里很不愉快，但装作没发生，自己讲自己的
   D. 给那位朋友难堪，让他下不了台

4. 当你的朋友有求于你，而你内心并不想帮他时，你会（　　）。
   A. 委婉地告诉他不能帮他
   B. 答应帮他，调皮式地要点回报
   C. 不好意思拒绝，答应帮他，但是心里很不舒服
   D. 直截了当地告诉他不能帮忙

5. 当你去参加一项集体活动时，你会（　　）。
   A. 精心打扮一下
   B. 换一件自己认为很合适的衣服
   C. 只要穿得不太糟就可以了
   D. 像平时一样随便穿着

6. 放假期间，你的一位朋友和你约定好了一起去生态园游玩，因为他临时有事已经连续推脱了两次，第三次说好一起去，他又说要改时间，这时你会（　　）。
   A. 详细询问对方是什么原因，视原因而定
   B. 告诉他今天生态园可以免费采摘水果，机会难得，不能再推了
   C. 你很生气，什么都没说就同意了
   D. 你很生气，不理会他，自己约其他朋友去

7. 你刚到一个新的班级，老师就让你担任一个职务，不久，通过他人你了解到本来班级中有几个同学早就想担任你的职务，老师不同意他们，而选了你。对这几位同学，你会（　　）。
   A. 主动认识他们，了解他们的长处，争取成为朋友
   B. 不理会这个问题，努力做好自己的工作
   C. 暗中打听他们，了解他们是否具有与你进行竞争的实力
   D. 暗中打听他们，并找机会难为他们

8. 与不同身份的人讲话时，你会（　　）。
   A. 不管什么场合都以同样的态度与对方讲话
   B. 在不同的场合用不同的态度与对方讲话
   C. 对身份高的人说话总是有点紧张
   D. 对身份低的人说话总是漫不经心

9. 听别人讲话时，你总是会（　　）。
   A. 对别人的讲话表示兴趣，记住所讲的要点
   B. 请对方说出问题的重点
   C. 对方老是讲些没必要的话时，你会立即打断他
   D. 对方不知所云时，你就很烦躁，就去想或做别的事

10. 当你发表自己的看法时，别人却不想听你说，这时你会（　　）。
    A. 仔细分析对方不想听自己说的原因，找机会换一个方式去说
    B. 等等看是否还有说的机会
    C. 你也就不说了，但可能会很生气
    D. 马上气愤地走开

评分规则： 每道题选A得4分，选B得3分，选C得2分，选D得1分。

结果分析：

（1）总分10~20分

你的沟通能力欠佳，因为不能很好地表达自己的思想，所以经常不被别人理解；许多事情你采取了不适合的方式，有时把事情弄得越来越糟。但是，只要你学会控制

自己的情绪、改掉一些不良的习惯，你随时可能获得他人的理解和支持。

（2）总分21~30分

你的沟通能力一般，懂得一些沟通技巧，尊重他人，能较好地表达自己，并能实现一定的沟通效果，但是缺乏高超的沟通技巧和积极主动性。许多事情只要你继续努力一下，就可大功告成。

（3）总分31~40分

你的沟通能力很好，能不动声色地表达自己，有很高的沟通技巧和人际交往能力。只要你能明确意识到自己性格的不足，并努力优化，一定能取得更好的成绩。

管理名言

伟大的领导是一种特有的艺术形式，既需要超群的力量，又需要非凡的想象力。尽管领导需要技术，但领导远远不是有技术就行。从某种意义上来说，管理好比写散文，领导好比写诗。在很大程度上，领袖办事必然是靠符号、形象，以及成为历史动力的、能启发觉悟的思想。人们可以被道理说服，但要用感情感化。领袖必须既能说服人，又能感动人。管理者考虑的是今天和明天，领袖必须考虑后天。经理代表一个过程，领袖代表历史的方向。因此，一个没有管理对象的管理者就不能称为管理者，但是一个领袖即使失去了权力，也能对其追随者发号施令。

——尼克松

以力服人者，非心服也，力不赡也；以德服人者，中心悦而诚服也。

——孟子

为政以德，譬如北辰，居其所而众星拱之。

——孔子

领导者就是那些想象力和预见力极度发达，但恐惧感发育不良，并且对胜负概率没有概念的人。

——贾维克

真正的领导能力来自让人钦佩的人格。

——拿破仑·希尔

如果你想做团队的老板，简单得多，你的权力主要来自地位，这可来自上天的缘分或凭仗你的努力和专业知识；如果你想做团队的领袖，则较为复杂，你的力量源自人格的魅力和号召力。

——李嘉诚

当我的员工有100名时，我要站在员工最前面指挥部属；当员工增加到1000人时，我必须站在员工的中间，恳求员工鼎力相助；当员工达万人时，我只要站在员工后面，心存感激即可。

——松下幸之助

管理学基础

> 如果你有意避重就轻，去做比你尽力所能做到的更小的事情，那么我警告你，在你今后的日子里，你将是很不幸的，因为你总是要逃避那些和你的能力相联系的各种机会和可能性。
>
> ——马斯洛

分享与讨论

1. 专制型领导是否有效？参与型领导与独裁型领导哪个更好？

2. 台塑集团创始人王永庆早年因家贫读不起书，只好去做买卖。1932年，16岁的王永庆只身前往嘉义开米店，资金少且竞争激烈，王永庆的米店没有任何优势可言。王永庆仔细了解行情后，从司空见惯的现象中找到了切入点：他带领两个弟弟一点一点地将夹杂在米里的秕糠、砂石之类的杂物拣出来，然后出售。这样，王永庆卖的米质量好，深受顾客好评。

在提高米质的同时，王永庆还发现当时顾客都是自己运送沉重的米回家，对老年人来说，这是个很大的负担。当时还没有送货上门一说，王永庆主动提出送货上门，并且每次到达顾客家中时还细心记下这户人家米缸的容量、吃饭人数的多少、每顿的饭量等，到时候他主动将相应数量的米送到顾客家里。在帮助倒米的同时，他将旧米捞出来放新米上面，以防变质，并且对于并不富裕的顾客，王永庆约定在顾客发薪之日再上门收米钱。这些精细、务实的举措极大地方便了顾客。最终，王永庆的米店生意越做越大。

通过上述案例，分析讨论王永庆成功掘到第一桶金的关键。

参考文献

[1] 斯蒂芬·P. 罗宾斯，玛丽·库尔特. 管理学 [M]. 刘刚，程熙镕，梁晗，等译. 13 版. 北京：中国人民大学出版社，2017.

[2] 斯蒂芬·P. 罗宾斯，蒂莫西·A. 贾奇. 组织行为学 [M]. 孙健敏，李原，黄小勇，译. 14 版. 北京：中国人民大学出版社，2012.

[3] 菲利普·科特勒，凯文·莱恩·凯勒. 营销管理 [M]. 王永贵，何佳讯，陈荣，等译. 13 版. 上海：上海人民出版社，2009.

[4] 加里·德斯勒. 人力资源管理 [M]. 刘昕，译. 14 版. 北京：中国人民大学出版社，2017.

[5] 彼得·德鲁克. 卓有成效的个人管理 [M]. 杨剑，译. 北京：机械工业出版社，2014.

[6] 华伦·本尼斯. 成为领导者 [M]. 姜文波，译. 北京：中国人民大学出版社，2008.

[7] 孟祥林. 管理学基础：理论与案例 [M]. 北京：对外经济贸易大学出版社，2012.

[8] 李昱. 管理学 [M]. 武汉：武汉大学出版社，2009.

[9] 吴勤堂，黄兰萍. 企业管理学 [M]. 武汉：武汉大学出版社，2009.

[10] 赵文锴. 每天学点管理学 [M]. 北京：金城出版社，2010.

[11] 姚新庄，杨茂. 管理学原理 [M]. 成都：电子科技大学出版社，2011.

[12] 周三多. 管理学 [M]. 北京：高等教育出版社，2000.

[13] 李晓光. 管理学原理 [M]. 北京：中国财政经济出版社，2004.

[14] 单凤儒. 管理学基础 [M]. 北京：高等教育出版社，2000.

[15] 余成凯. 组织行为学 [M]. 大连：大连理工大学出版社，2002.

[16] 骆兰，王华. 管理学原理 [M]. 重庆：重庆大学出版社，2014.

[17] 孔祥勇. 管理心理学 [M]. 北京：高等教育出版社，2001.

[18] 陈传明，周小虎. 管理学原理 [M]. 北京：机械工业出版社，2013.

[19] 康青. 管理沟通 [M]. 北京：中国人民大学出版社，2011.

小男孩的裤子

　　有一个小男孩，在十岁生日那天得到了一条梦寐以求的新裤子。那是父亲送给他的生日礼物。小男孩很高兴地把它穿上，但发现裤脚长了一截。他找到正在房间纳鞋的奶奶，请奶奶帮他剪掉一截。奶奶说先等她把鞋纳好再说，让他先把裤子放在衣柜里。小男孩急着要穿，等不及，于是又跑去找正在洗碗的妈妈，想让妈妈帮他把裤脚改短一点。妈妈说先等一下，让她洗完碗再说。小男孩又跑去找正在房间做作业的姐姐。姐姐说她有一大堆功课没做完，等她做完再说。小男孩连遭三次拒绝，带着失望的心情到床上睡觉。

　　奶奶忙完事情后想起小孙子的请求，于是走到衣柜旁拿起剪刀对准裤脚"咔嚓"一剪子，然后放回原处。妈妈忙完事情后想起儿子要改裤脚的事，也跑到衣柜旁拿起剪刀对准裤脚"咔嚓"一剪子，然后放回原处。姐姐做完作业后又走过去拿起剪刀对准裤脚"咔嚓"一剪子，然后放回原处。

　　结果可想而知，这条裤子当然是没法穿了。

　　讲完故事后，薛老师问小关和小李："这个故事说明了什么？"小关抢着回答："小男孩的裤子没人剪不行，太多人剪也不行。这个故事告诉我们，有些事情如果大家都不管，或者大家都来管，那么最终的结果肯定是一团糟！所以，做事情要合理、适度。"

　　"你说得很对，这个故事说出了我们在工作、学习和生活中经常会犯的错误，那就是缺乏管理。"薛老师补充道。

　　"管理？我以前没有想过，都是老师让做什么就做什么。老师，什么是管理呀？"小关有些不解地说。

1.1.1 管理的定义

　　关于管理的定义，管理学者们众说纷纭。

　　泰勒的定义：管理是一门怎样建立目标，然后用最好的方法经过他人的努力来达到的艺术。

　　法约尔的定义：管理就是计划、组织、指挥、协调、控制。

　　西蒙的定义：管理就是决策。

　　马克斯·韦伯的定义：管理就是协调活动。

　　哈罗德·孔茨的定义：管理就是设计和维持一种环境。

　　彼得·德鲁克的定义：管理就是一种实践。

问题1.1

什么是管理

大学生活的开始

小关和小李是高中同学，两人刚刚考入同一所高职院校，对大学生活无比憧憬。在完成军训后，两人开始了大学的学习和生活，同时也产生了各自的困惑。

小关的主要困惑是很不适应大学生活，不知道自己该做什么。高中时代的课程多，上课时间长，内容虽单一枯燥，但过得非常充实——白天要上课，晚上还要上自习。上课、作业、考试、活动，都由老师或班主任统一安排，课余时间较少，基本上不用自己安排时间。而在大学阶段，课程安排不紧张，晚上很少有课，且课程内容实践性强，教学内容不用死记硬背，也不用做大量试题，加之远离父母，少了父母管教，可谓是"无唠叨之乱耳，无作业之劳形"。大学的轻松与新鲜让同学们"乐不可支"，夜晚"卧谈会"的丰富多彩让人意想不到。自由支配的时间多了，生活内容多元化了，如何安排宝贵的大学时光成了不得不面对的问题。小关觉得无所事事，"闲"得发慌，看看周围的同学，有的开始谈恋爱，有的打球、看电影，还有的通过网络游戏来填补内心的空虚，也有人泡图书馆、努力学习。小关也想学习，可进了图书馆，看到这边是阅览室，那边是自习室，真不知该去哪儿。小关也不知道该学些什么，只好每天在寝室里闷闷不乐。

小李与小关截然不同，他觉得时间总是不够用。早上不到七点小李就要起床、吃饭，然后穿梭在各个教学楼上课。课堂上老师讲授的知识点多、信息量大，每节课的内容都特别丰富，小李必须在课前做好预习才能跟上。小李还发现校园活动丰富多彩，既有文体方面的活动，也有不同内容的讲座。只要自己有时间，这些活动都可以参加。校园的公告栏里推销出国学习、信用卡办理、分期代购和教育培训的广告比比皆是。社团更是如此，小李参加的社团多，要经常开会、组织活动，每天都非常忙碌，几乎没有一点空闲时间。再加上刚刚离开家，以前饭来开口、衣来伸手的生活没有了，一切生活的琐事都得自己处理，因些小李有时会感到十分疲惫，他心想："谁说大学轻松啊！我怎么感觉比高中还累呀！"

面对各自的困惑，小关和小李不知该怎么办，于是他们相约找到了辅导员薛老师，想要寻求帮助。听了他们的烦恼，薛老师笑着说："你们找对人了，我是学管理的，在这方面还真能帮到你们。先别急，我先给你们讲个故事。"

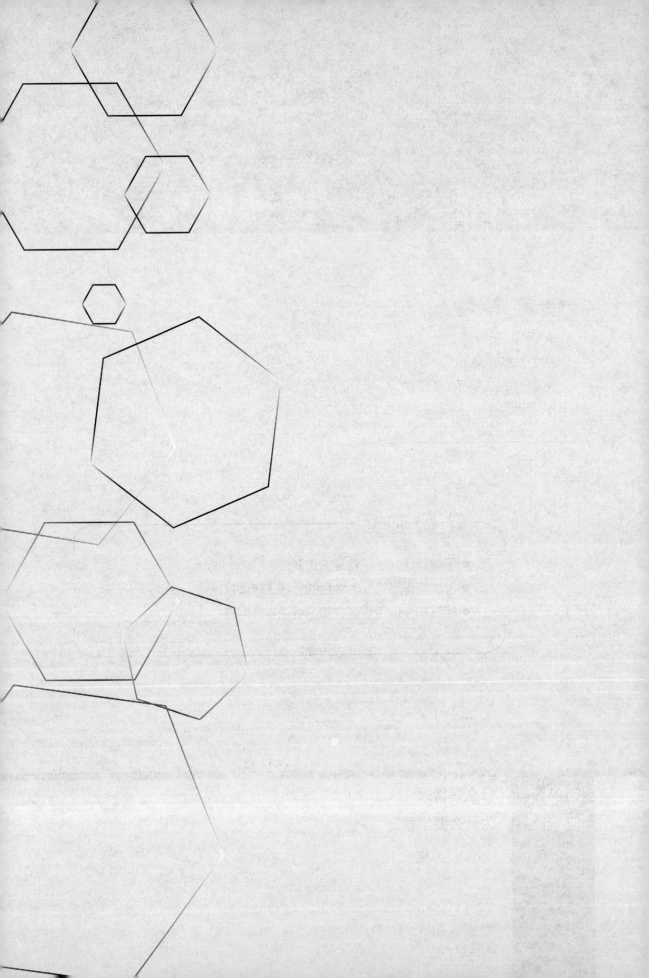

第1部分　管理概述

学习主题

- 管理的定义
- 管理的对象
- 管理的基本职能和属性
- 管理的重要性

学习收获

- 了解管理，认识管理的重要性
- 形成管理思维，为今后的管理工作做好准备
- 能够初步运用管理学知识解决实际问题

问题1.1	什么是管理
问题1.2	为什么要学管理

5.4.2　员工招聘 ……………………………………………………… 201
　　5.4.3　绩效考核 ……………………………………………………… 206
　　5.4.4　薪酬管理 ……………………………………………………… 208
　　5.4.5　员工培训 ……………………………………………………… 210

第 6 部分　领导 …………………………………………………………… 219

问题 6.1　什么是领导 ………………………………………………………… 221
　　6.1.1　领导的概念 …………………………………………………… 226
　　6.1.2　领导者和管理者的区别 ……………………………………… 226
　　6.1.3　领导权力的类型 ……………………………………………… 227
　　6.1.4　领导的作用 …………………………………………………… 228
　　6.1.5　领导风格及其对团队的影响 ………………………………… 229

问题 6.2　领导的基本理论有哪些 …………………………………………… 231
　　6.2.1　领导特质理论 ………………………………………………… 231
　　6.2.2　领导行为和风格理论 ………………………………………… 234
　　6.2.3　领导权变理论 ………………………………………………… 239

问题 6.3　领导为什么要用激励手段 ………………………………………… 245
　　6.3.1　激励的定义与特点 …………………………………………… 247
　　6.3.2　激励方式 ……………………………………………………… 248
　　6.3.3　激励理论 ……………………………………………………… 249
　　6.3.4　激励的原则与方法 …………………………………………… 253

问题 6.4　领导应具备哪些沟通技巧 ………………………………………… 256
　　6.4.1　沟通的定义与特点 …………………………………………… 257
　　6.4.2　沟通的过程 …………………………………………………… 257
　　6.4.3　沟通的类型 …………………………………………………… 259
　　6.4.4　有效沟通 ……………………………………………………… 261

参考文献 ……………………………………………………………………… 275

问题 4.3 什么是计划 ··· 151
- 4.3.1 计划的定义 ·· 151
- 4.3.2 计划的性质 ·· 152
- 4.3.3 计划的分类 ·· 153
- 4.3.4 计划的程序 ·· 154

问题 4.4 什么是目标管理 ···································· 157
- 4.4.1 目标管理的定义 ······································ 158
- 4.4.2 目标管理的特点 ······································ 158
- 4.4.3 目标管理的实施 ······································ 159
- 4.4.4 目标管理的原则 ······································ 160

第 5 部分 组织 ·· 163

问题 5.1 什么是组织 ·· 165
- 5.1.1 组织的概念 ·· 165
- 5.1.2 组织的分类 ·· 166
- 5.1.3 组织工作的内容 ······································ 168
- 5.1.4 组织工作的特点 ······································ 169
- 5.1.5 组织工作的原则 ······································ 170

问题 5.2 如何设计组织结构 ·································· 172
- 5.2.1 组织设计的含义 ······································ 172
- 5.2.2 组织设计的目的 ······································ 173
- 5.2.3 组织设计的影响因素 ·································· 173
- 5.2.4 组织设计的原则 ······································ 176
- 5.2.5 组织设计的层级 ······································ 178
- 5.2.6 组织设计的幅度 ······································ 179
- 5.2.7 组织设计的部门化 ···································· 180
- 5.2.8 组织结构的基本类型 ·································· 182

问题 5.3 组织中有哪些职权 ·································· 189
- 5.3.1 权力的类型 ·· 190
- 5.3.2 组织设计的职权化 ···································· 191
- 5.3.3 授权 ·· 194

问题 5.4 如何配备组织人员 ·································· 197
- 5.4.1 人员配备 ·· 199

第 3 部分 管理学发展史 ……………………………………… 53

问题 3.1 产业革命前有哪些管理思想 …………………………… 55
3.1.1 中国古代管理思想 …………………………………… 56
3.1.2 外国古代管理思想 …………………………………… 66

问题 3.2 产业革命时期有哪些管理思想 ………………………… 71
3.2.1 亚当·斯密的管理思想 ……………………………… 72
3.2.2 查尔斯·巴贝奇的管理思想 ………………………… 74
3.2.3 瓦特与博尔顿的管理思想 …………………………… 78
3.2.4 罗伯特·欧文的管理思想 …………………………… 80

问题 3.3 什么是古典管理理论 …………………………………… 83
3.3.1 泰勒的科学管理理论 ………………………………… 85
3.3.2 法约尔的一般管理理论 ……………………………… 88
3.3.3 韦伯的行政管理理论 ………………………………… 93

问题 3.4 什么是行为科学理论 …………………………………… 97
3.4.1 行为科学理论的早期代表人物 ……………………… 98
3.4.2 梅奥的霍桑实验 ……………………………………… 99
3.4.3 麦格雷戈的 X-Y 理论 ……………………………… 103
3.4.4 管理理论丛林 ………………………………………… 106
3.4.5 企业管理理论新思潮 ………………………………… 116

第 4 部分 决策与计划 …………………………………………… 121

问题 4.1 决策为什么重要 ………………………………………… 123
4.1.1 决策的定义 …………………………………………… 124
4.1.2 决策的分类 …………………………………………… 126
4.1.3 决策的特点 …………………………………………… 130
4.1.4 决策的程序 …………………………………………… 134
4.1.5 决策的影响因素 ……………………………………… 138

问题 4.2 决策有哪些方法 ………………………………………… 144
4.2.1 头脑风暴法 …………………………………………… 145
4.2.2 名义小组法 …………………………………………… 147
4.2.3 德尔菲法 ……………………………………………… 148
4.2.4 电子会议分析法 ……………………………………… 149

目 录

第 1 部分　管理概述 ……………………………………………… 1

问题 1.1　什么是管理 ……………………………………………… 3
1.1.1　管理的定义 …………………………………………… 4
1.1.2　管理的对象 …………………………………………… 6
1.1.3　管理的基本职能 ……………………………………… 11
1.1.4　管理的属性 …………………………………………… 12

问题 1.2　为什么要学管理 ………………………………………… 17
1.2.1　管理学与全球化、一体化 …………………………… 18
1.2.2　解决有限资源与无限欲望之间矛盾的途径 ………… 19

第 2 部分　管理者 ………………………………………………… 25

问题 2.1　谁是管理者 ……………………………………………… 27
2.1.1　管理者的含义 ………………………………………… 28
2.1.2　管理者的分类 ………………………………………… 28
2.1.3　管理者的技能 ………………………………………… 30

问题 2.2　管理者有哪些角色 ……………………………………… 33
2.2.1　管理者角色的决定因素 ……………………………… 34
2.2.2　管理者的角色 ………………………………………… 35

问题 2.3　卓有成效的管理者应该怎样修炼 ……………………… 40
2.3.1　管理者的基本素质 …………………………………… 45
2.3.2　管理者的专业素质 …………………………………… 46
2.3.3　管理者的特质素质 …………………………………… 47

3. 语言通俗易懂

本书在文字表述上力求通俗易懂、深入浅出、逻辑性强，避免生僻语句，在表现形式上力求图文并茂、生动形象。这种安排充分考虑了高职学生的学习基础、学习能力和接受形式，能最大限度地调动学生的学习积极性。

4. 理念先进务实

本书突出思维方式训练，摒弃固化思维，在内容设计上选取那些能够锻炼思考能力、管理能力、协作能力、自控能力、抗压能力以及有助于提升思想素质、心理素质的内容，契合社会对管理人才的需求。

本书由黑龙江农业职业技术学院沈清文教授担任主编，拟订编写大纲，负责全书的整体结构设计，提出编写要求，完成总纂定稿工作；由黑龙江农业职业技术学院赵玉静、吕玉林担任副主编；黑龙江农业职业技术学院王晓辉、高长鹤、安立华参与编写。本书各部分的执笔人分别为：第1、2部分沈清文、安立华；第3部分吕玉林；第4、5部分赵玉静、王晓辉；第6部分吕玉林、高长鹤。

本书在编写过程中引用了诸如管理故事、管理链接、管理名言、管理案例、管理后记等资料，参考了网络素材和著作，在此谨向这些素材的作者或译者表示衷心的感谢。

本书适用于高职院校经济管理类相关专业的学生、在职人员、企业管理培训班学员以及各类组织管理者。

限于编者的知识水平及认知能力，书中难免存在不妥之处，敬请读者批评、指正。

编　者

2021年4月

前　言

经济社会生活的方方面面都离不开管理。管理的目的是达成目标，是通过各种方法和手段管人、理事的过程。在日常生活中，我们经常需要运用管理知识、管理思维和管理智慧来解决问题。

只要做个有心人，我们就可以充分利用生活中的各种场合来运用所学的管理知识，锻炼管理技能和技巧。尤其是当代大学生，更应该多学习管理知识和技能，以应对越来越复杂的形势和越来越快速的变化。

本书以故事形式将管理学基础知识和管理思想贯穿全书，对了解大学生活，做好学习计划和个人规划也非常有益。书中的故事趣味性强、深入浅出、贴近大学生活，所介绍的管理学理论通俗易懂、内容丰富，对当代大学生大有裨益。全书共分 6 个部分，阐述了管理学的 21 个问题，对管理的概念、管理者、管理学发展史、决策与计划、组织、领导等管理学理论与实务进行了系统的介绍。

本书凝结了编者多年的教学研究成果和管理经验，经过了多轮的教学实践检验。本书具有以下几方面的特色。

1. 内容深浅适当

本书在内容取舍上充分考虑高职人才培养的目标和要求，既做到够用、实用、适用，又涵盖了管理学的主要内容，并且自成体系。

2. 体例新颖自然

本书突破了大多数教材的章节式或项目任务式结构，采取"部分—问题"的形式呈现全部内容。每个部分都列有学习主题和学习收获，每个问题都以生活化的情景故事或对话开头引出相关管理理论。这种呈现方式能够促使学生产生学习动机，引发学习兴趣和愿望。每个问题中穿插管理故事、管理链接、管理名言、管理案例、管理后记、管理小测试等，使学生在快乐中学习，并从中悟出管理真谛。每个部分还设有分享与讨论，可以开阔学生视野、锻炼学生思维。

内容简介

本书根据管理岗位的工作需要,从提高学习者的管理技能出发,在教学实践的基础上,借鉴现有成果进行构思、设计、编写而成。全书共6部分,阐述了管理学的21个问题,对管理的概念、管理者、管理学发展史、决策与计划、组织、领导等内容进行了系统的介绍。

本书每个问题以虚拟的大学故事开篇,然后引入管理故事、管理链接、管理名言、管理案例、管理后记、管理小测试等,以期让学习者在轻松的对话中学习管理知识,培养管理意识,提升管理能力。

本书适用于高职院校经济管理类相关专业的学生、在职人员、企业管理培训班学员以及各类组织管理者。

本书封面贴有清华大学出版社防伪标签,无标签者不得销售。
版权所有,侵权必究。举报:010-62782989,beiqinquan@tup.tsinghua.edu.cn。

图书在版编目(CIP)数据

管理学基础 / 沈清文主编. — 北京:清华大学出版社,2021.12
职业教育改革创新教材. 公共基础课系列
ISBN 978-7-302-59060-6

Ⅰ. ①管… Ⅱ. ①沈… Ⅲ. ①管理学–高等职业教育–教材 Ⅳ. ① C93

中国版本图书馆 CIP 数据核字(2021)第 178890 号

责任编辑:陈凌云
封面设计:傅瑞学
责任校对:袁 芳
责任印制:杨 艳

出版发行:清华大学出版社
网　　址:http://www.tup.com.cn,http://www.wqbook.com
地　　址:北京清华大学学研大厦A座　　邮　编:100084
社 总 机:010-62770175　　邮　购:010-62786544
投稿与读者服务:010-62776969,c-service@tup.tsinghua.edu.cn
质量反馈:010-62772015,zhiliang@tup.tsinghua.edu.cn
课件下载:http://www.tup.com.cn,010-83470410

印 装 者:三河市龙大印装有限公司
经　　销:全国新华书店
开　　本:185mm×260mm　　印　张:17.75　　字　数:397千字
版　　次:2021年12月第1版　　印　次:2021年12月第1次印刷
定　　价:49.00元

产品编号:076460-01

职业教育改革创新教材 公共基础课系列

管理学基础

沈清文 主　编
赵玉静　吕玉林 副主编

清华大学出版社
北京